新时代高校思想政治教育研究丛书

王　涛　主编

新时代高校辅导员职业能力建设研究

刘洪超　著

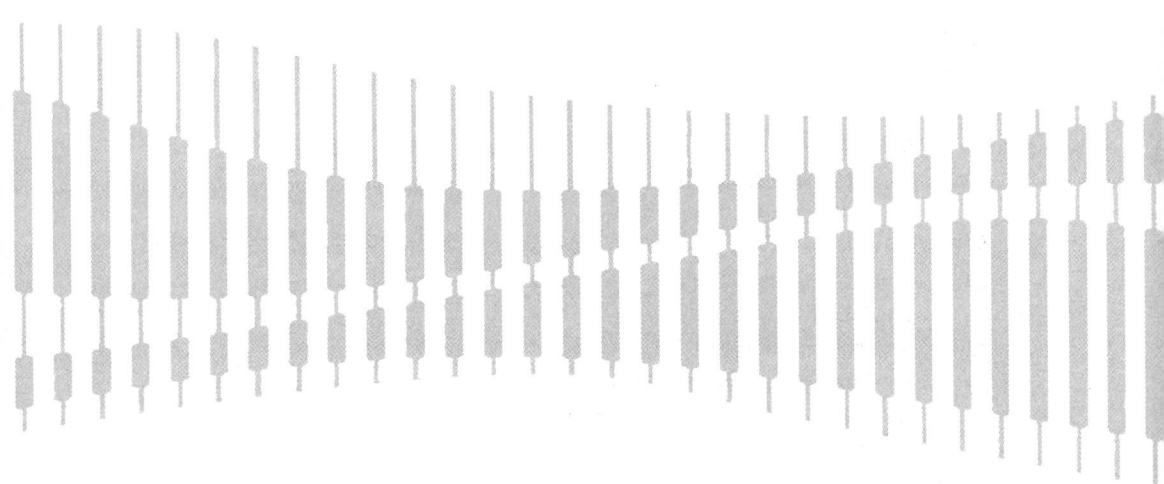

陕西师范大学出版总社

图书代号　JY22N1630

图书在版编目(CIP)数据

新时代高校辅导员职业能力建设研究 / 刘洪超著. —
西安：陕西师范大学出版总社有限公司, 2022.11
（新时代高校思想政治教育研究丛书 / 王涛主编）
ISBN 978-7-5695-3193-0

Ⅰ. ①新… Ⅱ. ①刘… Ⅲ. ①高等学校—辅导员—
师资培养—研究 Ⅳ. ①G645.1

中国版本图书馆 CIP 数据核字(2022)第 180885 号

新时代高校辅导员职业能力建设研究
XINSHIDAI GAOXIAO FUDAOYUAN ZHIYE NENGLI JIANSHE YANJIU

刘洪超　著

出 版 人	刘东风
选题策划	郭永新　郑　萍
责任编辑	陈君明
责任校对	彭　燕
装帧设计	张潇伊
出版发行	陕西师范大学出版总社
	（西安市长安南路 199 号　邮编 710062）
网　　址	http://www.snupg.com
印　　刷	西安市建明工贸有限责任公司
开　　本	720 mm×1020 mm　1/16
印　　张	14.25
插　　页	2
字　　数	205 千
版　　次	2022 年 11 月第 1 版
印　　次	2022 年 11 月第 1 次印刷
书　　号	ISBN 978-7-5695-3193-0
定　　价	48.00 元

读者购书、书店添货或发现印刷装订问题，请与本公司营销部联系、调换。
电话：(029)85307864　85303629　传真：(029)85303879

总　序

　　思想政治工作是我们党的优良传统和政治优势，是我们党治党治国的重要方式，是党团结带领全体人民战胜各种艰难险阻、不断从胜利走向更大胜利的重要法宝。在全面推进高校思想政治工作高质量发展、以优异成绩迎接党的二十大胜利召开前夕，由陕西师范大学马克思主义学院和教育部高校思想政治工作队伍培训研修中心（陕西师范大学）共同策划编撰的"新时代高校思想政治教育研究"丛书与大家见面了。作为本套丛书的审读者和出版的见证者，我感到非常高兴和欣慰。

　　中国特色社会主义进入新时代以来，以习近平同志为核心的党中央高度重视高校思想政治工作，先后召开了全国高校思想政治工作会议、全国教育大会、学校思想政治理论课教师座谈会。在此期间，习近平总书记还视察多所高校，与广大师生座谈讨论，就加强和改进高校思想政治工作发表了一系列重要讲话和重要论述，为我们推进新时代高校思想政治工作高质量发展指明了时代方向，提供了理论遵循。在习近平总书记关于高校思想政治工作系列重要讲话和重要论述的指引下，中共中央国务院印发了《关于加强和改进新形势下高校思想政治工作的意见》，中办、国办以及中央宣传部、教育部等部门先后颁布了《关于进一步加强和改进新形势下高校宣传思想工作的意见》《关于深化新时代学校思想政治理论课改革创新的若干意见》《新时代高等学校思想政治理论课教师队伍建设规定》《高校思想政治工作质量提升工程实施纲要》《教育部等八部门关于加快构建高校思想政治工作体系的意见》等一系列重要文件，采取了一系列切实有效的措施，对加强和改进新时代高校思想政治工作作出了重大部署。由此，高校思想政治工作进入了创新发展、质量提升、精准施策的新阶段。

为适应新时代高校思想政治工作的新形势和新任务，陕西师范大学马克思主义学院以崇高的使命感和责任担当意识，立足"学习研究宣传马克思主义的主阵地"和"用习近平新时代中国特色社会主义思想铸魂育人的主渠道"，全面贯彻落实立德树人根本任务，在推进高水平学科建设、队伍建设、努力提升人才培养质量、理直气壮开好思想政治理论课的基础上，积极推进高校思想政治工作的内涵建设，在创新发展和质量提升上下功夫。学院先后成立了"马克思'经典'理论问题研究""中国特色社会主义理论与实践问题研究""新时代高校思想政治教育质量提升与精准施策研究""党的建设与国家治理研究"等学术研究团队，同时依托教育部高校思想政治工作队伍培训研修中心（陕西师范大学）和设在本院的陕西省思想政治工作重点研究基地，致力于新时代新形势下高校思想政治教育和思想政治工作的研究与探索，推出了一系列研究成果，也培养和锻炼了一批中青年学术骨干和思想政治工作骨干。"新时代高校思想政治教育研究"丛书就是学院几位专兼职青年教师结合学习工作实践，致力于新时代高校思想政治教育和思想政治工作质量提升与创新发展的研究成果。

这套丛书在内容建构和表现形式方面，体现出以下特点：

其一，紧紧围绕用习近平新时代中国特色社会主义思想铸魂育人这条主线，突出了对新时代新思想新理论的学理探讨、阐释和运用。

做好高校思想政治教育工作，最根本的就是要深入学习贯彻习近平新时代中国特色社会主义思想，落实立德树人的根本任务，努力培养堪当民族复兴重任的时代新人，培养德智体美劳全面发展的社会主义建设者和接班人。丛书以习近平新时代中国特色社会主义思想为指导，以全面贯彻落实习近平总书记关于高校思想政治工作系列重要讲话和中共中央国务院《关于加强和改进新形势下高校思想政治工作的意见》为着力点，系统地研究论述了新时代青年工作的理论与实践、全面依法治国方略与大学生法治教育、大学生主体性思想政治教育、高校思想政治教育亲和力，以及高校辅导员职业能力、马克思主义职业选择理论与大学生就业等高校思想政治教育的基础性、前沿性问题和新形势下大学生思想政治教育的热点问题，以体系性的研究呈现出对新时代新思想新理论的学习与思考、落实与践行。

其二，聚焦高校思想政治教育基本问题、自身特点和内在规律的研究，既注重内在逻辑的系统性，更突出了研究论域的创新性。

高等学校肩负着人才培养、科学研究、社会服务、文化传承与创新、国际交流与合作的重要使命。"培养什么人、怎样培养人、为谁培养人"是教育的根本问题。丛书聚焦新时代青年大学生的健康成长，思想政治教育工作者的能力素质以及教育内容、方法的拓展创新等基本问题和热点问题，在内容建构方面既注重内在逻辑的系统性，更突出了研究论域的创新性。内在逻辑的系统性体现在每一本书既是独立的论域，但同时又组成了一个统一的整体。比如，关于新时代青年工作的理论与实践、全面依法治国方略与大学生法治教育，重在对新时代新思想新理论的形成、发展与践行的研究和探讨，突出了对新思想新理论的追本溯源、探赜析微；大学生主体性思想政治教育实践研究、高校思想政治教育亲和力研究、高校辅导员职业能力建设研究，聚焦新时代高校思想政治教育的主体对象和基本问题，突出了对教育对象、教育者自身特点、能力素质以及新时代思想政治教育特点和内在规律的研究；马克思主义职业选择理论与大学生就业问题研究，则着眼于理论对实践的指导作用，突出了解决学生的思想问题与解决现实问题的结合。这些研究都紧紧围绕高校立德树人和用习近平新时代中国特色社会主义思想铸魂育人这个核心，从而构成了其内在逻辑的系统性。在研究论域的创新性方面，既有对高校思想政治工作面临的新形势新任务新挑战的学理分析，更注重对新时代思想政治工作特点和规律及其高质量发展的深度思考与探究。

其三，坚持理论与实践相结合、解决思想问题与解决实际问题相结合，在注重理论探讨的同时，结合工作实践突出了策略方法的针对性和解决现实问题的有效管用。

习近平总书记在全国高校思想政治工作会议上指出："思想政治工作从根本上说是做人的工作，必须围绕学生、关照学生、服务学生，不断提高学生思想水平、政治觉悟、道德品质、文化素养，让学生成为德才兼备、全面发展的人才。"这一重要论述深刻揭示了高校思想政治工作的本质特征，对高校思想政治工作的方法途径和价值目标提出了明确要求。丛书立足高校实际，在关注青年工作、青年学生主体性、大学生法治意识、思想政治教育亲和力的同时，把处于学生工作一线的辅导员专业素质和职业能力以及马克思主义职业选择理论与大学生就业问题作为研究对象，体现了对高校思想政治工作队伍和大学生切身利益等具体问题的关注与关切。将马克思主义理论运用到学生就业和职业发展的具体实践中，把解决思想问题和解决实际问题相结合，体现了思想政治教育知与行的统一。辅导员职业能力建设研究不仅对提升辅导员自身职业能力有重要的理论价值和实践价值，而且对推进高校思想政治工作队伍建设具有重要的启示和指导作用。

思想政治教育是一项政治性、思想性、专业性很强的实践活动，建设一支高素质的学生思想政治工作队伍是落实立德树人根本任务的重要保证。丛书的六位作者都有从事学生辅导员工作的经历，在学生思想政治教育和日常思想政治工作方面有一定的积累。书中所阐发的观点既是他们理论学习的心得和体悟，也是他们日常工作实践的亲身经历和经验总结。从这个意义上来说，丛书所展示的是一幅幅大学生思想政治教育的真实画面，是一帧帧教育者与受教育者交流互动的鲜活场景，具有很强的感染力、可读性，对做好高校思想政治教育工作具有重要的借鉴意义和指导价值。

近年来，在习近平新时代中国特色社会主义思想的指导下，高校思想政治教育工作取得了显著的成绩，展示了中国特色社会主义大学的制度优势和独特魅力。2021年7月，中共中央国务院又印发了《关于新时代加强和改进思想政治工作的意见》，对加强和改进新时代思想政治工作作出了全面部署，提出了新的要求，这无疑将对高校思想政治工作产生积极而又深远的影响。希望本套丛书的出版能为高校思想政治教育研究的繁荣创新尽绵薄之力。

需要特别说明的是，本套丛书是在陕西师范大学副校长、马克思主义学院前院长任晓伟教授的精心策划和具体指导下完成的。从选题立项到编辑出版，从内容体例到写作规范，包括马列经典著作的版本，晓伟校长都给予了悉心指导。从这个意义上来说，本套丛书既是教育部高校思想政治工作队伍培训研修中心（陕西师范大学）

人才培养的回顾和小结，也是马克思主义学院人才培养成果的展示，更是对我们今后在高层次专门人才培养和科学研究中如何瞄准前沿、凝结集体智慧和成果的有益探索。当然，鉴于理论水平和研究能力所限，丛书还存在诸多不足，还需要进一步深入研究。比如，如何拓展研究的理论视域及其深度广度，在注重实效性的同时进一步突出学理性；如何处理好工作经验与科学研究的关系，把经验上升为理论，从而更好地指导实践。这些都需要在今后的研究中进一步完善提高。

在审阅书稿的日子里，我脑海中不时浮现出当年申报教育部高校辅导员培训和研修基地的情景，以及成为全国首批"高校辅导员在职攻读博士学位专项计划"招生单位以来，我校思想政治教育学科和思想政治工作队伍建设发展进步的一幕幕场景。借此机会，我要特别感谢长期以来对马克思主义学院和教育部高校思想政治工作队伍培训研修中心（陕西师范大学）学科建设、队伍建设、高层次人才培养等工作给予帮助、指导和支持的各位领导和专家学者！同时也感谢陕西师范大学出版总社刘东风社长、大众文化出版中心郭永新主任和郑萍编辑为本丛书的付梓所给予的大力支持和悉心指导！在本丛书的修改和出版过程中，我们深刻感受到了陕西师范大学出版人的学术素养和敬业精神。

是为序。

王 涛

2022 年 8 月

前　言

"辅导员是开展大学生思想政治教育的骨干力量,是高校学生日常思想政治教育和管理工作的组织者、实施者、指导者。辅导员应当努力成为学生成长成才的人生导师和健康生活的知心朋友。"加强新时代高校辅导员职业能力建设,培养和造就高素质、职业化、专业化的辅导员队伍,对于全面贯彻习近平新时代中国特色社会主义思想,落实立德树人根本任务,提升思想政治教育工作质量、培养担当民族复兴大任的建设者和接班人具有重要的意义。

高校辅导员职业能力建设研究是新时代建设教育强国的客观要求。教育强则国强,教育的发展水平是衡量一个国家发展水平和发展潜力的重要标准。当前,教育的基础性、先导性、全局性地位和作用更加凸显,加快推进教育现代化、建设教育强国已然成为支撑和引领建设现代化强国、实现中华民族伟大复兴中国梦的强大智力引擎。高校是发展具有中国特色、世界水平的现代化高等教育的排头兵,全面提高人才培养质量的能力是推进高等教育现代化的核心点,坚持立德树人、提升教育质量是推进高等教育现代化的着力点,培养一代又一代坚定拥护中国共产党领导和社会主义制度、立志为中国特色社会主义事业奋斗终身的有用人才是高等教育现代化的总目标。其中,与学生交往频率高、距离近、接触时间长的辅导员从岗位设置和职责来看，对学生成长成才的教育作用具有不可替代性。辅导员的能力素质水平直接关系到他们自身会不会坚持以人民为中心的教育发展理念，能不能把握以人民为中心的价值取向，用理想信念导航，用道德情操感染，用仁爱之心培育，用扎实学识武装，从而在学生日常教育、管理、服务过程中做到教育有高度、管理有尺度、服务有温度，为学生健康成长和全面发展提供科学指导和优质服务，让人民满意的教育在辅导员工作这一环节落地生根。

高校辅导员职业能力建设研究是新时代有效提升大学生思想政治工作质量的重要保障。我国高等教育肩负着培养德智体美劳全面发展的社会主义事业建设者和接班人的重大任务。思想政治工作作为高校各项工作的生命线，根本任务是立德树人；基本原则是遵循思想政治工作规律、遵循教书育人规律、遵循学生成长规律；关键在于用新时代中国特色社会主义思想铸魂育人；努力方向是通过增强思想性、理论性、亲和力和针对性，不断提升思想政治工作质量。众所周知，辅导员作为高校思想政治工作队伍的重要组成部分，与第一课堂协同合作、同向同行，为把思想政治教育融入教育教学和人才培养全过程作出了重要贡献。面对新时代、新要求和新使命，辅导员必须拥有良好的职业素质，即思想政治水平、科学文化水平、业务工作水平、身心健康状况、道德情感状况等符合岗位需求；具备较强的工作能力，即组织管理能力、语言文字表达能力、教育引导能力、调查研究能力、开展思想理论教育和价值引领工作的能力等；掌握过硬的工作本领，即善于把好传统与新技术有机结合，在工作中不仅要有想法更要有办法，从而使大学生思想政治工作既仰望星空又脚踏实地、真正入脑入心活起来。这些不仅是辅导员履职尽责的内在要求，更是提升大学生思想政治工作质量，让思想政治工作落细、落小、落实的重要保障。

高校辅导员职业能力建设研究是新时代强化辅导员队伍职业化、专业化建设的内在要求。思想政治工作是我们党的优良传统，也是高校人才培养的政治优势。随着高校思想政治工作的深入发展，辅导员工作岗位地位作用日益凸显，逐步形成了一整套与其工作要求和岗位职责相匹配、与辅导员成长发展相适应、与大学生思想政治工作相契合的规范化模式。这种模式是融选拔、培养、管理和发展为一体的顶层设计和制度安排，能使辅导员的队伍建设朝着更加职业化、专业化的方向发展。2014年教育部印发的《高等学校辅导员职业能力标准（暂行）》文件对辅导员从事学生教育管理服务工作应当具备的知识水平、工作范畴、职责边界、素质技能做出了明确规定，为推进辅导员队伍职业化、专业化建设制定了标准、明确了方向。2017年教育部又修订颁布了《普通高等学校辅导员队伍建设规定》，进一步明确了辅导员的地位作用、工作要求和岗位职责，并对辅导员的选拔、培养、管理和发展做出了相应规定，细化了推进辅导员队伍职业化、专业化建设的顶层设计和制度安排。与此同时，各地各高校结合自身实际，积极开展推进辅导员队伍职业化、专业化建设的有益尝试，并取得了不少成果。

职业化是指按照职业道德要求工作的状态的标准化、规范化和制度化，由职业行为规范、职业素养和职业技能三部分构成。专业化是指一个普通的职业群体在一定时期内，逐渐符合专业标准并获得相应专业地位的过程。职业化建设促进专业化发展，专业化发展反哺职业化建设，二者紧密联系、相互促进。新时代加强和改进大学生思想政治工作，强化辅导员队伍职业化、专业化建设是关键，而开展辅导员职业能力建设研究，构建符合时代需求和工作实际的辅导员职业能力建设模型，探寻科学合理的评价指标和测量工具，引导辅导员队伍通过职业化发展、专业化建设走上持续健康良性的发展道路就成为重中之重。

目 录

第一章 高校辅导员职业能力建设概述 / 001
 一、辅导员职业能力建设的相关概念辨析 / 001
 二、高校辅导员职业能力建设研究的现状 / 009
 三、高校辅导员职业能力建设的重要性 / 030

第二章 高校辅导员职业能力建设的理论视阈 / 038
 一、马克思关于人的全面发展的理论 / 038
 二、习近平总书记关于思想政治教育的重要论述 / 052
 三、思想政治教育学的相关理论 / 056
 四、职业发展与职业心理学相关理论 / 065

第三章 高校辅导员职业能力建设的历史沿革与现实审视 / 073
 一、高校辅导员职业能力建设的历史沿革与新时代定位 / 073
 二、《高等学校辅导员职业能力标准(暂行)》实施现状 / 094
 三、高校辅导员职业能力建设存在的主要问题 / 105
 四、辅导员主体职业能力存在的问题 / 116

第四章 新时代高校辅导员职业能力建设的构成要素与模型 / 122
 一、高校辅导员职业能力建设的构成要素 / 122
 二、高校辅导员职业能力建设的结构特征 / 129
 三、高校辅导员职业能力建设模型 / 134

第五章 新时代高校辅导员职业能力建设的基本方略 / 144

    一、高校辅导员职业能力建设的要求 / 144

    二、高校辅导员职业能力建设的目标 / 156

    三、高校辅导员职业能力建设的原则 / 160

第六章 新时代提升高校辅导员职业能力的有效路径 / 162

    一、完善高校辅导员职业能力建设的制度保障体系 / 162

    二、建立高校辅导员职业生涯规划体系 / 177

    三、完善高校辅导员的职业认同体系 / 187

    四、强化辅导员学习培训制度体系 / 193

主要参考文献 / 204

第一章　高校辅导员职业能力建设概述

职业是人类生产发展和社会分工的必然产物。不同职业有其不同的归属类别，不同的归属决定了每一行业的从业者需要具备本行业所必需的知识和能力。辅导员是高校学生思想政治教育和日常管理工作的骨干力量，具有教师和管理干部的双重身份。新时代我国高校辅导员的职业定位是什么？辅导员应当具备哪些知识和能力？辅导员职业能力建设的重要意义是什么？厘清这些基本概念和相关研究的现状，既是研究新形势下高校辅导员职业能力建设的前提和基础，也是加强新时代高校辅导员队伍建设，进一步提升高校思想政治工作质量的重要环节。

一、辅导员职业能力建设的相关概念辨析

能力是针对某一具体角色的主体的能力，高校辅导员职业能力建设从辅导员角色的定义出发，围绕主体本身展开对能力的认识，对职业能力的全面了解，对从高校辅导员角色需求出发的职业能力体系做深入研究。从角色主体、具体能力内容到系统研究的整个概念体系都在不断地发展变化，并带有鲜明的时代印记。

（一）辅导员

"辅导员是开展大学生思想政治教育的骨干力量，是高等学校学生日常思想政治教育和管理工作的组织者、实施者、指导者。辅导员应当

努力成为学生成长成才的人生导师和健康生活的知心朋友。"① 改革开放以来，辅导员制度的恢复到新时代对辅导员角色定位的形成，教师从最早的兼专职到今天以专职为主的发展历程，说明辅导员职业经历了不断发展和完善的过程。2005年教育部印发的《教育部关于加强高等学校辅导员班主任队伍建设的意见》成为辅导员职业社会化转折开始的标志。意见开头就明确了"辅导员、班主任是高等学校教师队伍的重要组成部分，是高等学校从事德育工作，开展大学生思想政治教育的骨干力量，是大学生健康成长的指导者和引路人"。② 教育部第24号令《普通高等学校辅导员队伍建设规定》（以下简称教育部第24号令）中明确指出：辅导员具有教师和干部的双重身份。这对辅导员对教师队伍和管理队伍发挥的作用进行了强调，构成了教师职业能力建设和管理干部职业能力建设的双重发展机制的认识基础。教育部第24号令的颁布是高校辅导员职业化、专业化发展的重要进程，使辅导员职业能力建设的步伐加快了。教育部第43号令《普通高等学校辅导员队伍建设规定》（以下简称教育部第43号令）响应新时代的要求，认真总结和贯彻习近平新时代中国特色社会主义思想，加快推进全国高校思想政治工作会议精神，对高校辅导员队伍建设做出了适应新时代发展的新规划。在无边界职业生涯时代，辅导员的定义也在变化，辅导员职业成为终身事业，其理想状态是成为大学生的人生导师和知心朋友，这是需要辅导员具有极高的职业道德情操、极强的职业能力水平和极好的职业归属认同方能达到的职业巅峰状态。因此我们可以说，2017年教育部对辅导员的定义是满足新时代要求、符合新时代大学生需求的准确定义，是今后一段时期高校辅导员职业能力建设所应基本遵循的。

---

① 中华人民共和国教育部：《普通高等学校辅导员队伍建设规定》，2017年9月29日发布。

② 中华人民共和国教育部：《教育部关于加强高等学校辅导员班主任队伍建设的意见》，2005年1月13日发布。

（二）能力

能力是指人在实践中完成某个任务体现出的素质水平。正如 B. A. 克鲁捷茨基（B. A. Крутецкий）所说："一个人如果能比其他人更容易掌握相应技能，从而熟练而迅速地高质量、高效率完成某种活动，那么就可以说这个人有能力。""一个人的能力既包括一般能力也包括特殊能力。前者指从事某种活动必须具备的基本能力，包括发现能力、记忆能力、总结能力等；后者指进行专业领域活动需要具备的独特能力，如数学能力、艺术能力或飞行能力等。一般认为，能力有两种含义：其一是指表现出来能直观看到的实际能力（Actual Ability），其二是指潜在能力（Potential Ability），实际能力代表着成就（Achievement）的获得，潜在能力代表着能量（Capacity）的发挥。"① 人的各种能力是在天赋的基础上，通过后天长期的实践得以开发、形成和发展起来的。能力在不同的学科和实践场景中有着不同的解释。"能力"一词在我国最早出现在《吕氏春秋·适威》中，"民进则欲其赏，退则畏其罪，知其能力之不足也，则以为继矣"，是说当老百姓知道不能以较高的能力来达到进步的要求时就开始弄虚作假。能力可以通过实践活动来提升，人们也经常性地通过不断习得新能力来适应时代发展，从而满足各种需求。

能力和具体的生产实践结合在一起，通过具体实践的需求表现出基础层面的一般能力和为了达到某一事物要求的特殊能力，一般能力构成特殊能力的前提，特殊能力是一般能力的发展，彼此之间相互依存与促进。按照功能划分，能力可分为认知能力、操作能力和社交能力三种。认知能力即认识新事物的能力，操作能力即在具体实践中所具备的能力，而社交能力则指人们处理人际关系的能力，是建立在社会交往基础上的能力。按功能划分能力，有利于增强人们对具体能力的认知。在人才选拔理论中，人们总是设定特定能力标准，通过这一标准进行功能分

---

① 孔克勤、叶奕乾、杨秀君编：《个性心理学》（修订版），华东师范大学出版社 2006 年版，第 265 页。

类，以此衡量应聘者是否满足岗位需求，如是否具有一定的文字表达能力、协调组织能力和团队协作能力等。按照主体参与活动的性质，我们可将其需要的能力划分为模仿能力和创造能力。模仿能力是指复制他人的各类言谈举止的能力，是一种对已有的行为进行效仿活动的能力，也可以说是再生能力。创造能力则指能够产生新的能力，包括新思想、新事物、新成果等。"创造能力包含独特性和有价值性两个基本特征"[1]，模仿能力与创造能力相联系，一般认为，模仿能力是创造能力的基础。

能力具有个别差异性，主要体现在能力类型的差异、能力发展水平的差异和能力表现的差异三个方面。能力类型的差异主要是指能力多样性所表现出来的差异性，对某个具有多样能力的人而言，有的能力表现得很优秀，有些能力表现得一般，而有些能力则可能表现得很差，这样，对不同的个体而言，就表现出不同的能力结构特征，体现出不同的能力类型。能力发展水平因内外部条件不同而显示出高低不同，这既有个体间的不同，也有个体内部的不同，如某人的某种能力较强，是就个体内部多个能力的比较而言的，有更擅长之说，是纵向的比较。而横向比较某一具体能力时，其结果可能会与纵向比较时对该能力的评价一致，也可能不一致甚至相反。以上两种差异即为柯克（S. A. Kirk）和加拉赫（J. J. Gallagher）所谓个别差异的两种含义。"个体间差异是指某个群体彼此间在某一身心特质上的差异。"[2] "个体内差异是指同一个体的各种特质之间的差异。"[3] 人都有直觉、记忆和思维等能力，记忆能力有高低，有人擅长识记而有人则不善于此；每个人都有思维能力，但是思维的深度和广度存在差别；有人善于表达，有人不善言辞；等

---

[1] 孔克勤、叶奕乾、杨秀君编：《个性心理学》（修订版），华东师范大学出版社2006年版，第267页。

[2] 孔克勤、叶奕乾、杨秀君编：《个性心理学》（修订版），华东师范大学出版社2006年版，第291页。

[3] 孔克勤、叶奕乾、杨秀君编：《个性心理学》（修订版），华东师范大学出版社2006年版，第293页。

等,这些都属于个体间差异。个体内差异可以通过个体间差异的横向参照来侧面表现,这也是对个体内心理特征优劣势的认知,能更好地促进个体全面发展。能力表现差异是指时间顺序上能力表现出来的差异,所谓早熟、大器晚成就是例证。能力表现较早是个人基础素质和外在条件共同决定的结果,而能力表现较晚与自身没有得到良好训练、教育因素挖掘不够、个人意识不强等诸多因素相关。

先天因素和后天因素是影响能力的两个因素,先天因素更多强调的是遗传、天赋,而后天因素是后天才有的,主要受环境,如教育环境、学习环境、竞争环境等的影响,这两个因素相互转化和影响,一般来说,个体的能力总是由遗传和环境共同决定的"①。遗传因素是从父母处沿袭而来的,而环境因素包括自然环境因素和社会环境因素,一般情况下前者差异不大,而后者即环境在影响人的能力水平上起着决定性作用。

对于能力的测量,中西方都有研究,也有成熟的测量表,如有关于某一具体能力的测量,也有关于总体能力的测量,有可量化的能力测量,也有难以量化的能力测量。孟子曰:"权,然后知轻重;度,然后知长短。物皆然,心为甚。"② 就是说物体的轻重只能用秤称,东西的长短只能用尺量。万事万物皆如此,人心也不例外。能力的高低程度、个体差异、发展水平、表现早晚等个体心理特征也都是可以通过建立参照系进行测量,并通过有效的手段与策略来改变的,而这些改变应该是积极的发展性改变,其目标是满足个体完成某活动的需求,从而使其达到物质上和心理上的双重接纳与认同。

(三) 职业能力

职业是由于人类生产劳动需要发展,随着社会分工衍生而来的,

---

① 孔克勤、叶奕乾、杨秀君编:《个性心理学》(修订版),华东师范大学出版社 2006 年版,第 311 页。

② 孟子:《孟子》,万丽华、蓝旭译注,中华书局 2007 年版,第 14 页。

《辞海》将其定义为"个人在社会生活中所从事的作为主要生活来源的工作"①。职业具有社会性、功利性、时代性、规范性和技术性，从业者具体从事某一职业所需要的能力会因该职业所处的环境、所需知识、所表现出的行为特征等不同而不同。从事某一社会活动的人往往想要在特定的职业环境中较好地达到平均水平以上，并以此来满足自己的物质和精神需求。而想要达到与其他社会成员之间的有效关联，则需要拥有知识学习、行为再造及创造等能力。职业能力（Occupational Ability）是由一般基本能力、专业特殊能力和各种综合能力构成，以满足所从事某职业需要的能力的总称，可理解为从事某一岗位工作时要履行岗位职责所需要的能力总和，它是一个人从事某一职业工作的前提条件。也有定义指出："职业能力是人们胜任某个工作所必须具备的基本素质，是一种具有稳定性和综合性的能成功完成工作任务的心理特征。"② 职业能力是影响一个人职业选择、职业认同和发展以及成功与否的关键因素，随着所从事的职业实践深度和广度的扩大而提高，通过教育、学习和培训实现理论与实践的有效结合而不断发展。较高的职业能力表现为高效率、高质量的工作实绩，能帮助从业者更好地获得职业发展和个人事业成就感。有学者认为，职业能力需从特定、通用和综合三个维度建构，它是从事职业活动所需要的知识、技能、态度和个性心理特征的整合，能确保个人胜任其所从事的职业。

职业能力是一种特殊的能力，是某一职业从业者所具备的能力结构特点的体现。徐国庆定义职业能力为工作任务的胜任力，也就是说理解职业能力要从具体的工作任务出发，对心理因素进行分析判断。荷兰能力本位学习体系（Competency-based Learning，简称 CBL 学习体系）以荷兰职业教育协会（Colo）的通用能力框架为基础，结合荷兰的现实条件形成了包括 4 层级、8 个方面、25 项能力的职业能力框架。该框架以

---

① 《辞海》编辑委员会编：《辞海》，上海辞书出版社 1989 年版，第 4763 页。
② 翟惠根：《职业素质教育论》，中南大学出版社 2006 年版，第 93 页。

金字塔模式呈现，呈拓扑结构（见图1-1）。

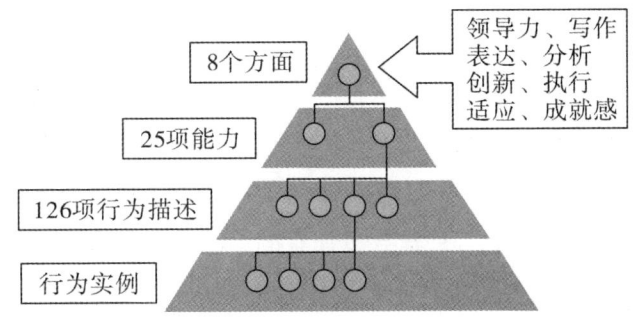

图1-1 荷兰职业能力框架①

CBL学习体系详细列举了25项能力，包括决策、主动做事、引导、领导、关怀与理解、合作与建议、坚持原则与价值、人际交往、说服与影响、表达与沟通、写作与汇报、应用专业知识、应用技术、分析、调查研究、创新、学习、计划与组织、满足客户期望、重视结果、遵守程序、适应变化、应对压力与挫折、积极进取、创业思维高效。同时，该学习体系对此25项职业能力进行了详细具体的描述，并对25项能力中包含的126个能力素质和相对应的行为实例进行了逐一描述，这是对职业能力一个比较清晰的本土化改革，对我国的职业教育体系建设也有着很大的帮助和启发作用。

胜任某一个具体职业的必备条件就是个体具备从事该职业的职业能力。职业的发展要通过职业实践和教育培训来实现。在职业实践中，从业者不断满足职业发展的需求，从而带动了职业能力的发展和提高。个人职业发展的基础是职业能力，个体职业创新创造的基础也是职业能力，只有能够胜任当下的工作方能实现未来的发展，才不会被淘汰。如果个体职业能力很强，个体就会得到更多发展和创造的机会，职业综合能力也会得到更大的提升，从而创造更多更好的工作业绩，获得更多的职业成就感，增加个体自信心和职业认同度，逐步形成良性循环，促使

---

① 郭炯等：《荷兰职业教育CBL体系及对我国的启示》，载《职教论坛》2009年第24期，第62页。

从业者在某职业领域不断发展。

（四）高校辅导员职业能力

从职业能力定义来看，高校辅导员职业能力是指从事高校辅导员工作应该具有的各种基本能力的总称。高校辅导员是高等学校进行大学生基础教育、组织管理并服务于学生生活的职业，需具备职业、专业和科研能力。辅导员职业能力是辅导员拥有的、在实践中形成并发展的对学生工作有能动反应的能力。刘金华定义高校辅导员职业能力为辅导员在对大学生进行教育、组织管理并指导学生学习和进行人生规划等活动中所必须具备的特殊能力。李忠军将辅导员职业能力的内容划分为组织管理、文字表达、交际交流、教育引导及调查研究等。从职业能力标准出发，针对高校辅导员的职责要求和职业特征，郑永廷将辅导员工作专业化界定为"以马克思主义为指导，以当代社会和大学生成长实际为基础，以我国民族文化为背景，以发达国家相关知识为借鉴，以促进大学生全面发展为目标，依托思想政治教育学科，运用相关学科理论和方法（或相关专业知识），有针对性、实效性地开展"[①] 思想政治工作的状态和能力。

《高等学校辅导员职业能力标准（暂行）》中明确指出辅导员具有政治强、业务精、纪律严、作风正的典型职业能力特征，具体地说，就是具有思想政治教育工作相关的知识能力，具有良好的组织协调能力和文字运用表达能力、教育疏导能力、专业知识研究能力等。《高等学校辅导员职业能力标准（暂行）》将辅导员职业能力标准分为初级、中级和高级三个等级，并规定了辅导员职业的专业守则，包括爱国守法、敬业爱生、育人为本、终身学习和为人师表五个方面，同时规定辅导员职业所应具有的知识结构，包括基础知识、专业知识和法律法规知识。李琳认为，辅导员职业能力具有现实关照性、行为导向性、内容延展性和

---

① 郑永廷：《高校辅导员工作专业化的任务与实现方式》，载《高校辅导员》2010年第1期，第6页。

发展持续性四个特性。① 辅导员工作是在实践中不断总结经验，并上升为职业能力的渐进过程，是在工作中不断研究，以研究促进工作的双向互动过程，是在不断提升职业实践和工作研究水平中得以发展，从而促进辅导员职业化、专业化发展的。

二、高校辅导员职业能力建设研究的现状

任何学科的兴起与发展、研究问题的提出与解决，都离不开对过往研究的梳理和对前人成果的借鉴，已有的研究和成果是进一步研究的基础。1953年，清华大学实施"双肩挑"辅导员制度，开展政治思想工作，这算是我国辅导员制度的正式启用，自此，国家不断强化该项制度。近几年，国家和学界进行了多角度和深层次的理论与实践探索，全面深化和贯彻国家关于辅导员职业能力建设的文件精神，涌现出了一批研究成果，这些成果为高校辅导员职业能力建设研究奠定了基础，提供了借鉴。

（一）国内研究现状

1. 关于职业能力的研究

职业是生产关系发展、人类社会分工不断细化的结果，它体现了劳动者与生产资料的关系，是劳动者为了实现自身的生存发展而参与社会生产劳动所表现出来的劳动形式。随着近些年职业发展理论、职业心理学、管理学等的不断完善，相关研究也已经基本成熟。通过中国知网搜索题名含"职业能力"关键词的文献资料，截至2021年7月1日，题名含"职业能力"关键词的研究发文量共计71334篇，呈现趋势如图1-2所示。从统计结果看，早期研究较少，从1998年开始逐渐增多，从2004年起急速增长，2015年达到峰值——5926篇，2020、2021年年

---

① 李琳：《高校辅导员职业能力内涵与提升路径探析》，载《思想教育研究》2015年第3期，第105页。

均有 4200 篇，两年基本持平。不难看出，研究成果逐步平稳，研究趋势与我国职业研究起步晚、进步快的状况基本相符。

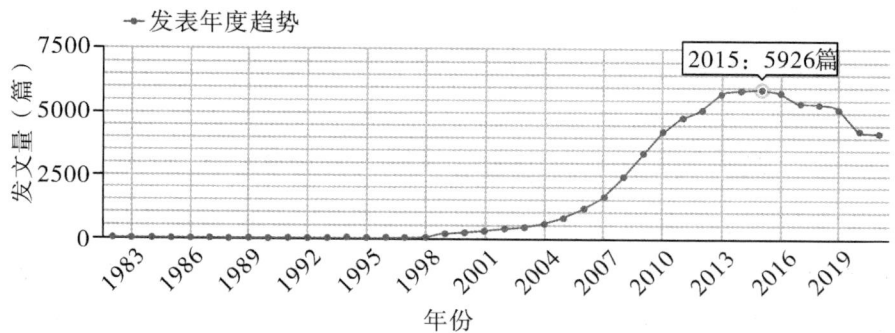

注：统计截至 2021 年 7 月 1 日。

图 1-2 题名含"职业能力"关键词的研究年度发文量趋势

如图 1-3 所示，截至 2021 年 7 月 1 日，除"职业能力"在职业能力研究文献中出现 7935 次外，出现频次最高的五个关键词为："高职院校""职业能力培养""课程体系""教学改革""人才培养模式"，而"高校辅导员"在职业能力研究文献中的出现频次为 626 次。由此看来，辅导员职业能力研究在当前职业能力研究中尚处于起步阶段，这与辅导员职业本身处于职业化初级阶段的状况相符。

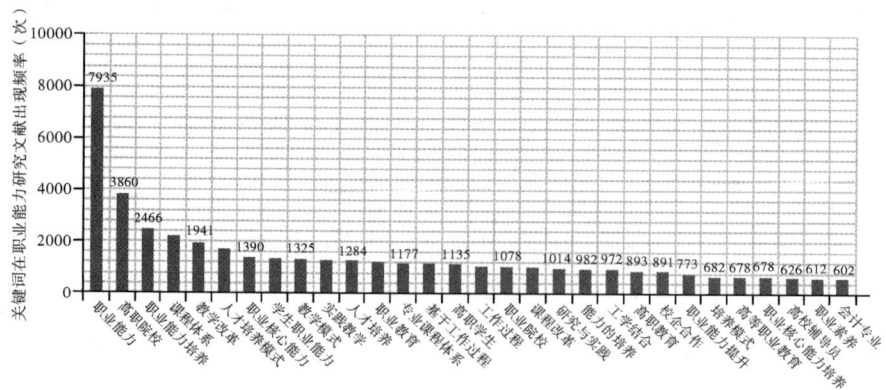

注：统计截至 2021 年 7 月 1 日。

图 1-3 "职业能力"等关键词在职业能力研究文献中的出现频次示意图

2. 关于高校辅导员职业能力的研究

高校辅导员职业能力的研究尚在起步阶段，研究成果的层次性、系统性和完整性远远不够。据中国知网统计，截至2021年7月1日，题名含"高校辅导员"与"职业能力"关键词的期刊文献共有15157篇。从研究趋势看（见图1-4），该课题研究在20世纪末出现，2006年起关注度开始呈上升趋势，2012年起呈显著增长趋势，特别是在2014年到2016年间，研究成果突增，刚好与《高等学校辅导员职业能力标准（暂行）》办法颁布后辅导员职业能力发展得到广泛的关注相吻合。当前整体研究文献数量显示，高校辅导员能力研究依然拥有较高的关注度，具有一定的研究必要性和时代性。

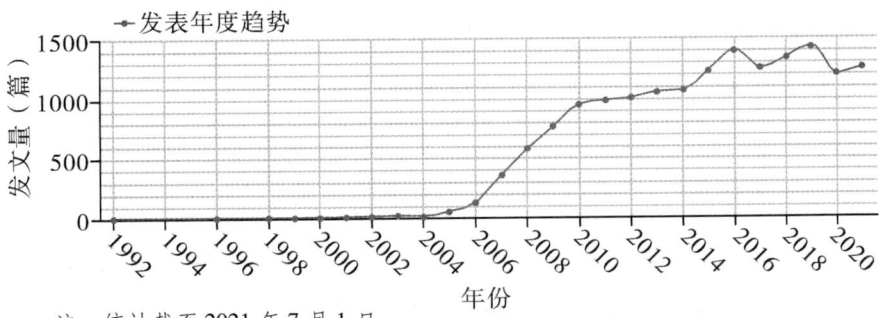

注：统计截至2021年7月1日。

图1-4 题名含"高校辅导员"与"职业能力"关键词的期刊文献年度发文量趋势

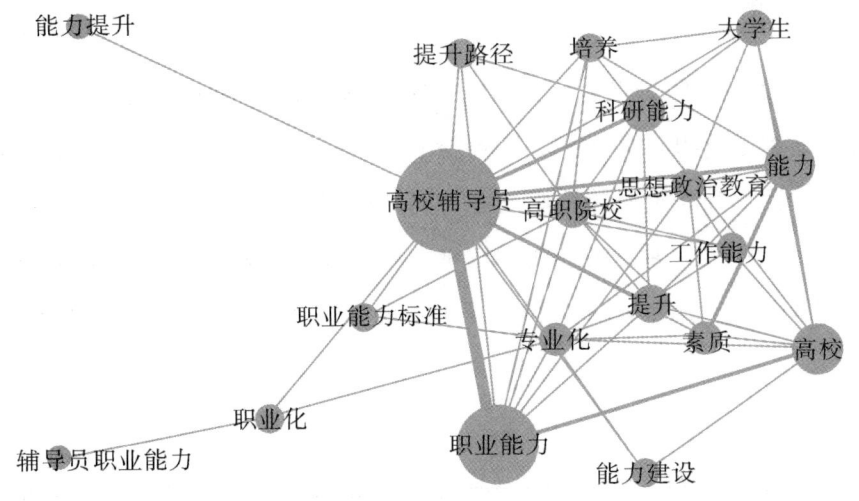

图1-5 题名含"高校辅导员"与"职业能力"关键词的期刊文献网络共现图谱

如图 1-5 所示，与关键词核心"高校辅导员"关系最为密切的为"职业能力"，可见职业能力已成为当下辅导员能力研究的主要问题。除此之外，与"高校辅导员"关系密切度较高的分别为"职业能力标准""科研能力""思想政治教育""工作能力提升"及"专业化"。其中，专业化研究的同向研究为能力建设，素质研究的同向研究为提升研究。李莉、徐楠认为："对高校辅导员职业能力的研究，本质上就是对辅导员职业素养进行新的归纳，揭示各种能力和素质之间的关系，从中找到在当前辅导员专业化过程中最需要提高的能力。"[①] 从目前的研究情况看，研究主要集中在对某一方面能力和辅导员职业能力内涵及相关基本概念的论述上，这些研究将辅导员职业知识进一步清晰化，让从业者能够更好地把握个人职业素质提升方向，帮助辅导员胜任自身工作。

关于高校辅导员职业能力建设问题的研究刚刚起步，尚未成熟，发现并分析高校辅导员职业能力建设存在的问题是众多研究者的初步工作。本着在实践中发现问题的原则，许多研究者对问题进行了归类总结，并以辅导员队伍建设职业化、专业化发展为目标，从不同角度出发对问题进行了阐述。王显芳、孙玮认为，当前高校辅导员职业能力建设存在能力要求不合理、能力结构不平衡、能力发展不持久等问题，进一步改进辅导员职业能力建设需要从组织、培训、科研、考核等方面下功夫，构建提升高校辅导员职业能力的 OTRAP 模式，即从 O（Organization）组织、T（Training）培训、R（Research）研究、A（Assessment）考核及 P（Propaganda）宣传五个方面构建模式，以此来促进高校辅导

[①] 李莉、徐楠：《论高校辅导员的职业能力及其知识基础》，载《西南交通大学学报（社会科学版）》2014 年第 4 期，第 94 页。

员职业能力提升。① 李永山认为，要加强和改进高校辅导员培训，提升培训的适应性、针对性和系统性，"坚持以提升职业能力为重点，聚焦不同层级的发展要求，遵循职业发展和能力发展规律，明确不同层级的培训目标"②，认为辅导员职业能力建设涉及辅导员职业发展、辅导员自身建设等诸多方面，需要通过构建科学的培训体系才能够逐步实现。朱平谈道，"高校辅导员的专业化岗位是指与高校管理岗位、工勤岗位相区别的实际从事专业技术工作的岗位"③，提出了高校辅导员的专业化发展要有专业化的岗位设置的看法，并基于辅导员岗位职责的九个方面以及职业能力表中的三个层次，认为辅导员专业化应该走向团队的专业化发展之路。在实践中，他也在探索辅导员职业化、专业化的过程中，从高校辅导员某一优势能力角度出发，提升辅导员的职业能力，组建团队开展工作，制定了《公共事务专人负责管理制度》，促进了辅导员"一专多能"能力结构的形成。但高校对辅导员职业功能的设置和岗位角色定位缺乏顶层设计，在具体实践过程中缺乏专业化的成长体系的指导，专业化意识淡薄，导致了诸多问题。朱平认为，基于辅导员职业功能设置的专业化新岗位面临的困难从现象上看是现行高校管理体制和机制的束缚，但实质还是高校的领导者和决策者教育理念与办学指导思想尚未转变、改革创新和担当意识不强的问题。④ 深层次地理解高校辅导员专业化岗位的设置需要一个过程。在新形势下，高校正在进行深

---

① 王显芳、孙玮：《基于 OTRAP 模式的高校辅导员职业能力的提升》，载《高校辅导员学刊》2017 年第 2 期，第 20—23 页。
② 李永山：《构建以能力为导向的高校辅导员分层培训体系》，载《思想理论教育导刊》2016 年第 4 期，第 134—137 页。
③ 朱平：《高校辅导员专业化的岗位设置研究——基于〈高校辅导员职业能力标准（暂行）〉的思考》，载《思想理论教育》2015 年第 9 期，第 102—106 页。
④ 朱平：《高校辅导员专业化的岗位设置研究——基于〈高校辅导员职业能力标准（暂行）〉的思考》，载《思想理论教育》2015 年第 9 期，第 102—106 页。

化改革，内部治理结构将不断发生变化，改革成果——高校大学章程也将陆续发布。然而辅导员作为高校中一支具有多重身份且不可或缺的教育管理队伍，其专业化发展不充分限制着高校改革成果的形成。因此，现代大学在治理进程中需要设置专业化岗位，并以此来促进辅导员队伍的建设。

当前，高校辅导员能力建设的研究已经逐步确定了自己的发展方向，教育部也非常重视高校辅导员职业化专业化发展，建设了辅导员研究会，培育研究阵地，使高校辅导员研究朝着专门化方向发展，《高校辅导员》《高校辅导员学刊》两本学术期刊逐渐成为辅导员理论和实践研究的主阵地。中国知网上题名中含"辅导员"与"能力"关键词的研究期刊文献，与《高校辅导员》《高校辅导员学刊》《学校党建与思想政治教育》等上相关文章的年度发文量在3000篇至5000篇，占相关研究发文总量的16.64%，这与各高校逐步对高校辅导员职业化、专业化发展研究的阵地认识程度紧密相关。总体上看，高校辅导员能力研究尚未成体系，高层次研究几乎没有，研究主阵地尚未形成。但部分高校已逐步将对辅导员的研究从思想政治教育研究中分离出来，形成独立的交叉学科研究方向。除此之外，有的高校还加大了有关辅导员实践研究的力度，每一项理论研究都要经过实践的检验，这为辅导员能力建设打好了基础。国家导向是明确的，地方高等教育管理部门和高校也在不断地探索高校辅导员职业化、专业化发展保障机制，中发〔2016〕31号文件——中共中央、国务院印发《关于加强和改进新形势下高校思想政治工作的意见》（以下简称中发〔2016〕31号文件），进一步明确了思想政治工作者的职责要求，各地各高校也出台了具体的贯彻执行方案，这是各高校切实提升思想政治工作质量的保障。辅导员职业能力建设的正确方向和明确目标，增强了高校辅导员对自身从事职业的研究的积极性和自信心。

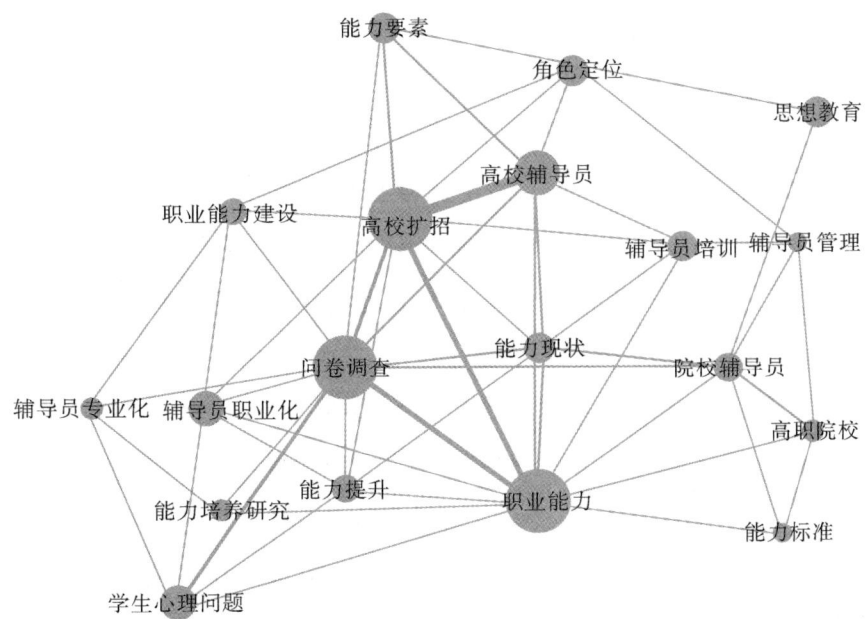

图 1-6 题名含"高校辅导员"与"能力"关键词的硕博论文网络共现图谱

关于"高校辅导员能力"的硕博论文成果，如图 1-6 所示，其图谱核心是"职业能力"，其关系主要集中在职业能力建设的影响因素和内容上，与"能力现状"的研究有直接密切的关系。"问卷调查""高校扩招"等高频词说明现实中学生数量的增加带来的问题日益增多，从现实需求的角度客观地反映出高校辅导员的工作对象——大学生在新形势下成长发展需要解决的问题对辅导员能力发展提出了挑战。从图谱关系上看，正如张莉等人所说，"部分高校存在辅导员角色定位不明、良性竞争平台较缺乏，辅导员培养机制和行业体制待健全"[①] 等问题。实践问题突出必将带来理论研究的一些困难和问题，但越是如此就越需要通过研究者特别是高校辅导员在"实践—研究—再实践—再研究"的过程中不断扩大研究范围和层次，提升自身能力。从研究成果重点的分

---

① 张莉、鲁萍、杜涛：《高校辅导员职业能力提升与专业化发展研究》，载《思想理论教育导刊》2015 年第 8 期，第 130 页。

散性、研究内容的多样性、研究方法的单一性不难看出,关于辅导员能力的研究尚处于问题的寻找阶段,虽已触及解决问题的有效办法和途径,但总体上还不能满足实际需求。辅导员队伍建设存在的不稳定、不重视、不科学的问题,辅导员对个体发展不满意、不认同、不清楚的尴尬局面与辅导员职业本身社会需求和岗位职责的新领域不断增加的现象同时存在,这使得研究者开始关注解决问题和矛盾的关键点,即高校辅导员从业者能力的研究。图1-6中,出现频次多的关键词有"问卷调查""能力现状""角色定位""辅导员培训""能力要素""辅导员职业化""辅导员专业化""学生心理问题",这说明研究者基本上梳理出了研究问题的切入点,揭示了辅导员队伍建设职业化、专业化发展目标研究的主要问题的方向,进一步明确了以辅导员职业角色为前提的能力建设是辅导员职业发展的关键。此外还可以看出,在辅导员职业发展的初级阶段,从业者主体的素质能力与岗位需求的职业素质相匹配是目前研究的出发点。这些都为高校辅导员职业能力研究的必要性提供了依据。

3. 关于高校辅导员职业胜任力的研究

1973年,哈佛大学教授戴维·麦克利兰(David McClelland)对胜任力的概念进行了界定,认为胜任力"是指在某项工作中将特别突出者和平凡者分开来的个人的深层次特点,它可以是动机、特征、自我形象、观念或价值观、技巧手艺等任何可以被可靠衡量和评价的、能明显区分优秀与普通的个体特征"。胜任力主要用于人才选拔和评价等管理过程,个性特点、行为方式和外在环境是影响胜任力的重要因素。据中国知网统计数据得知,截至2021年7月1日,有关键词"辅导员"与"胜任力"的期刊文献共有722篇,其发表年度趋势如图1-7所示:总体研究成果较少,虽有几年处于上升趋势,但近两年又出现了下降的现象,这也体现了研究不系统、不稳定的问题。

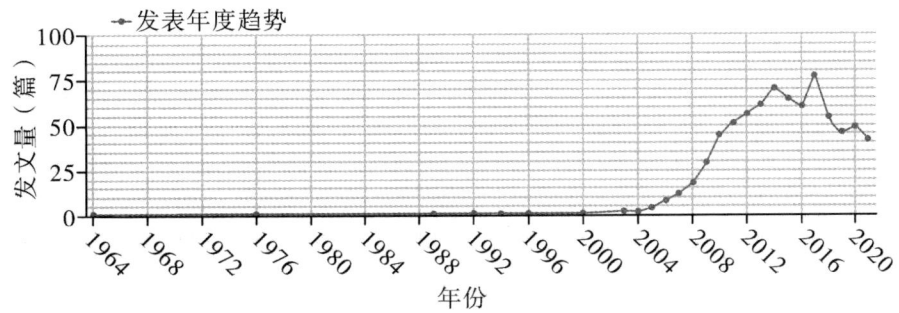

注：统计截至 2021 年 7 月 1 日。

图 1-7 题名含"辅导员"与"胜任力"关键词的期刊文献年度发文量趋势

从图 1-8 题名含"辅导员"与"胜任力"关键词的期刊文献网络共现图谱看，高校辅导员胜任力的研究目的是促进职业化发展，提升队伍建设质量。这些研究采用了构建模型、健全评价体系的方式，能够在具体实践中指导辅导员的工作。从总体上看，这些研究针对性强，直接针对辅导员职业能力提升，以标靶的模式引导辅导员职业发展。这为高校辅导员职业胜任力研究的开展起到了积极的帮助作用，对正向引导和模型建设而言也具有非常好的借鉴意义。

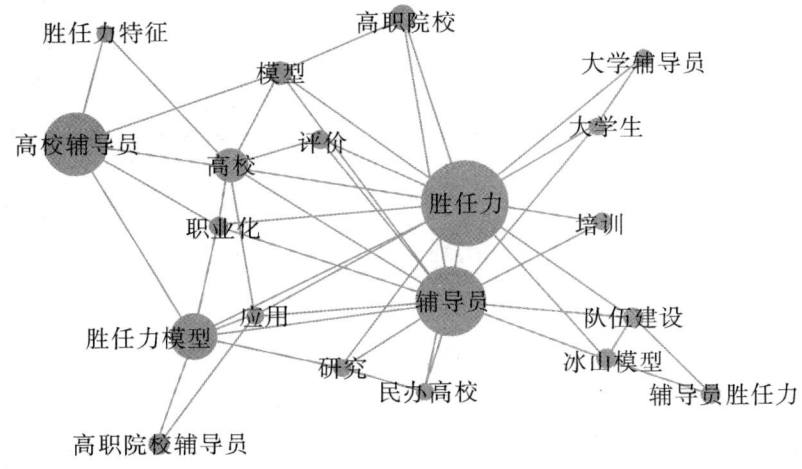

图 1-8 题名含"辅导员"与"胜任力"关键词的期刊文献网络共现图谱

4. 关于辅导员职业能力的更多研究

通过中国知网梳理相关研究成果看，辅导员能力现状与问卷调查、辅导员培训、能力提升有直接高频关系，由此看来对辅导员职业能力现状的调查研究依然是值得重视和下功夫的。辅导员能力现状与职业能力建设尚未形成直接关联，也说明目前已有的研究还不能对职业能力建设提供科学有效的依据。因此，本书需要从能力现状出发，结合职业生涯发展理论，以马克思主义职业理论为基础，以实证研究为方法，从职业心理学、高等教育学角度出发，坚持职业化、专业化的目标导向，开展高校辅导员职业能力建设研究。

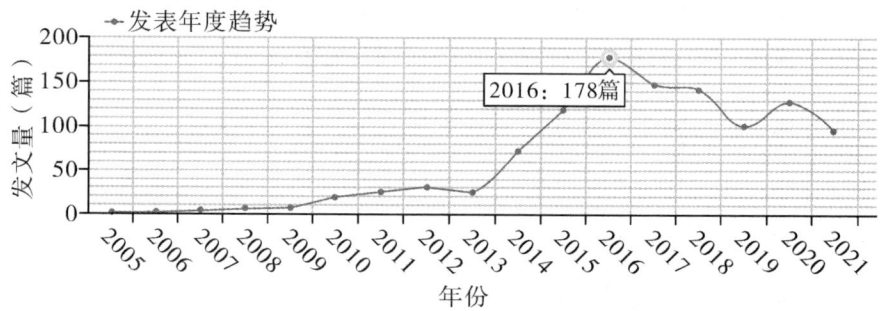

注：统计截至 2021 年 7 月 1 日。

图 1-9 题名含"辅导员"与"职业能力"关键词的期刊文献年度发文量趋势

通过中国知网统计，截至 2021 年 7 月 1 日，题名含"辅导员"和"职业能力"关键词的期刊文献达到 1032 篇，其中核心期刊文献 74 篇。从期刊成果的总体趋势（见图 1-9）分析，结合关键词共现情况（见图 1-10）看，"辅导员"与"高校辅导员"共计出现 521 次，"职业能力"出现 269 次，"职业化"出现 51 次，"专业化"出现 30 次，"职业能力标准"出现 30 次，"思想政治教育"出现 29 次，"队伍建设（含辅导员队伍）"出现 29 次，"职业能力提升（含提升）"出现 24 次，"职业能力建设"出现 12 次，"职业发展"出现 11 次，"提升路径"出现 11 次，其他关键词出现 10 次及 10 次以下。由此看来研究者对关于辅导员职业能力建设问题的研究的必要性和重要性方面做了较深入的讨论和分析，也进行了一定的实证考察。从关键词看不难理解，高校辅导员职业能力建设、高校辅导员职业能力提升、高校辅导员职业能力标准是围绕队伍建设、高校辅导员职业化、高校辅导员专业化及思想政治教育等开展的研究，体现了研究的目的和意义。此外，从辅导员主体出发对辅导员职业世界探索的研究也有，但还处于研究的初步阶段，尚未形成较好的研究视角、研究理论和研究方法。

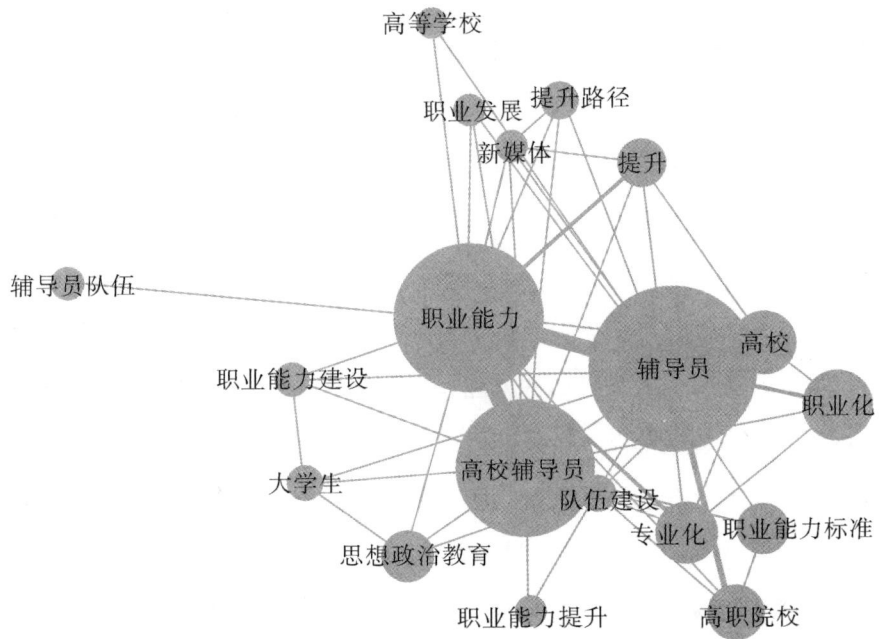

图1-10　题名含"辅导员"与"职业能力"关键词的期刊文献网络共现图谱

关于高校辅导员职业能力的内容研究，众多学者也从不同角度出发进行了探索。张宏如认为目前的研究存在对高校辅导员职业能力的界定模糊、维度不够清晰简明、辅导员职业能力要素之间缺乏有机联系、停留于简单罗列层次、研究成果的实践操作性有局限等问题，这需要提炼更为科学的辅导员职业能力体系，深化辅导员职业能力的实践应用。① 此

---

① 张宏如：《高校辅导员职业能力研究》，载《思想理论教育导刊》2011年第9期，第117—119页。

外，关于辅导员职业能力的知识结构、组织制度、技能标准、创新发展及实践应用等问题都需要进行深入的剖析，如何将辅导员的工作实践、自身职业水平提升、职业成长相结合也都还有较大的研究空间。从根本上说，高校辅导员的职业能力研究的核心问题是工作时效性和职业满意度问题，以及以工作负责为前提实现辅导员个人的职业发展和提升问题。李洪波等研究者通过对辅导员的岗位特征和职责的理论剖析，从内容、现状和协同开发三个方面对辅导员的量化规定的九个方面进行了分析研究，对高校辅导员九大岗位职责进行了论述，从每个能力的重要性入手，列举具体能力包含的内容，结合该能力的现状，设计提升某一具体能力的协同开发策略，构建了立体化、网络化的辅导员职业能力协同开发机制。①

总的来看，这样的研究具体而全面，与高校辅导员工作本身的复杂性和全面性相对应，设计的提升途径也覆盖了高校辅导员工作的绝大部分内容，可以说是存在的问题提到了，对策也提出了，但对辅导员来说，逐一按照这样的方法去做是不现实的。因此，要探究一条辅导员职业能力提升的有效路径，必须与辅导员自身职业规划结合起来，与辅导员职业成长阶段结合起来，与辅导员职业性格特征结合起来，将内职业生涯规划体系与外职业生涯规划体系有效结合。首先，辅导员是"万金油"的问题需要解决。其次，辅导员工作涉及高等教育的方方面面，由此带来的诸多负面效应需要规避。高校辅导员职业能力研究从辅导员职业能力标准的理论层次出发，构建辅导员职业能力建设层级化模型，以期帮助不同职业期的辅导员更加明确职业目标，促进高校对辅导员工作的评价和考核。

---

① 李洪波、董秀娜、李宏刚：《高校辅导员职业能力协同开发研究》，江苏大学出版社2016年版。

从辅导员的研究职业化、专业化角度看,把辅导员本身当作一个学科的研究正在逐步发展,目前,高校辅导员职业能力研究的主要成果集中刊发在《高校辅导员》《学校党建与思想政治教育》《高校辅导员学刊》(见图1-11)。这与国家导向和高校学生工作者的期盼相一致,也能使辅导员的研究学科化、专业化趋势更加明显。可见,辅导员作为一个职业、一个学科的研究正在逐步完善,研究阵地及场域正在逐渐形成。

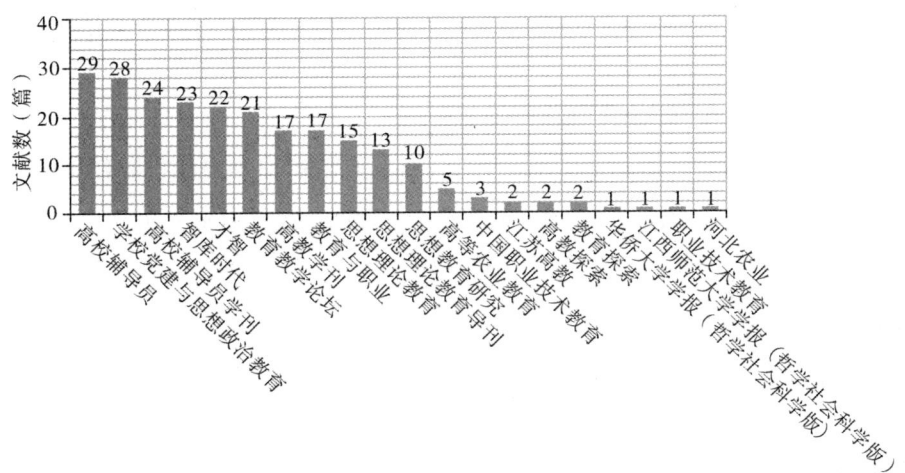

图 1-11 题名含"辅导员"与"职业能力"关键词的期刊文献分布

5.关于《高校辅导员职业能力标准(暂行)》的研究

早就有学者在对广大学生工作者的实践工作的研究中意识到标准的重要性及现实意义,开始逐步探索制定标准的方法、路径和策略。《高校辅导员职业能力标准(暂行)》于2014年3月正式颁布,但标准的实施情况不尽如人意,难以推行的现象普遍存在,这也成了研究的热点。从中国知网统计数据得知,截至2021年7月1日,题名含"辅导员"与"标准"关键词的期刊文献共计447篇,发表年度趋势如图1-12所示。从图中可以看出,2014—2016年研究文献明显增多,体现了高校辅导员制度研究不断地实现纵向和横向发展的趋势,更重要的是体现了高校辅导员职业能力建设的重要性已进一步被研究者发现。然而，从 2017 年起，相关期刊文献发文量处于下降的趋势，这与当前辅导员的职业认同感不高，辅导员职业本身的建设需要进一步得到关注有关。

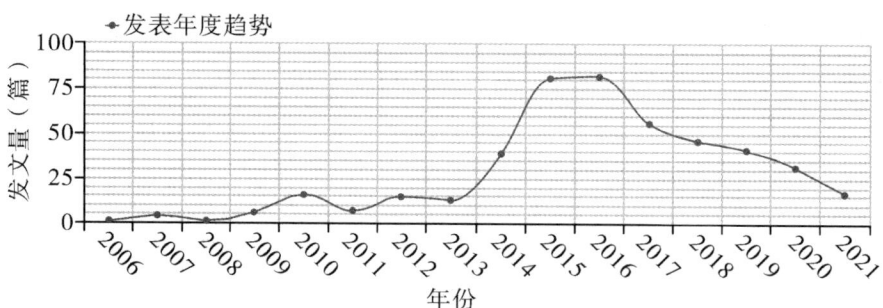

注：统计截至 2021 年 7 月 1 日。

图 1-12　题名含"辅导员"与"标准"关键词的期刊文献年度发文量趋势

从研究成果的现状看，关于辅导员能力与标准的研究主要关注对辅导员职业能力标准的目标和内容的分析和解读。不少学者基于对《高等学校辅导员职业能力标准（暂行）》的分析，就某一能力进行了深入研究，如陈峰《高校学生资助工作者胜任力模型研究——基于〈高等学校辅导员职业能力标准（暂行）〉的实证分析》、李永山《高校辅导员心理健康工作职业能力标准阐释》和《论高校辅导员学业指导能力标准的完善——基于〈高等学校辅导员职业能力标准（暂行）〉的分析》、陈艳梅《基于职业能力标准的高校辅导员培训模式研究》、刘森杰《论高校辅导员政治教育工作的"能力标准"》、崔晓玲《对高校辅导员职业能力标准的思考——基于职业生涯规划能力模型的分析》、朱平《高校辅导员专业化的岗位设置研究——基于〈高校辅导员职业能力标准（暂行）〉的思考》等。从研究的关注点多为职业能力来说，这是《高等学校辅导员职业能力标准（暂行）》对高校辅导员工作的指导性作用的充分体现，但目前，对于相关方面存在问题的研究还不够全面，特别是将《高等学校辅导员职业能力标准（暂行）》的有效实施作为研究重点的研究极少。其中，单一性、表面化、不系统的问题是在标准建设过程中最为突出的问题。通过中国知网搜索题名含"辅导员"与"标准"关键词的期刊文献，再从其网络共现图谱分析（见图1－13），我们发现，该图谱以"高校辅导员"（含"辅导员"）与"职业能力标准"（含"职业标准""标准""能力标准"）为核心共现，还涉及了"职业化""专业化""工作模式""素质""职业发展""建设""工作模式""扎根研究"，此结果与前面文献的内容梳理结论是一致的。

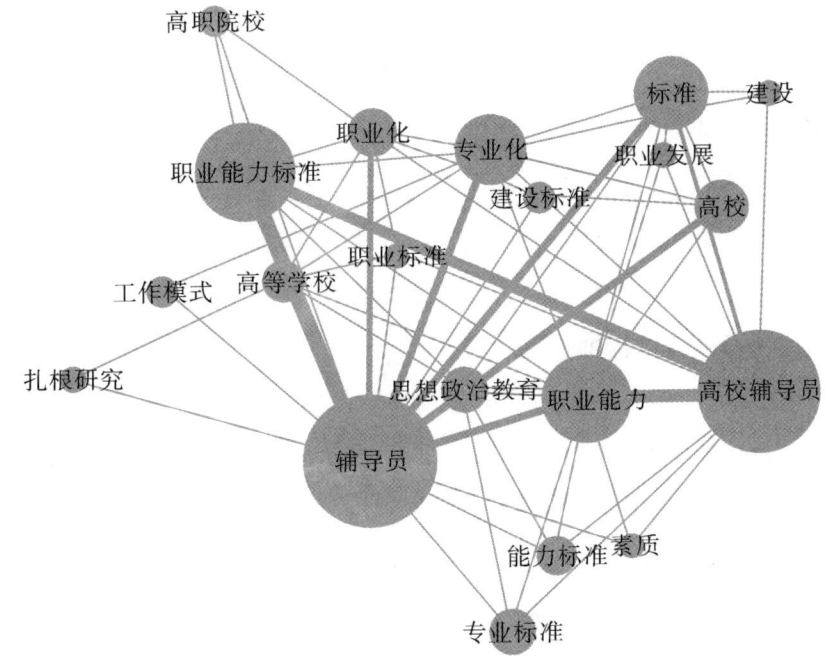

图1－13 题名含"辅导员"与"标准"关键词的期刊文献网络共现图谱

在中国知网检索题名含"辅导员"与"标准"关键词的学位论文，找到的均为硕士论文，分别是华东师范大学苏莹的《高等学校辅导员职业标准开发研究》（2010）、华中师范大学栗玉楠的《高校辅导员专业标准研究》（2013）和郑州大学郭辉的《〈高等学校辅导员职业能力标准（暂行）〉实施效果调查研究——以河南艺术职业学院为例》（2016），都对辅导员职业标准建设进行了探索与分析。苏莹依据国家及地方政策，对高校辅导员职业标准进行了开发研究。她认为职业功能、工作内容、技能要求和相关知识要求构成了辅导员职业标准的内容，并按通用的职业资格等级划分方法，将高校辅导员职业难度从高到低分为五、四、三三个级别，同时对相应等级的能力和理论要求进行了分析。但是由于研究者受一些客观条件的限制，访谈对象范围太小，仅限于同一所高校的相关人员，未能进行大范围的样本调查，导致研究的代表性不足。栗玉楠围绕辅导员专业标准从为什么要制定标准、如何制定标准、制定怎样的标准三大方面层层递进展开论述。她从辅导员专业标准的价值定位展开，围绕提升辅导员工作质量的问题，以满足质量提升所需要的能力素质指标为依据，以认真贯彻国家和教育部的相关制度文件要求为基础，提出辅导员所应具备的基本素质、知识素质、职业道德和专业能力等具体内容，以此为高校辅导员职业能力专业标准的设计提供具有可操作性的参考，帮助更多的辅导员更加清楚地认识到个人职业能力素质的具体标准。

郭辉的《〈高等学校辅导员职业能力标准（暂行）〉实施效果调查研究——以河南艺术职业学院为例》一文，对辅导员职业能力标准的实施情况进行了实证研究。他的文章从三个层面提出了完善辅导员职业能力标准的具体对策和建议："一是准确界定辅导员职业内涵，进一步明确其职责范围；二是完善辅导员培养培训体系，科学制订职业发展规划；三是完善辅导员职业能力标准，进一步增强其可操作性。"另外，钟军等人在《高校辅导员资助工作职业能力标准建构思考》一文中谈到，《高等学校辅导员职业能力标准（暂行）》中所说的中级辅导员处于探索期，这个阶段往往是辅导员工作的第二个大循环，相关工作的重复性极易使他们产生职业倦怠，但由于面临理论水平提升和学生事务性工作的压力，辅导员将接受各类学习和培训，开始将普遍性的职业认知转化为具体的素质能力，开始有计划地进行职业发展试验，并有把某方面研究作为长期发展领域的可能性。①

从研究的成果看,高校辅导员职业能力建设的可研究性很强,辅导员职业能力标准的完善与实施、相关的保障机制、高校本土化研究以及高校辅导员职业发展等都需要研究者们深入探究。辅导员职业能力建设现状存在诸多问题,有主观原因也有客观困难,与辅导员职业的特征直接相关,因此研究者们需要从辅导员职业特征出发,研究辅导员职业理念、职业角色、职业准入、职业培训和职业发展,以职业化、专业化的研究理念为总体导向,借助马斯洛个人需求理论的思想,系统地完成高校辅导员职业能力建设研究和实践,帮助辅导员职业更好地发展。

(二) 国外研究现状

关于能力的研究,国外心理学家从十九世纪七八十年代开始就有了相应的研究成果。被誉为差异心理学之父的英国心理学家法兰西斯·高尔顿(Francis Galton)于1874年出版了专著《英国的科学家们:他们的禀赋与修养》,又于1883年出版了专著《人类才能及其发展的研究》。高尔顿是提出普通能力和特殊能力的第一人。他通过研究论证了遗传与个体差异的关联,在著作中首创了"优生学"的概念。世界上第一个人类行为实验室于1879年在实验心理学之父威廉·冯特(Wilhelm Wundt)的筹划下建立,并运用实验内省法、反应时法等研究方法,对人的感知觉、反应速度、注意分配、感情以及字词联想等进行研究,对人类行为能力进行实验测量。在这个实验室里,世界首批职业心理学工作者被培养出来。德国职业教育家菲利克斯·劳耐尔(Felix Rauner)提出了从新手到专家的五级(初学者、高级初学者、有能力者、熟练者和专家)职业能力发展理论,认为能力的发展始于实践经验

---

① 钟军、袁舟群、陈喆:《高校辅导员资助工作职业能力标准建构思考》,载《合肥工业大学学报(社会科学版)》2021年第2期,第109—112页。

终于实践经验。他对每一阶段的能力特征进行了清晰的描述，并对晋升高一级发展阶段所需的专业知识类型和学习内容做了准确概括。高校辅导员是具有典型中国特色的职业，应中国国家社会发展需要而产生并不断地壮大与完善，国外与之相通的是学生事务工作者，典型的是美国学生事务工作者。美国学生事务经过了100多年的实践探索，已基本上实现了专业化。虽然我们不能照搬照抄其模式，但它能给我们的辅导员工作以启发。

19世纪中叶，美国的高校教师专注于学术研究，无暇顾及学生事务，但在高校管理体制下，学生事务管理又不可或缺，因此就催生了学生事务管理人员，专门负责学术之外的事务。为适应学生发展需求，二战之后，美国教育协会提出了"为学生服务"的概念，以此来满足当时教育大众化的需求，就这样，一支专门以学生全面发展为目的，为学生提供综合服务的职业工作者队伍建立起来了。直至20世纪60年代，美国学生事务管理者已建立了相对完善的组织结构，并逐步走上了职业化发展的道路。1998年，美国学生人事管理协会对美国各类高校的1045位学生事务管理者进行抽样调查，发现其中有56%的学生事务管理者已读取或正在读取博士学位，这是一个职业专业化、职业化的重要标准。在美国，学生事务管理者有着严格的职业准入标准，且职业技能培训完善、职业发展明确、保障措施健全。2010年，由美国大学人事协会和学生人事管理协会联合发布的《学生工作从业人员的专业能力范围》，明确规定了学生工作从业人员十个方面、每个方面三个等级的标准，确定了从业者的职业发展方向。随着职业化程度的不断提高，《美国高等学校学生事务管理人员行为规范》《美国高等学校学生事务管理人员伦理标准》《学生事务应用手册》等规范性的制度产生，并用来指导从业者开展工作，也明确了不同级别从业者的学历要求，这是该职业专业化的基本特征之一①——通过学生事务从业者硕士、博士两个层面的培养，高校健全了学生事务工作者的职业培训体系和职业研究过程。当前，美国的高等学校学生事务工作者依据已经发布的高等教育专业标准和指导原则中所规定的高校学生事务工作标准来开展具体实践，工作具有典型的规范特征。美国建立有30多个学生事务领域的专业协会。协会以研究高校学生事务工作为主，以研讨会、研讨班等形式提升学生事务工作者的业务能力，并促进成员对学生事务的共同研究。美国学生事务工作对我国高校学生事务从业者——这里特指辅导员等从事学生事务工作的人的启发是：以促进学生全面发展为职业目标；提升专业化水平，坚持以学生为本；规范从业者工作标准和制度，提升职业理论和技能；完善学生工作的专业协会、专业研究阵地、学科体系；不断完善高校辅导员队伍的培训学习制度；做好职前的专业培养以及从业过程中的职业知识技能提升训练和职业实践总结，为辅导员职业的专业化发展开辟道路。

在德国和法国，学生事务管理主要交由社会第三方服务机构来执行。它们有一个高度社会化的职业服务模式，其服务的质量和价格直接影响着学生事务管理的发展。这种运作方式提高了学生的社会化程度，但它是以盈利为目的的，具有很强的商业性质，较之美国，其"以学生为本"的理念欠缺，学生的全面发展被放在了次要位置。在英国，学生事务管理模式以导师制为主，学生所在学院会给每个学生配备一名导师，负责学生学习、生活等各个方面的管理。这里没有专门从事学生事务的人员，导师都是由教师兼任。此外，学校会有学生职业发展、咨询、残疾人服务、国际交流等部门或委员会，在学校任职的学生事务工

---

① 陈洪玲、徐超：《国外学生事务管理工作与我国辅导员队伍建设探究》，载《内蒙古师范大学学报（教育科学版）》2012年第11期，第28—31页。

作者均有较高的专业化水平，具有从业的相关资格证和博士学位。英国高校也会设立与学生事务相关的各类协会，学生工作者可以加入这些协会，以更好地开展工作。德、法、英等国家的学生事务运行模式各有利弊，但总体上与其国家高等教育的发展相符，而且形成了以促进学生发展为目的的有效工作模式。例如，英国采用学校学生事务部门和导师制相结合的学生管理模式，学生、导师会经常与心理咨询、职业指导、学生奖助部门等联系。导师制成了师生之间的黏合剂，保证了学生与老师之间的密切关系。这些成功的管理模式对中国高等学校的学生管理者队伍建设有着很大的借鉴意义，特别是在专业化、任职资格、职业培训等方面，它们的一些做法值得我们学习。但我们的研究者也需要深入探讨如何使我国高校辅导员职业能力的专业化发展路径更加科学化，形成操作性强的能力建设模式。我们需要反思高校辅导员岗位职责和本人的能力是否匹配，是否存在职业定位过于复杂、岗位职责要求过多，超出个体的能力等问题。人们经常说要培养"一专多能"的高校辅导员，是不是说明能力级别与从业者技能水平提升之间不匹配的问题依然未找到有效的解决途径？简单的培训计划对庞大而工作繁忙的群体来说是否有效？是否存在因无法让学生做到"亲其师，信其道"而产生事与愿违的结局？目前，有些高校辅导员职业能力建设能够以相对科学的模式运行，对国家制度政策的落实准确到位，辅导员主体职业发展意识强，内外有效保障，达到了非常好的效果。与之相反，有些高校的辅导员工作一团混乱，效果差、抱怨多，学生管理事故多，给辅导员队伍的建设发展带来了非常消极的影响，甚至导致恶性循环，使其专业化、职业化发展之路举步维艰。

总体来看，欧美国家学生事务管理的职业化程度高，高等教育水平领先于国内，但也有很多经验并不适合当前中国的高等教育需求，不适应中国大学生的发展需求。因此，从以促进学生全面发展为目的，以培养合格建设者和可靠接班人的重大任务来说，高校辅导员职业能力建设的专业化、职业化发展可以在借鉴国外先进经验的同时摒弃不适合我国国情的模式、方法和环节，以确保人才培养质量，达到教育的目的。

（三）研究现状评析

在新时期，职业能力的研究成为大学人才培养的重要环节，在高校毕业生职业满意度评估体系、大学生毕业质量评估体系中，职业胜任力、职业能力等参考指标权重设计日趋科学化。但当前，高校辅导员职业能力建设的研究也表现出了诸多现实问题，如研究内容不准确、理论研究不深入、实证研究不到位、研究缺乏应用性，以及《高等学校辅导员职业能力标准（暂行）》的推广和应用难度较大等。与此同时，在实际工作中，高校辅导员职业发展困惑多、工作难题多、各种新生问题频现，辅导员队伍建设旧疾未愈而又添新伤。目前，我国辅导员职业研究也还存在一些问题，如辅导员职业能力建设的研究系统性不足，可持续性不够，操作性不强；应对辅导员工作需求、辅导员个体发展需求、职业变迁需求的研究的协同性不够；对问题的描述较多，对方法的阐释较多，而具体可操作与可方便实践的研究较少；等等。总的来说，高校辅导员职责的复杂性、工作的繁杂性、任务的多样性、问题的不确定性对辅导员职业能力建设的需求与现实水平不相符。因此我们需要从马克思主义人学和职业理论出发，通过探索合理的路径和方法，认清辅导员职业现状，坚持问题导向，不断地探索提升辅导员职业效能感和认同感的路径，通过深化研究来不断地促进辅导员队伍职业化、专业化发展。同时，探讨职业全生命周期的知识能力培育模式、职业共同体模型、通用技能协作模型、优势职业能力建设模型等的形成，也将成为高校辅导员职业能力建设研究发展的新选择，也将引领新形势下的新研究。

三、高校辅导员职业能力建设的重要性

在新时期,高校辅导员职业能力建设所表现出的突出问题与现实难题对高校辅导员职业发展来说是亟需解决的重要问题,对辅导员职业本身发展来说也是必然要解决的问题。我们要整理新时代高校辅导员职业能力建设的主要内容和基本方法,努力寻找符合新时代要求的破解高校辅导员职业能力建设问题的新策略和途径,探索提升高校辅导员职业能力的策略,从职业知识、职业技能、职业规划等角度构建高校辅导员职业能力的培养模型、发展模型和提升模型,为辅导员职业能力提升和总体设计奠定基础、提供依据。而研究的最终目的是为高校及辅导员个人职业能力提升提供有效参考,进一步提升高校思想政治工作的质量,同时完善辅导员职业能力建设,推动《普通高等学校辅导员职业能力(标准)》的科学运行,从而使社会高度认可高校辅导员职业能力建设的理论重要性和实践必要性。

(一)促进理论发展

高校辅导员职业能力建设研究包含职业知识、职责、职业能力标准等多方面内容,其中,职业知识包括从事该职业所应具备的基础知识、专业知识和法律法规知识。这三个层面每一个层面的知识都需要相应的理论作为基础,以确保辅导员职业知识能够满足工作的需求。高校辅导员职业能力建设研究涉及的学科,也会随着高校辅导员职业领域实践活动的深入而得以发展。"高校辅导员职业能力建设确保实践经验—理论知识—实践活动—工作实效的转化过程顺利实现"①,使辅导员职业发展的专业化成为一个不断演进的过程,推动职业知识理论的不断发展,

---

① 李忠军:《以职业能力建设为核心推动高校辅导员队伍专业化发展》,载《思想理论教育》2014年第12期,第97页。

也有利于进一步拓展马克思主义中国化和思想政治教育相关理论研究应用的范围。从应用视角看，只有具备了扎实的理论，才能更好地实践，才能确保实践方向的正确性、合理性、科学性。毛泽东思想相关理论、中国特色社会主义理论体系、社会主义核心价值体系、中华人民共和国国史和中国共产党党史等知识，在高校辅导员职业能力建设过程中是理论基础，更是指导思想，事关为谁培养人的根本问题。"高校是党领导的伟大事业的重要组成部分，承担着为中国特色社会主义事业培养合格建设者和可靠接班人的重要任务。"① 习近平总书记曾在全国高校思想政治工作会上强调："办好我们的高校，必须坚持马克思主义指导，全面贯彻党的教育方针。要坚持不懈传播马克思主义科学理论，抓好马克思主义理论教育，为学生一生成长奠定科学的思想基础。要坚持不懈培育和弘扬社会主义核心价值观，引导广大师生做社会主义核心价值观的坚定信仰者、积极传播者、模范践行者。要坚持不懈促进高校和谐稳定，培育理性平和的健康心态，加强人文关怀和心理疏导，把高校建设成为安定团结的模范之地。要坚持不懈培育优良校风和学风，使高校发展做到治理有方、管理到位、风清气正。"② "四个坚持"即高校思想政治工作者的理论能力标准。高校辅导员要坚持马克思主义立场观点，用马克思主义理论武装青年学生头脑，用马克思主义方法论开展学生工作，这首先要求高校辅导员具备能学善用的能力，做真学、真信、真懂、真用马克思主义科学理论的思想政治工作者。因此辅导员要有坚持马克思主义真理性与意识形态性相统一、坚持马克思主义基本原理与不断推进马克思主义中国化相统一、坚持向学生传授科学知识与培养合格

---

① 阎树群：《坚持不懈传播马克思主义科学理论》，载《陕西日报》2017年2月23日，第13版。
② 习近平：《把思想政治工作贯穿教育教学全过程　开创我国高等教育事业发展新局面》，载《人民日报》2016年12月9日，第1版。

建设者和可靠接班人相统一的态度,在践行社会主义核心价值观过程中、在广泛传播中国共产党党史过程中、在学习中国特色理论体系过程中发扬和光大马克思主义中国化相关理论,让青年人铭记历史,不辱使命。这是因为,马克思主义中国化理论是与时俱进的思想武器,是在发展中不断完善的科学知识体系,是党在理论上不断探索获得的成果。[①]青年学生是祖国的未来,习近平总书记强调,引导青年学生成长成才的核心是把握好规律,努力培养能够担负起中国特色社会主义事业的合格建设者和可靠接班人。高校辅导员要具备培养合格建设者和可靠接班人的能力,就要通过丰富多彩的校园文化活动,重视学生活动的学术化、学生管理的制度化、学生思想教育的实践化需求,组织学生积极参与各类社会实践活动,体民生、解民生、悟民生,帮助青年学生知世情、知国情、知党情,使新形势下大学生的人生黄金期与"两个一百年"奋斗目标高度契合,让当代大学生真正认识到历史赋予的使命和时代赋予的责任。时代赋予了青年学生以历史使命和责任,同时也赋予了高校思想政治工作者以使命与责任,具备担当起实现培养合格建设者和可靠接班人的能力是时代对高校辅导员的基本要求。

高校辅导员职业能力建设有利于进一步推动思想政治教育理论、知识和方法的创新发展。高校辅导员开展思想政治教育的实效性是检验辅导员职业能力水平的基本参照。有效地开展思想政治教育是高校辅导员的首要职责,高校辅导员要通过有效地运用思想政治教育专业的基本理论、基本知识和基本方法,了解学生思想动态和行为特征,有针对性地开展教育活动,有效地发挥网络思想政治教育的阵地作用,解决学生政治思想问题,开展大学生思想政治工作研究。

---

① 阎树群:《中国特色社会主义自我完善论》,中国社会科学出版社 2011 年版,第 337 页。

新时期青年学生多出生于世纪之交,具有现代开放、积极自信、眼界开阔、技能多样的时代特性,同时也存在心理发展不成熟、知识体系不健全、三观塑造未完成等问题。辅导员需要传承和发展传统思想政治工作经验,适应时代发展,创新工作理念、创新工作内容和工作方法,增强工作的时效性和有效性。思想政治工作如果内容、方法陈旧落后,缺乏亲和力和针对性,与学生的生活和现实需求脱节,那就是无效的思想政治工作,会导致负面的效果。高校辅导员是离学生最近、与学生接触最多、影响学生最直接的思想政治教育工作者,在实际工作中要革新工作方法,即革除陈旧做法、创造新的方式,以适应新时期青年学生思想政治教育特征的方法,以润物细无声的方式浸润学生、教育学生,从而推动高校思想政治教育知识、方法和技能不断发展。

新时代高校思想政治工作急切需要在不断改进中创新发展,其中四个着力点最为关键:"一要用好课堂教学这个主渠道,二要加快构建中国特色哲学社会科学学科体系和教材体系,三要更加注重以文化人、以文育人,四要运用新媒体新技术使工作活起来。"[①] 思想政治教育工作的新方向、新要求促使高校辅导员学习新知识、掌握新技能、运用新方法,确保工作跟得上时代步伐,具有时效性,胜任新形势下的工作要求,这些都是以高校辅导员职业能力建设为前提保障的。可以说,开展高校辅导员职业能力建设是确保高校思想政治工作提升实效性和感染力的重要前提,有助于推动高校思想政治教育理论、知识和方法的创新发展。

高校辅导员职业能力建设有利于进一步加深和扩大高校思想政治教育工作开展的深度和广度。对青年学生的教育培养服务要重视思想问

---

① 人民日报评论员:《沿用好办法 改进老办法 探索新办法——三论学习贯彻习近平总书记高校思想政治工作会议讲话》,载《人民日报》2016年12月11日,第1版。

题，把意识和实践结合起来，做到说理性和实践性相统一。要大力开展学生学业指导与职业生涯辅导，做好情商培育和健全人格培养，落实好家庭经济困难毕业生帮扶等，通过具体工作感动学生、感染学生、感化学生，启发学生将自己的前途命运与国家发展与建设结合起来，刻苦学习、增长才干，实现全面发展。高校辅导员日常工作的复杂性在于大量琐事占据了工作中的绝大部分时间，辅导员们经常用"两眼一睁忙到熄灯，熄灯之后胆战心惊""上面千根线底下一根针""辅导员就是万金油"等来描述自己的工作现实，这导致辅导员职业被认为是边缘职业。较高的职业能力有较高的工作实效，不断提高辅导员职业内外部认同，能增加辅导员工作的效能感和获得感，帮助辅导员不断提高工作效率和质量，从而实现圆满地完成各项工作的目的。可见，辅导员职业能力建设是推进辅导员工作科学发展的必然要求，能极大增强高校思想政治工作的内容广度、方法新度、质量建设深度等，促进高校辅导员学科的理论发展。

（二）满足实践需求

《高等学校辅导员职业能力标准（暂行）》出台的目的是进一步加强高校辅导员队伍建设，推动高校辅导员队伍专业化、职业化发展，以提升大学生思想政治教育工作质量。高校辅导员制度已经成为中国特色高等教育制度的成功实践，是大学生思想政治教育的保障，是高校有效管理的重要支点，是高校育人工作的组织保障。高校辅导员职业能力建设是高校辅导员制度发展的基础条件，加强高校辅导员职业能力建设是高等教育实践的重要组成部分，是高校管理实践的重要抓手，是实践科学育人的重要依靠，其具体意义和作用主要有以下几个方面。

第一，助力践行高校深入贯彻全国高校思想政治工作会议精神要求。全国高校思想政治工作会议的召开，为新时期高校思想政治工作指明了方向、提出了要求、总结了方法，高校辅导员职业能力建设是高校思想政治工作的核心要务。新形势下，辅导员面临诸多问题和挑战，特别是意识形态领域的侵蚀给高校思想政治工作者提出了更多更高的要求。理论素养的提升、思想政治教育方法的改进、思想政治教育载体的拓展、思想政治教育范畴的延伸等，都需要辅导员具有较高的职业能力。辅导员对学生个体教育的覆盖面、频率和深度在高校教师队伍中居于首位，日常与学生的"一对一"辅导、"一对多"的精准交流教育方式是辅导员最常用的工作方式，也是多数学生对辅导员施教方式的期盼。这种润物无声的言传身教更直接、更温暖，它展现的是高等学校辅导员作为青年大学生良师益友的生动形象。新时期，高校辅导员要不断响应新时代的召唤，对标新标准、符合新要求、解决新问题，不断提升个人职业能力，充分满足新时代青年学生成长成才的合理需求。要使教育者先受教育，努力成为思想文化的传播发展者、党政领导的有力支持者，做好学生健康成长引路人的工作，这些都是高校辅导员职业能力建设的必备部分。可见，高校辅导员职业能力建设是思想政治工作队伍建设的基础前提，是完成思想政治工作目标的重要路径，是全面落实全国思想政治工作会议精神的具体行动。

第二，为提升高校辅导员队伍的整体实力提供技术支持。有为方能有位，高校辅导员队伍因社会发展、高校建设和学生成长的需要应运而生，在高等教育发展过程中发挥了极其重要的作用，取得了成功的实践经验。从辅导员制度的建立到现在，高校辅导员的职责在不断地丰富和发展，辅导员业务的复杂性也在不断增加，而当前高校辅导员队伍建设还存在队伍不稳定、职责不明确、发展空间不广阔等问题，"工作时候很重要、发展时候没必要，说的时候很重要、做的时候不重要"等说法，都是对建设辅导员队伍提出的质疑。习近平总书记强调，思想政治工作队伍后继有人、源源不断，一个很关键的问题就是要保证这支队伍的科学化发展。近些年来，国家针对高校辅导员队伍建设出台了多项保障政策，从中发〔2004〕16号文件——《中共中央国务院关于进一步加强和改进大学生思想政治教育的意见》、教育部第24号令的出台到今天，众多研究者从多个角度对这些文件进行了深入研究和探索，并拓宽了辅导员职业化、专业化发展的有效路径。中央31号文件的发布对此前的思想政治工作的情况进行了总结，对新形势进行了研判，对之后的工作进行了部署，指出队伍的科学化发展需要从业者自身的建设达到要求。要想紧跟新时代制订新的培训计划，就需要按照教育部培训计划的要求，结合新方法解决新问题，以满足辅导员队伍建设的要求。习近平总书记号召广大教师做"四有"好教师，给辅导员工作提出了新要求、新目标和新规范，使辅导员工作的内涵和外延不断适应新形势。当下，辅导员工作最突出的问题还是辅导员职业能力的问题——提升高校辅导员职业能力是保障辅导员队伍生命力，帮助辅导员适应高等教育深化改革，实现思想政治工作新目标的首要任务。

第三，有利于帮助辅导员不断提升个人职业认同。高校辅导员的职业认同以辅导员个体对自身职业的认同为基础，社会认同、广大师生的认同对辅导员个体认同和组织认同也有着重要影响。辅导员在高校思政工作、教育教学过程中发挥着骨干作用，但他们依旧存在着缺乏认同的现实问题，主要表现在以下几个方面。一是职业角色认识不清。高校辅导员有着多重身份和功能，其在对辅导员职业角色的认识中，最普遍的一个困惑就是"我是谁"。二是职责和功能定位不清。高校辅导员担负着教育和管理大学生的多重任务，其中，教育是最核心的功能，而管理服务是辅助功能。三是职业发展方向不确定。高校辅导员职业生涯规划包含组织规划和个人规划。组织规划是学校对学校辅导员队伍发展提出的整体目标，其科学的职业发展目标、职业能力标准以及与学校发展之间是相互促进的关系。辅导员个人职业生涯规划是辅导员依据个人职业目标、职业价值观所确定的针对个人的发展设计，个人的生涯设计是以学校的发展定位为基础，以最大程度地发挥个人的职业能力，赢得更多的职业发展机会的。四是价值追求不明确、职业稳定性不高。五是职业引导体系不健全、评价体系不完善。积极的、激励性的评价会提升人的工作热情和认同感。调查发现，尽管《高等学校辅导员职业能力标准（暂行）》在2014年就已出台，为高校辅导员能力提升明确了发展方向和奋斗目标，并指导着辅导员的工作，但其实施多年来的效果却不尽如人意。在开展辅导员职业能力建设的研究时，首先要解决的就是辅导员的职业角色定位问题，其次要对职业能力素质进行科学概括和定义，明确辅导员岗位职责和工作界限，有效提升辅导员职业胜任力，从组织保障、制度建设方面加大对高校辅导员制度运行的科学化管理。研究要探讨高校辅导员工作实然与必然、个人发展与学生成长成才、个人职责与团队职责以及个人绩效与组织绩效的关系，以提升辅导员工作实际效果，提升社会对辅导员的认同感及学校内部对辅导员的认同感，从而提升辅导员的职业成就感、职业效能感，使辅导员获得更多的自我认同。

第四，是辅导员职业发展的现实需求。高校辅导员成为一个职业的典型标志是有一支专职高校辅导员工作队伍，"专职"就意味着专业、职业，从专业角度看要具有一定的专业知识、专业技能，从职业角度看要具有满足从业者的精神和物质追求。研究者需要系统研究高校辅导员职业能力建设关键点，解决辅导员专业不专、职业断线的问题，这既包括提高其思想政治素质、职业道德、个人职业情感、职业技能，也包括提升其适应新形势、新变化的新技术应用能力、媒介素养、网络能力等，这是保证辅导员满足岗位需求、教育对象需求和学校发展需求的重要内容，是确保辅导员朝着专业化、职业化发展的重要方面。总的来说，辅导员职业能力提高的现实性、行为导向性、内容方法的创新性及可持续发展性都是源于大学生渴望全面发展的现实，源于辅导员职业发展现实，源于"三全育人"的更好实施。

第二章　高校辅导员职业能力建设的理论视阈

理论指导实践，确保实践过程和结果的科学性。高校辅导员职业能力建设研究是从辅导员职业发展的角度出发，基于辅导员职业对象的需求，在其所涉理论视阈下开展的研究。马克思关于人的全面发展理论是辅导员职业素养全面提升、职业能力全面发展的理论基础。马克思主义实践理论指明了辅导员职业能力的最终来源、发展动力、根本目的和检验标准，体现了辅导员职业特征和个体特征所蕴含的客观规律。习近平总书记关于思想政治教育的重要论述，为新时代高校辅导员职业发展提出了新的要求，指明了方向。此外，思想政治价值理论、环境理论和对象理论也是辅导员职业能力建设的重要理论。

一、马克思关于人的全面发展的理论

马克思认为人与动物的区别在于人能有计划地运用身边的生产、生活资料来劳动实践，并在这实践的过程中产生社会关系，创造价值。实践主体的价值感是劳动的重要成就之一。高校辅导员在其劳动过程中不断地创造个体价值、社会价值，从个体的全面发展、实践过程到主体进步都遵循着一定的规律同时又与时俱进地活动着。认真阐述马克思关于人的全面发展理论、实践理论和主体性理论，可以促使有计划的劳动行为不断出现,从而促进辅导员职业向更高水平发展。

(一) 马克思关于人的全面发展的理论

唯物主义历史观认为,现实的人是社会历史的出发点与立足点。马克思和恩格斯指出:"我们开始要谈的前提不是任意提出的,不是教条,而是一些只有在臆想中才能撇开的现实前提。这是一些现实的个人,是他们的活动和他们的物质生活条件,包括他们已有的和由他们自己的活动创造出来的物质生活条件。"①"我们不是从人们所说的、所设想的、所想象的东西出发,也不是从口头说的、思考出来的、设想出来的、想象出来的人出发,去理解有血有肉的人。我们的出发点是从事实际活动的人。"② 由此可以看出,马克思关于人的研究的全部理论都建立在从事物质资料生产的现实的鲜活的人的基础之上,并突出强调一旦离开了这一逻辑起点,所有的理论终将陷入脱离现实的空洞的臆想之中。在马克思主义理论中,"人的自由全面发展"是未来社会即共产主义社会的人的发展的正确方向,是作为个体的人的发展的一种高级状态。马克思主张要实现"人的自由全面发展",必须突破在社会还未达到充分发展状态时而强加于人的各种制约和限制。马克思讲的"自由全面发展"主要是指人的活动在不受社会分工和职业划分的限制的情况下进行,由个人设定活动和确定结果,以确保人的能力得到全面发展。而达到这一目的的前提是人们必须广泛参与社会实践,人们可以不受时地限制、以兴趣爱好为出发点自由地选择活动方式,促使每个个体所具备的潜能得到最大限度的发挥。可以看出,这是一种对"人的自由全面发展"在生存论意义上的解读,同时也是把"人的自由全面发展"与"异化"

---

① 中共中央马克思恩格斯列宁斯大林著作编译局:《马克思恩格斯选集》第1卷,人民出版社2012年版,第146页。

② 中共中央马克思恩格斯列宁斯大林著作编译局:《马克思恩格斯选集》第1卷,人民出版社2012年版,第152页。

作为相对立的概念来解释的。教育中的全面发展则有着自己内在的规定。德国教育家第斯多惠（F. A. Diesterweg）认为教育的实质就是"为人格的全面发展服务的普通教育，其主要功能是给人格的发展打基础，使每一个人在公民生活中能通过他的行动经受检验"①。习近平总书记《在北京大学师生座谈会上的讲话》指出，我们的教育要培养德智体美劳全面发展的社会主义建设者和接班人，"人才培养一定是育人和育才相统一的过程，而育人是本。人无德不立，育人的根本在于立德。这是人才培养的辩证法。办学就要尊重这个规律，否则就办不好学。要把立德树人的成效作为检验学校一切工作的根本标准，真正做到以文化人、以德育人，不断提高学生思想水平、政治觉悟、道德品质、文化素养，做到明大德、守公德、严私德。要把立德树人内化到大学建设和管理各领域、各方面、各环节，做到以树人为核心，以立德为根本"②。由此可见，生存论所讲的全面发展和教育中的全面发展存在着一定的区别。高校辅导员职业能力建设是在社会分工前提下的职业能力建设，是可以用马克思历史唯物观来阐释的辅导员作为"个人"的全面发展，但这种"个人"阐释并不脱离马克思对"类"的全面性探讨。马克思认为："一个种的整体特性、种的类特性就在于生命活动的性质，而自由的有意识的活动恰恰就是人类的特性。"③ 高校辅导员从业者的职业选择恰恰是这种自由且有意识的选择实践活动的结果。

马克思关于人的全面发展的理论是马克思主义唯物史观的重要组成部分。高校辅导员职业能力建设研究是对高校辅导员从业者职业能力发

---

① [德] 第斯多惠：《德国教师培养指南》，袁一安译，人民教育出版社2001年版，第6页。
② 习近平：《在北京大学师生座谈会上的讲话》，载《人民日报》2018年5月3日，第2版。
③ 中共中央马克思恩格斯列宁斯大林著作编译局：《马克思恩格斯文集》第1卷，人民出版社2009年版，第162页。

展的研究，是一个在特定领域下激发特定人群的全部力量并促使其自发自愿地开展以思想政治教育为主要内容的工作的研究过程。关于人的本质的理论是马克思关于人的全面发展理论的逻辑起点，必然成为我国思想政治教育的出发点和立足点。思想政治教育在全面把握马克思关于人的本质的前提下，在促进人的全面发展过程中具有特殊的无可替代的功能和价值，对个体发展而言不可或缺，因而，高校辅导员的职业能力直接影响甚至决定着学生的健康成长和全面发展。马克思认为，人的本质是一切社会关系的总和。在关于社会历史领域的论述中，马克思充分肯定了社会分工在人类历史发展进程中所起到的重要作用，他指出，社会分工"一方面它表现为社会的经济形成过程中的历史进步和必要的发展因素，另一方面，它表现为文明的和精巧的剥削手段"[1]。马克思还从本质上对社会分工进行了归纳和总结，并在归纳总结的基础上对其进行划分，将其划分为"自然分工"和"自愿分工"两大类。人类社会从原始社会发展到高度发达的共产主义社会就是一个从"自然分工"不断向"自愿分工"发展转变的过程。从事高校辅导员工作是在现代社会制度下从业者自由选择职业的结果，发挥辅导员自身的全部才能和力量就成了高校辅导员从业者所追求的职业理想和生活状态。而人的生活状态受生活条件的影响，人的生命活动的需要是一个在实践中不断地生成、变化和发展的过程。"人的需要是全面的、丰富的、社会的需要，这体现了人的社会生命对动物式的自然生命的超越。"[2] 在马克思看来，人的全面发展是指人的所有需求，包含了其基本生存的需求和较高层次发展的需求等。为了能够满足人的全面需求，实现人的全面发展，人必

---

[1] 中共中央马克思恩格斯列宁斯大林著作编译局：《马克思恩格斯选集》第2卷，人民出版社2012年版，第216页。

[2] 万光侠、张九童、夏锋：《马克思主义人学视域中的思想政治范式转换研究》，山东人民出版社2014年版，第80页。

须要参与到与其发展相对应的社会实践活动中。"需要的满足必须符合社会实践活动发展的步伐，脱离社会实践活动的需要是永远不会得到满足的；脱离社会实践活动的新需要因缺乏规律性而难以实现。可见，任何合理的需要要想得到满足，都必须保持与社会实践活动的同步发展。"① 高校辅导员作为一种职业，是从业者满足个体生存需求和发展需求的重要载体，辅导员作为一个"个体"，在不断地寻求个体生存和发展公平权益的过程中，自觉自愿地创造新的成绩，最终实现自我全面发展，达到崇高的理想境界。

马克思关于人的全面发展理论在马克思中国化研究领域实现了本土化变革，在同中国实际日益结合的过程中形成了真正意义上的中国特色。马克思主义自传入中国以来，经过长期的探索和发展，形成了新时代中国特色社会主义思想，全面证实了马克思主义为什么行、中国共产党为什么能、中国特色社会主义为什么好，其根本在于江山就是人民，人民就是江山的重要论断。新中国成立初期，毛泽东同志在推动人的自由全面发展方面进行了有益尝试和积极探索，推动了马克思关于人的全面发展理论的中国化进程，为积极倡导和实现人的自由全面发展提供了理论支撑、作出了历史贡献。毛泽东在1957年2月发表的《关于正确处理人民内部矛盾的问题》文章中明确提出："我们的教育方针，应该使受教育者在德育、智育、体育几方面都得到发展，成为有社会主义觉悟的有文化的劳动者。"② 以毛泽东为代表的党的第一代中央领导集体带领人民艰辛建立的人民民主专政的社会主义国家和成功创立的社会主义基本制度，为一切中国人民创造美好生活、实现人的全面发展提供了

---

① 袁俊平、卜建华、胡玉宁：《人的全面发展理论与高校思想政治教育创新发展研究》，西南交通大学出版社2017年版，第59页。

② 中共中央文献编辑委员会：《毛泽东著作选读》下册，人民出版社1986年版，第780—781页。

根本的政治前提和基本的制度保障。此后，在毛泽东思想指导下，中国社会主义制度不断地实现自我完善和发展，马克思主义关于人的全面发展理论也在中国特色社会主义理论的创立和完善中得到了丰富和发展。以邓小平为代表的党的第二代中央领导集体将马克思主义关于人的全面发展理论与中国改革开放以来的具体实践相结合，对其进行了新的探索。中国特色社会主义进入新时代以来，以习近平同志为核心的党中央进一步丰富了关于人的全面发展的基本内涵。党的十八大以来，习近平总书记紧紧围绕不断满足人民对美好生活的向往和促进人的全面发展来谋划发展布局、制定发展政策、开展各项工作，强调"发展不能脱离'人'这个根本，必须是以人为本的全面发展，这是发展的终极目标"①。培育和践行社会主义核心价值观同样也是为了促进和实现人的自由全面发展。2017年10月，党的十九大顺利召开，习近平新时代中国特色社会主义思想作为十九大对党的理论贡献的最大成果，是马克思主义中国化的最新成果。面对我国社会主要矛盾所发生的转化，十九大报告明确指出，"我们要在继续推动发展的基础上，着力解决好发展不平衡不充分问题，大力提升发展质量和效益，更好满足人民在经济、政治、文化、社会、生态等方面日益增长的需要，更好推动人的全面发展、社会全面进步"②。

世界上一切问题的发生与解决都源于"人"，人的全面发展的不断实现是推动社会持续进步的决定力量。高校辅导员承担着对学生开展思想政治教育的重大责任和义务，高校辅导员既要成为好老师也要成为好干部，被赋予了双重角色，因此要与其他教育工作者一起在充分发挥教

---

① 习近平：《之江新语》，浙江人民出版社2007年版，第116页。
② 习近平：《决胜全面建成小康社会　夺取新时代中国特色社会主义伟大胜利——在中国共产党第十九次全国代表大会上的报告》，人民出版社2017年版，第11—12页。

育职能的过程中不断完善自我，促进个体的全面发展。马克思曾指出："个人的全面性不是想象的或设想的全面性，而是他的现实联系和观念联系的全面性。由此而来的是把他自己的历史作为过程来理解，把对自然界的认识（这也作为支持自然界的实践力量而存在着）当作对他自己的现实躯体的认识。"① 由此可以得出，马克思所指出的个体的全面性发展是人在特定的"社会关系"中所实现的人的全面发展，会进一步促使其所处的"社会关系"不断得到完善。人生而具有的以蛰伏状态存在于人的有机体之中的潜能素质，需要通过后天的不断开发才能形成能力，而参与社会活动是人的能力形成的中介环节。② 由此我们可以说，辅导员自身能力的建设过程，即对个人自身潜能的挖掘过程，也是辅导员在职业活动中不断发展个人社会关系的过程。因此，辅导员个人发展的理想目标，便以激发个人潜能，促进个体实现全面发展为主要内容。总而言之，辅导员能力建设必然且必须遵循人的全面发展的规律，必须以人的全面发展理论为指导。

（二）马克思主义实践理论

2000 年教育部颁布的《关于进一步加强高等学校学生思想政治工作队伍建设的若干意见》，将辅导员定位为"学生思想政治工作的组织者和指导者、高等学校教师和管理队伍的重要组成部分"。《中共中央、国务院印发关于进一步加强和改进大学生思想政治教育的意见》明确强调，"辅导员是高校学生思想政治教育工作队伍的主体之一，是大学生健康成长的指导者和引路人"。2014 年教育部颁布《高等学校辅导员职业能力标准（暂行）》，强调高校辅导员需具备"较强的组织管理能力

---

① 中共中央马克思恩格斯列宁斯大林著作编译局：《马克思恩格斯全集》第 30 卷，人民出版社 1995 版，第 541 页。
② 王友洛：《不能以"人的全面发展"替代"个人全面而自由的发展"》，载《哲学研究》1993 年第 8 期，第 21—25 页。

和语言、文字表达能力，及教育引导能力、调查研究能力等"。从以上对辅导员职能和工作做出一系列规定的官方文件可以得出，高校辅导员所从事的工作是以实践为本质属性和行为特征的学生管理工作。开展对辅导员工作的理论研究，既要源于实践，服务于实践，同时又要在实践中进一步完善，从而更好地指导辅导员工作的开展。在开展辅导员工作研究的过程中，教育学、社会学、哲学、管理学、心理学、组织行为学等学科能够从不同的侧面和角度为辅导员工作研究提供有益且丰富的思想和理论借鉴，但从世界观和方法论而言，要深入认识、全面理解和完整把握高校辅导员工作，必须涉及马克思主义实践哲学。

实践这一概念由德国古典哲学创造者康德首先引入哲学领域，后来，黑格尔吸取了康德的相关理论，认为实践是主体"凭借主观的内在本性，以规定并改造"[1]客体的活动。黑格尔虽然提出了实践是一种创造性的活动，但由于他不能理解实践活动所具有的现实性和意义，将实践局限于精神和观念领域，不可避免地陷入了唯心主义。费尔巴哈对黑格尔的观念性实践进行了批判，提出"比渊博的征引更加有用到无数倍的，却是实践，却是生活"[2]。费尔巴哈将实践拉回到了现实，但是，他还是没能真正走上正确理解人的实践及其意义的科学大道。马克思在批评费尔巴哈时认为，"对于实践则只是从它的卑污的犹太人的表现形式去理解和确定。因此他不了解'革命的''实践批判的'活动的意义"[3]。能够看出，在马克思主义哲学诞生之前，旧哲学大都局限在认识的性质、能力、形式、真理等认识性的问题上，无法结合实践和实际

---

[1]［德］黑格尔：《小逻辑》，贺麟译，商务印书馆1980年版，第411页。
[2]［德］费尔巴哈：《费尔巴哈哲学著作选集》上卷，荣震华、李金山等译，商务印书馆1984年版，第248页。
[3] 中共中央马克思恩格斯列宁斯大林著作编译局：《马克思恩格斯文集》第1卷，人民出版社2009年版，第503页。

去改变世界。与旧哲学"只是用不同的方法解释世界"相比,马克思主义哲学不但要全面认识和正确解释世界,还要以从实践中得来的认识去"改变世界"。此外,马克思所创立的实践哲学,还批判地克服了西方哲学传统中道德实践论与技术实践论二者所具有的片面性,并在新的方向上整合了二者所研究的对象领域及价值追求,将马克思主义实践哲学提升到了更加全面而深刻的历史高度。

在马克思的实践领域,"实践是作为主体的现实的人的实践"①,人的主体性是在实践活动中逐渐生成、发展、呈现的,"实践"本身,即主体性存在的形式和呈现的对象。"人正是通过自己的批判性和创造性的实践活动,影响着现存感性世界及其发展方向,促成了它向着人的世界的生成运动。"② 我们只有从积极的、狭义的、社会性的实践出发,才能从真正意义上理解"全部社会生活在本质上都是实践的"③。马克思曾在《关于费尔巴哈的提纲》中对离开实践而空谈思维和意识的问题进行了明确批判,他指出,"人的思维是否具有客观的真理性,这不是一个理论的问题,而是一个实践的问题。人应该在实践中证明自己思维的真理性,即自己思维的现实性和力量,亦即自己思维的此岸性"④。1859 年,马克思又在《政治经济学批判》的序言中再次强调,不"不是人们的意识决定人们的存在,相反,是人们的社会存在决定人们的意

---

① 乐志强:《实践唯物主义体系探寻》,广东高等教育出版社 2000 年版,第 105 页。
② 高继宽、徐丽卿:《马克思实践论思维方式的确立及其价值取向》,载《东岳论丛》2009 年第 7 期,第 37 页。
③ 中共中央马克思恩格斯列宁斯大林著作编译局:《马克思恩格斯文集》第 1 卷,人民出版社 2009 年版,第 501 页。
④ 中共中央马克思恩格斯列宁斯大林著作编译局:《马克思恩格斯文集》第 1 卷,人民出版社 2009 年版,第 500 页。

识"①。马克思主义哲学中一系列经典论断向我们揭示了实践不仅是人类认识的来源、基础、发展动力，同时也是认识的目的和归宿。人们认识世界的目的是在不断深化对实践的认识的基础上进一步提高改造世界的能力和有效性。人们通过实践认识世界和改造世界，并通过在实践中充分发挥主观能动性，付出艰辛努力，得到人们预期的结果，创造出满意的成果。但是人们在长期的社会实践过程中同时发现了实践活动所带来的不可避免的诸多现实问题。例如，进入一个价值转型、技术化与媒介化的多元时代，知识、经验与能力的获取形式发生了巨大的变化，人的认知方式和角度也随之发生了变化。大学生作为社会成员的重要组成部分，其认知和学习经历着全新的挑战，"以微信、博客、网络论坛等新媒体为代表的虚拟空间作为大学生主要寄居的聚集区，充斥着光怪陆离的信息产品，对大学生具有很强的吸引力和诱导性"②。便捷、即时、碎片化、娱乐化的个体"私经验"盛行，过去那种神秘的刻板权威的教育模式正在丧失它对大学生群体的吸引力，自由、享受、实用成为大学生群体的新追求。大学生群体正处于身心快速发展，世界观、人生观、价值观逐渐树立和形成的关键时期，在这样一个学习和认知环境不断变化的时代中，大学生们存在思想不成熟、认知不完善、思维不严谨等问题，同时也表现出有极强的可塑性、极高的自我意识和极充沛的个人精力等特征，这就难免会使青年学生在观察事物、分析问题、辨别是非和安全保护等方面出现偏差。一些抛弃个人责任和义务的投机者乘虚而入，试图以利己的、功利的、实用主义的思想影响并侵蚀大学生的思想，一度使自由散漫的个人主义、金钱至上的拜金主义、品牌物化的奢

---

① 中共中央马克思恩格斯列宁斯大林著作编译局：《马克思恩格斯文集》第2卷，人民出版社2009年版，第591页。
② 陈华巍、王贵新、刘国军：《新媒体视域下大学生思想政治教育有效路径论析》，载《思想教育研究》2016年第3期，第83—84页。

靡风气盛行，使消极的带有诱惑的认知实践袭来，使大学生群体中出现了一定程度上的价值观念偏移，个人主义得到张扬的同时出现自我异化的倾向，并带有浓重的个性色彩和随意性①，对大学生的健康成长造成了诸多的不良影响。由此看来，实践的本质是可能出现"异化"的，这个异化是随着个体的认知的改变或者情境的变化而出现的。可见，个体的变化累加起来给群体的实践活动带来的影响是十分明显的。

马克思和恩格斯所创立的唯物史观始终把在实践活动中进行物质资料生产的"人"作为揭示人类社会发展规律的出发点，我们不能脱离社会生产实践来理解人，更不能脱离人而空泛地谈论社会实践。马克思在《1844年经济学哲学手稿》中指出，"无论是劳动的材料还是作为主体的人，都既是运动的结果，又是运动的出发点"②，深刻地揭示了人与实践的相互关系以及人的实践活动在推动社会运动中的作用。而在马克思的另一部经典文本——《关于费尔巴哈的提纲》中，马克思初步把人的实践的显在特征概括为五个方面：能动的、具体的、现实的、社会性的和历史性的。马克思和恩格斯的观点和立场都告诉我们，人的历史存在与其现实本质，人的社会属性的本质意义，人的能动性都是生动的、具体的、现实的反映，它们不苦涩、不抽象、不费解，都是通过人的实际行动、人的生活表现、人的行为特征展示出来的。研究"人"绝不能离开人置身其中的过去的和现在的人类活动所创造出来的一切社会实践成果。我们要以此为基础来批判形而上学的非现实和非历史的抽象的实践观点。恩格斯在《路德维希·费尔巴哈和德国古典哲学的终结》中指出，"历史唯物主义就是关于现实的人及其历史发展的科学"，

---

① 李鹏：《立德树人之道：大学生思想政治教育理论与实践发展探究》，中国水利水电出版社2017年版，第110页。
② 中共中央马克思恩格斯列宁斯大林著作编译局：《马克思恩格斯文集》第1卷，人民出版社2009年版，第187页。

这一论断科学地阐述了马克思主义唯物史观的核心要义，即历史通过现实的人的实践活动的推动实现向前发展。

综上，我们足以看出实践的观点在马克思主义理论中的重要地位。从马克思和恩格斯的一系列相关论述中我们能够明确，"实践就是作为主体的人有目的意图地，借助于一定的工具或手段，能动地改造或影响客体对象的感性活动、客观实际活动，是主体和客体互为前提、互相作用、互相转化的辩证发展过程"①。辅导员职业本质上是一个与人打交道、给人做思想政治教育工作的职业，而人的本质是具体的、实践的，因此，辅导员职业能力建设必须以马克思主义实践理论作为指导，绝不能脱离实践，必须从关注大学生的现实生活出发，围绕学生的实际需要和具体实践来开展。

（三）马克思主体性思想

"所谓主体，是指有目的、有意识地从事认识活动和实践活动的现实的人。"② 在高校辅导员职业能力建设研究中，对辅导员自身展开研究是研究的关键。辅导员作为研究的主体，要对其展开研究就要从所涉及的主体认同、主体意识及主体责任就其所从事的职业进行全面的论述，这是对高校辅导员的各项综合能力和心理特征持有者"人"的主体性的研究。离开了能力的承载者形而上地谈论其他，是不切实际、空洞的。在当今社会，随着市场经济的发展、信息网络的普及，人们的生活习惯和思维方式等随之发生了深刻的变化，人的个性越来越张扬，与此同时人的主体人格、主体地位、主体权利也进一步得到了尊重。③ 马克思的主体性思想在推进中国特色社会主义现代化建设的伟大征程中，

---

① 乐志强：《实践唯物主义体系探寻》，广东高等教育出版社2000年版，第100—101页。
② 张耀灿等：《现代思想政治教育学》，人民出版社2001年版，第188页。
③ 伍揆祁：《思想政治教育人文关怀论》，中国社会出版社2007年版，第120页。

特别是在全面深化改革的历史关键期，得到了淋漓尽致的体现，人作为主体被重视的意识得到增强，无论是对某个人的交往还是在某个群体中的交往而言，主客体关系的构建都越发显得重要。而高校辅导员这一特殊群体的建设必须以马克思主义主体理论为指导，才能实现科学研究，并达到研究的效果和目标。

马克思的主体性思想在认识论、价值论和政治经济学等领域都有着广泛的应用，但无论就哪种理论层面而言，其主体理论核心仍是历史的主体理论，始终把人放在社会和历史当中。马克思在《哲学的贫困》中谈道："既然我们忽略了生产关系（范畴只是它在理论上的表现）的历史运动，既然我们只想把这些范畴看做是观念、不依赖现实关系而自生的思想，那么，我们就只能到纯粹理性的运动中去找寻这些思想的来历了。"① 马克思批判了纯理性地脱离了经济学而谈逻辑产生与社会关系之间的实际问题的做法，坚定地站在了唯物主义历史主体理论的立场上，坚决反对和直接否定唯心主义的主体理论。马克思始终将人作为历史的主体，并从马克思主义政治经济学这一研究社会现实生产和发展状况的科学出发，以它的重要范畴——生产关系的形式和内容为支撑，准确生动地描述了实践需求和理论，并实现了理论和实践的有效结合。马克思的主体理论使人的认识论和价值论以及研究社会生产生活规律的政治经济学回归现实，并在一定的历史条件和历史时期中展开，指出人是历史活动中的主体，而不是本体论中的主体。马克思在他的经济学中强调，在不同的历史时期的生产过程中，"主体是人，客体是自然"②，这深刻地揭示了马克思主义的历史观是建立在本体论、认识论和实践论的

---

① 中共中央马克思恩格斯列宁斯大林著作编译局：《马克思恩格斯选集》第1卷，人民出版社2012年版，第218页。
② 中共中央马克思恩格斯列宁斯大林著作编译局：《马克思恩格斯全集》第30卷，人民出版社1995年版，第26页。

基础上的历史观，是把人置身于一定生产活动和生产关系当中的关于主体问题的历史观，并包含着一般的理论中的人作为主体和生产活动的主体的唯物主义的历史观。以《关于费尔巴哈的提纲》《经济学手稿（1857—1858）》和《神圣家族》中的关于主体论的阐述为代表，马克思构建了历史唯物主义主体论的中间环节。另外，马克思在《黑格尔法哲学批判》一书中，着重强调了作为现实的主体的市民社会在国家中起到的重要作用。他指出："家庭和市民社会都是国家的前提，它们才是真正活动着的；而在思辨的思维中这一切却是颠倒的。可是如果观念变成了主体，那么现实的主体，市民社会、家庭情况、任意等等在这里就变成观念的非现实的、另有含义的客观因素。"① 在《经济学手稿（1857—1858）》中，马克思将他的历史观贯穿对经济规律的揭示和对经济学观点的阐释的全过程，把市民社会作为现实的主体，并在此基础上来探讨这一现实主体与国家的关系，以此论证了经济基础决定上层建筑这一历史唯物主义的重要观点和经济学研究过程中必须遵循的重要经济学规律。马克思对唯心主义的批判直指唯心主义的"要害"，即批判唯心主义将"自我意识"当成了现实的主体，达到了对唯心主义批判的新高度。在马克思主义的主体论观点中，人是生产过程中所形成的生产关系的主体，而自然是整个生产过程中的人所指向的客体——在马克思看来，生产过程之外依然存在着自然，人通过实践与自然建立联系，并在实践中不断认识自然，构建出人与自然持续互动的主客体关系。与此同时，马克思强调这种主客体关系是现实的具体的关系，而不是思维上的关系。而针对包含在费尔巴哈的唯物主义理论中的历史观点，马克思一针见血地指出，"当费尔巴哈是一个唯物主义者的时候，历史在他

---

① 中共中央马克思恩格斯列宁斯大林著作编译局：《马克思恩格斯全集》第3卷，人民出版社2002年版，第10页。

的视野之外;当他去探讨历史的时候,他不是一个唯物主义者。在他那里,唯物主义和历史是彼此完全脱离的"①——马克思的全部理论和观点都始终强调绝不能把对社会历史的研究建立在"真空"当中,必须将其与整个物质世界的变化发展紧密联系起来,因为无论是某个人还是某个群体在与自然构建主客体关系时,都不可能脱离他或他们所处的那个历史时期,因此必须以当时的社会现实为背景去谈主客体关系。总而言之,马克思的主体性思想为人的全面自由发展提供了途径。

二、习近平总书记关于思想政治教育的重要论述

习近平总书记指出,我们的民族是伟大的民族,"我们的责任,就是要团结带领全党全国各族人民,接过历史的接力棒,继续为实现中华民族伟大复兴而努力奋斗,使中华民族更加坚强有力地自立于世界民族之林,为人类作出新的更大的贡献"②。党的十八大以来,以习近平同志为核心的党中央高度重视教育事业在国家发展中的地位和作用,把教育摆在优先发展的战略地位。当前,党的教育事业进入了一个全新的加速期,高等教育在建设"双一流"的推动下不断向社会输出一流的人才,扎根中国大地办教育,努力培养担当民族复兴大任的时代新人。2018年5月2日,习近平总书记在北京大学师生座谈会上谈道:"大学是立德树人、培养人的地方,是青年人学习知识、增长才干、放飞梦想的地方。"③ 习近平总书记为新时期思想政治工作,特别是高校思想政治工作指明了新方向,提出了新要求。高校辅导员作为思想政治教育专职人员,肩负着践行新时代党和国家开展高校思想政治教育工作要求的

---

① 中共中央马克思恩格斯列宁斯大林著作编译局:《马克思恩格斯选集》第1卷,人民出版社2012年版,第158页。
② 习近平:《习近平谈治国理政》第1卷,外文出版社2018年版,第3—4页。
③ 习近平:《在北京大学师生座谈会上的讲话》,载《人民日报》2018年5月3日,第2版。

使命和责任,将新思想、新要求和新观点转化为新方法、新技能、新手段,这是新时期高校辅导员职业能力建设的基本要求。

(一) 关于理想信念教育的重要论述

习近平总书记强调,要扣好人生的第一粒扣子。他说:"青年的价值取向决定了未来整个社会的价值取向,而青年又处在价值观形成和确立的时期,抓好这一时期的价值观养成十分重要。这就像穿衣服扣扣子一样,如果第一粒扣子扣错了,剩余的扣子都会扣错。人生的扣子从一开始就要扣好。"[1] 价值是方向,方向错了一切都不会对,甚至会酿成大错。辅导员处在开展学生思想政治教育工作的一线,时时刻刻担负着帮助学生正确把握人生航向的重要使命,因而按照扣好第一粒扣子的要求开展学生理想信念教育是辅导员的首要职责,也是辅导员职业能力建设的首要任务。2013年5月4日,习近平总书记在同各界优秀青年代表座谈时指出:"广大青年一定要坚定理想信念。'功崇惟志,业广惟勤。'理想指引人生方向,信念决定事业成败。没有理想信念,就会导致精神上'缺钙'。"[2] 一个人如果缺乏理想信念的指引,就将无法寻找到人生的正确方向。高校辅导员担负着不断帮助青年学生坚定理想信念的重要使命,要帮助学生"励志,立鸿鹄志,做奋斗者"[3],引导学生积极投身新时代的祖国建设当中。"时代是思想之母,实践是理论之源",高校辅导员要在习近平新时代中国特色社会主义思想的指引下,帮助和引导青年学生树立崇高理想,增强服务国家建设的本领,立志成

---

[1] 习近平:《青年要自觉践行社会主义核心价值观——在北京大学师生座谈会上的讲话》,载《人民日报》2014年5月5日,第2版。
[2] 习近平:《在同各界优秀青年代表座谈时的讲话》,载《人民日报》2013年5月5日,第2版。
[3] 习近平:《在北京大学师生座谈会上的讲话》,载《人民日报》2018年5月3日,第2版。

为新时代的优秀人才，服务国家发展需求。在中国共产党成立100周年之际，中共中央、国务院印发了《关于新时代加强和改进思想政治工作的意见》，强调要把思想政治工作作为治党治国的重要方式，深入开展思想政治教育，提升基层思想政治工作质量和水平，推动新时代思想政治工作守正创新发展，构建共同推进思想政治工作的大格局。我们要以此指导辅导员开展理想信念教育，并不断促进辅导员能力的提升。

（二）关于社会主义核心价值观教育的重要论述

习近平总书记在党的十九大报告中指出："社会主义核心价值观是当代中国精神的集中体现，凝结着全体人民共同的价值追求。要以培养担当民族复兴大任的时代新人为着眼点，强化教育引导、实践养成、制度保障，发挥社会主义核心价值观对国民教育、精神文明创建、精神文化产品创作生产传播的引领作用，把社会主义核心价值观融入社会发展各方面，转化为人们的情感认同和行为习惯。坚持全民行动、干部带头，从家庭做起，从娃娃抓起。"① 辅导员开展核心价值观教育，要通过润物无声的方式帮助学生养成良好的道德习惯，促使其身心健康发展。坚决贯彻和执行习近平总书记在全国高校思想政治工作会议上"引导广大师生做社会主义核心价值观的坚定信仰者、积极传播者、模范践行者"的讲话精神②，强调社会主义核心价值观教育是高校辅导员的关键任务之一，因此辅导员一方面需要充分、全面地掌握社会主义核心价值观的内涵和外延，创设教育环境，营造培育氛围，形成教育效果评估跟踪机制，使用符合当代大学生价值及成长规律的教育方式方法，以春

---

① 习近平：《决胜全面建成小康社会　夺取新时代中国特色社会主义伟大胜利——在中国共产党第十九次全国代表大会上的报告》，人民出版社2017年版，第42页。

② 习近平：《把思想政治工作贯穿教育教学全过程　开创我国高等教育事业发展新局面》，载《人民日报》2016年12月9日，第1版。

风化雨的形式开展有效的社会主义核心价值观教育；另一方面，辅导员要传承中国传统文化，结合时代要求对中华优秀传统文化进行创造性转化和创新性发展。习近平总书记在十九大报告中强调："文化自信是一个国家、一个民族发展中更基本、更深沉、更持久的力量。"[①] 中国特色社会主义核心价值观是对中华文明的传承和升华，中国传统文化的精髓是社会主义核心价值观的思想来源，为社会主义核心价值观奠定基础。辅导员带领广大学生积极践行社会主义核心价值观，这既是新时代的呼唤，也是不断坚持和传承中华优秀传统文化的内在要求。因此，高校要把正确把握核心价值观教育的能力贯穿于辅导员职业能力建设始终。

（三）关于重视劳动教育的重要论述

习近平总书记强调，坚持把服务中华民族伟大复兴作为教育的重要使命，要做到认清历史方位、审视教育使命，把握国际坐标、发展教育使命，立足中国现实、践行教育使命，这也是培养青年学生才能，使之投身中华民族伟大复兴大业的使命。在全国教育大会上，习近平总书记指出，要"培育德智体美劳全面发展的社会主义建设者和接班人"[②]，而一切的学习和教育都是服务于实践的，劳动教育是辅导员帮助青年学生承担起历史使命的重要实践教育，它不仅是对理论的一种检验，更是对坚定政治立场的磨砺。我国把"四育"提升为"五育"，彰显了劳动的价值，意义重大。习近平总书记强调，"要教育孩子们从小热爱劳动、热爱创造，通过劳动和创造播种希望、收获果实，也通过劳动和创造磨

[①] 习近平：《决胜全面建成小康社会　夺取新时代中国特色社会主义伟大胜利——在中国共产党第十九次全国代表大会上的报告》，人民出版社 2017 年版，第 23 页。

[②] 习近平：《在全国教育大会上强调：坚持中国特色社会主义教育发展道路　培养德智体美劳全面发展的社会主义建设者和接班人》，载《人民日报》2018 年 9 月 11 日，第 1 版。

炼意志、提高自己。"① 这要求辅导员既要具备劳动教育设计的能力，也要具有身体力行、现身说法的水平，如此才能够真正带领和带动学生从生活点滴做起，从自立自理做起，逐步形成爱劳动的好习惯。

三、思想政治教育学的相关理论

教育部第 24 号令指出，高校辅导员是对大学生开展思想政治教育的骨干力量，在高校日常的学生事务中，辅导员起着举足轻重的作用，他们组织、实施和指导学生日常思想政治教育管理工作。高校辅导员首要的工作职责是在学生中开展思想理论教育，从而在学生中形成正确的价值导向，使学生获得思想和身心上的全面良好发展。辅导员要引导学生深入学习习近平新时代中国特色社会主义理论的内涵和精神实质，加强宣传、引导工作，在实践中帮助学生树立和践行社会主义核心价值观，增强学生对社会主义道路、理论、制度和文化的认同，使青年学生坚定"四个自信"，从而在大学学习期间，形成正确的世界观、人生观、价值观。教育部第 24 号令同时指出，辅导员在实际工作中，必须掌握学生思想和行为特点以及学生的思想发展状况，有针对性地帮助学生处理学习、生活、交友、思想等方面的具体问题，只有这样，才能达到对学生开展思想理论教育的预期效果。高校辅导员的首要职责贯穿了辅导员职业发展的全过程，与此同时，思想政治教育理论中的价值理论、环境理论和教育对象理论等都对辅导员提出了要求。因此，研究高校辅导员职业能力建设需要在思想政治教育价值理论、环境理论、教育对象理论的指导下来进行，使辅导员在工作中做到价值引导正确、营造环境良好，从而实现对教育对象施教的目的，确保高校辅导员首要职责的完成。

---

① 习近平：《在庆祝"五一"国际劳动节暨表彰全国劳动模范和先进工作者大会上的讲话》，载《人民日报》2015 年 4 月 29 日，第 4 版。

(一) 思想政治教育价值理论

价值哲学在中国的兴起时间是 20 世纪 80 年代初，主要探究价值认识的问题，研究价值与客观事实之间的关系。从哲学层面而言，价值是客体的属性对主体需要的满足程度，换言之，价值的实质在于客体的属性与主体的需要相一致、符合或接近。① 在价值存在过程的早期，思想政治教育的价值便产生了。但思想政治教育所具有的社会价值并不会一下就显示出来，而是需要一定的时间积累和发酵才能最终显现效果的，即当思想政治教育作为客体，具有满足社会和人的某种需要的可能性，但尚未发挥出它的价值时，我们说它对社会和人具有潜在价值②，也即它具有潜在性和非直接性。李德顺在《学习和应用价值理论——价值论与思想政治工作漫谈》一文中指出，不论是显现或隐藏于哪种社会意识形态和社会思想政治工作中的观念和观点，都不是抽象的，而是具体的价值意识和价值观，都以基本的最一般的理论形式在价值论中被系统地研究和回答。③ 马克思主义价值哲学认为，人的价值的实现以能动地创造社会物质财富和精神财富为基础和前提，并最终以人得到物质和精神的满足程度来赋予客体以价值。④ 思想政治教育作为一种深入人的精神并对人的思想产生价值引导的教育，承担着为人的全面发展指明方向、引导人实现思想水平和精神境界提升的任务。与此同时，由于对人进行精神塑造、道德引导等内容本身包含在人的全面发展之中，因而实现人

---

① 陶德麟、石云霞：《马克思主义基本原理概论》，武汉大学出版社 2006 年版，第 65—66 页。
② 张耀灿等：《现代思想政治教育学》，人民出版社 2001 年版，第 129 页。
③ 李德顺：《学习和应用价值理论——价值论与思想政治工作漫谈》，载《思想政治工作研究》1989 年第 1 期，第 36—37 页。
④ 万光侠、张九童、夏锋：《马克思主义人学视域中的思想政治范式转换研究》，山东人民出版社 2014 年版，第 5—9 页。

的全面发展必然地包含着对人进行思想政治教育的要求。① 可以看出，思想政治教育是以实现思想政治教育者和思想政治教育受教者的需求为价值追求，以促进人的全面发展以及推动社会的全面进步为目的的。

　　从本质上来讲，思想政治教育的价值最终要以对人的发展提升产生的实际效用来评价，这也表明其作用的根本对象就是"人"。思想政治教育的价值只有通过一定的途径和载体才能得到发挥和实现，而"人"所处的历史时期和人的思想状况最终决定我们究竟采取何种途径、方法和载体来实现这个价值。对于思想政治教育价值，思想界曾经有"万能论"和"无用论"两种极端的认识，两者都对思想政治教育的发展产生了不良的甚至是阻碍性的影响。实践是实现思想政治教育价值的唯一途径。思想政治教育的价值不以人的意志为转移，是客观存在的，是需要我们正确认识和践行的教育活动。思想政治教育是否有效，效果如何，都不是用主观认识来检验的，而只能且必须用社会实践来检验。② 王学俭教授在《现代思想政治教育前沿问题研究》中谈到，现代思想政治教育的功能和价值并不是一码事。但他也指出，思想政治教育功能的实现关键在于使社会和人的发展的精神需求得以满足，在这一意义上，其功能可称之为价值。③ 高校作为思想政治教育工作的重要责任主体，关键是要通过教育活动作用于大学生群体，并在其身上产生效用，为党和国家培养出具有坚定的共产主义信仰的可靠接班人和有为建设者。如此，我们就可以说思想政治教育活动有价值。高校辅导员是高校思想政治教育活动的组织者和实施者，正确把握大学生思想政治教育价值需求是其无法推卸的职责。满足大学生精神成长需求、解除大学生思

---

　　① 赖雄麟：《马克思主义思想政治教育理论时代化研究》，人民出版社2012年版，第117页。
　　② 张耀灿等：《现代思想政治教育学》，人民出版社2001年版，第59页。
　　③ 王学俭：《现代思想政治教育前沿问题研究》，人民出版社2008年版，第160页。

想困惑，这些对辅导员的能力和素质提出了要求，同时也是高校辅导员职业能力建设的重要内容。

(二) 思想政治教育环境理论

环境是指人类生存的空间及其中可以直接或间接影响人类生活和发展的各种自然因素。我们所说的思想政治教育环境理论应该是从自然环境、人文环境和心理环境的全局去理解，指的是"对思想政治教育活动以及思想政治教育对象的思想品德形成和发展产生影响的一切外部因素的总和"①。社会存在和社会意识之间的关系这一马克思主义哲学基本问题，是思想政治教育环境理论的基础。思想政治教育环境理论的生成还受到了马克思主义关于人与环境辩证关系的理论的影响和推动。马克思说："一切都取决于它所处的历史环境。"在思想政治教育的过程中，教育双方都会受到环境的影响，而且教育的目的和教育内容、教育方法的抉择等也都会受到环境的影响。因而有人提出了思想政治教育过程"四体结构论"，即认为教育主体、教育客体、教育介体（包含教育目的、教育内容、教育方法）、教育环体（即环境）等要素构成了思想政治教育过程。② 这种认识把思想政治教育环境理论单纯地理解成了过程环境抑或外部环境，是不科学的。环境影响人，人创设环境，因此，思想政治环境应是从自然环境、心理环境和人文环境的总体出发，多角度、多维度来理解的。从广义的角度来看，"思想政治教育环境是指影响思想政治教育活动的一切环境因素的总和"；从狭义上来看，"思想政治教育环境是指在思想政治教育主体间在思想政治教育活动过程中依据一定的教育目的，有计划、有选择地加工、创造，对思想政治教育活

---

① 陈万柏、张耀灿：《思想政治教育学原理》第 2 版，高等教育出版社 2007 年版，第 96 页。
② 唐鸣：《搞好思想政治教育学科建设，为建设有中国特色社会主义服务——访张耀灿教授》，载《社会主义研究》1998 年第 2 期，第 54—58 页。

动产生影响的环境因素"①。广义理解包含着狭义理解。思想政治教育者要充分利用环境对教育对象开展教育，也就是使用环境教育法开展教育。环境教育法的关键是要通过营造对思想政治教育的教育对象发展有利的良好环境，使环境的隐形教育功能和熏陶功能得以充分发挥。② 从我国目前的环境育人效果来看，我们仍需加强环境的育人功能。"人的思想品德是在一定的环境里形成和发展的，思想政治教育活动也是在一定的环境里进行的。环境对人的思想品德的形成和发展以及思想政治教育活动有着重要影响。"③ 高校思想政治工作者可以通过加强思想政治教育环境建设，帮助大学生预测未来发展趋势，主动应对现实问题，增强思想政治教育的有效性。同时，可以通过不断深化思想政治教育内部环境的育人功能，从时空、语言、人格、心理等角度确立正确的立场、健康向上的心理，使教育对象适应环境，达到显著的教育效果。

马克思曾经指出："环境是由人来改变的，而教育者本人一定是受教育的。"④ 作为环境的一部分，思想政治教育是有目的的积极的教育活动，其在正向自觉的育人过程中创设出了自己的教育环境。思想政治教育比之一般的教育活动，其环境更加简单，指向性更加明确。思想政治教育环境有其自身的特殊性，只有当思想政治教育活动和教育对象的思想品德被这一环境系统及其要素施以影响和作用时，这样的环境才会被看作思想政治教育的环境，且这一环境具有广泛性、动态性、特定性

---

① 杨业华：《思想政治教育环境需要深化研究的若干理论问题》，载《马克思主义研究》2010 第 6 期，第 131—132 页。
② 王平：《马克思主义思想政治教育主要方法论》，东北师范大学出版社 2015 年版，第 76 页。
③ 陈万柏、张耀灿：《思想政治教育学原理》第 2 版，高等教育出版社 2007 年版，第 93 页。
④ 中共中央马克思恩格斯列宁斯大林著作编译局：《马克思恩格斯文集》第 1 卷，人民出版社 2009 年版，第 500 页。

和可创性特征。① 人与环境紧密联系，二者相互影响、相互创造，人的思想观念在改造环境的进程中不断随周围环境的变化而产生变化。在现代社会中，随着人们交往条件和范围的扩大、思想水平的提升，思想政治教育受环境的影响也在不断增强。因此，我们除寓教于理、寓教于情外，还应该寓教于境。② 现代思想政治教育环境面临着日新月异的改变，挑战因素也在不断增加，这些都对高校思想政治工作者的能力建设带来了极大的挑战，但同时，这也带来了重大发展机遇。我们要特别重视环境建设，"思想政治教育环境不仅是进行思想政治教育活动的条件，还是开展思想政治教育的重要内容"③，高校辅导员职业能力考察内在地包含了辅导员的高校思想政治教育环境建设的能力。习近平总书记指出："做好高校思想政治工作，要因事而化、因时而进、因势而新。要遵循思想政治工作规律，遵循教书育人规律，遵循学生成长规律，不断提高工作能力和水平。"④ 因此，高校辅导员要高度重视加强自身的能力，尤其是思想政治教育环境建设的能力。不论是进行思想政治教育内在环境即课堂环境建设以提升思想政治教育的针对性和亲和力，还是做好校园文化环境和出版物等外在环境建设，营造具有较强时代感和吸引力的网络思想政治教育环境，都对思想政治工作者提出了一定的新要求，需要思想政治工作者具备与之相匹配的能力。

"人的发展离不开一定的环境。环境影响人，造就人，同时人也能改变环境，创造环境。"⑤ 环境本身承载着众多的教育信息，并通过实

---

① 陈万柏、张耀灿：《思想政治教育学原理》第 2 版，高等教育出版社 2007 年版，第 96 页。
② 张耀灿等：《现代思想政治教育学》，人民出版社 2001 年版，第 242 页。
③ 张耀灿等：《现代思想政治教育学》，人民出版社 2001 年版，第 265—266 页。
④ 习近平：《把思想政治工作贯穿教育教学全过程　开创我国高等教育事业发展新局面》，载《人民日报》2016 年 12 月 9 日，第 1 版。
⑤ 余亚平：《思想政治教育学新探》，上海人民出版社 2004 年版，第 277 页。

践活动传递给受教育者，从而启发受教育者，给予他们正确的导向。①因此环境对思想政治教育工作有着重要的意义。思想政治教育工作实践的主体力量是辅导员，他们坚守在思想政治教育"一线"，受院系党总支直接领导，通过组织具体的活动，不断为学生提供自我学习的机会，满足学生成长之需要。作为专职思想政治工作者，特别是承担着第二课堂建设的重要任务的教育者，高校思想政治工作者必须努力践行教育者先受教育，自觉做先进思想和文化的传播者、做党中央领导和执政者的坚定支持者，这样才能扮演好学生健康成长的指导者和引路人的角色，才能更好地担负起自身的责任，达到思想政治教育的目标。因此，高校辅导员必须全面而具体地掌握实践思想政治教育的环境理论。马克思、恩格斯在《德意志意识形态》中有对人与环境之间辩证统一关系的论述，指出，"人创造环境，同样，环境也创造人"②。从某种意义上来说，思想政治教育环境由高校思想政治教育工作者所创设，并不断随着各种因素的变化而优化。也就是说，思想政治教育环境既是一种既定事实，又是一个不断优化的过程。"人的观念、观点和概念，一句话，人们的意识，随着人们的生活条件、人们的社会关系、人们的社会存在的改变而改变。"③思想政治教育环境不仅会随着人们的生活条件、社会关系、社会存在这些客观因素的变化而改变，同时还会随着人们的观念、观点和意识这些主观因素的改变而改变。不断优化的思想政治教育环境反过来又会对人的思想品德产生积极的影响。人的思想品德不可能自发形成，必然是受一定环境的影响，并经过思想政治教育的自觉作

---

① 于海洋、杨淑珍：《思想政治教育环境建设理念的创新》，载《中国青年研究》2007年第11期，第85页。
② 中共中央马克思恩格斯列宁斯大林著作编译局：《马克思恩格斯文集》第1卷，人民出版社2009年版，第545页。
③ 中共中央马克思恩格斯列宁斯大林著作编译局：《马克思恩格斯选集》第1卷，人民出版社1995年版，第291页。

用，才能在主体社会实践的过程中逐渐形成并不断发展①，因而必须重视环境的作用，努力营造良好的思想氛围，这对受教育者思想道德品质的培养和提升具有重要作用。高校辅导员通过不断提升个体及团体职业能力，以确保工作实践的科学有效，从而更好地实现工作实际与思想政治教育环境的统一，在此基础上发挥思想政治教育功能，并发挥辅导员的主观能动性，有意识地创建良好的思想政治教育环境，将自身发展与工作实践有效结合，实现提升学生思想水平、政治觉悟、道德品质和文化素质的育人效果。

(三) 思想政治教育对象理论

"思想政治教育的对象是人。进行思想政治教育就是要培养人们正确的世界观、人生观、价值观……思想政治教育对象就是指思想政治教育活动所作用的对象，思想政治教育者施加教育影响的对象，也就是受教育者。"② 在进行思想政治教育工作的过程中，辅导员必须有明确的教育对象和清晰的教育目标。因此，在任何教育活动过程中，辅导员都要紧紧围绕立德树人这一中心环节，深入把握学生的成长规律，关心学生的成长和成才，从而不断地提高学生的综合素养；辅导员要引导学生正确认识时代潮流和国家发展大势、国际形势和中国国情，培养学生的责任感和使命感，既帮助学生树立远大的抱负，又使他们脚踏实地不断奋发前进，使学生成为全面发展的社会主义事业的合格建设者和可靠接班人。而高校辅导员想要高效高质量地开展思想政治教育工作，就必须成为青年学生的人生导师和知心朋友。这就要求辅导员工作时必须深入大学生思想实际，了解当代大学生的内心世界，掌握发现和理解他们在

---

① 陈万柏、张耀灿：《思想政治教育学原理》第 2 版，高等教育出版社 2007 年版，第 160 页。

② 陈万柏、张耀灿：《思想政治教育学原理》第 2 版，高等教育出版社 2007 年版，第 159 页。

学习和生活中遇到的困顿的方法，通过有效的工作方式和教育途径，帮助他们逐步形成良好的道德修养和品质。① 学生作为思想政治教育的对象，具有很强的可塑性，而"教育对象的可塑性是对人们进行思想政治教育的内在依据"②。"以生为本"的理念是教育的核心价值所在，无论是教育者还是管理者，服务对象都是学生，都必须坚持"以生为本"的工作理念。因此可以说，思想政治教育对象理论是高校辅导员有效开展工作，提升职业能力建设水平的强有力的理论保障之一。

对象是哲学意义上的认识，是存在的感性客观性的本质，是不依附于任何关系的存在。马克思指出，对象如何对他来说成为他的对象，这取决于对象的性质以及与之相适应的本质力量的性质。"我的对象只能是我的一种本质力量的确证……任何一个对象对我的意义……都以我的感觉所及的程度为限。"③ 大学生是高校思想政治工作的首要对象。而之所以把大学生确定为思想政治工作的对象，是由思想政治教育的本质要求和大学生的自身规定性决定的。高等学校是培养全面发展的高素质人才的基地，必须将思想政治工作放在首位。④ 而思想政治教育以人为目标，它的出发点是人，最终要实现人的发展。因此，培养人、塑造人、发展人和提升人是思想政治教育工作始终如一的追求。⑤ 大学生正处于青年时期，而青年时期是一个人的生理、心理剧烈变化的关键时期，也是一个人的世界观和人生观逐渐形成的关键时期。大学生正在迅

---

① 李洪波、董秀娜、李宏刚：《高校辅导员职业能力协同开发研究》，江苏大学出版社2016年版，第22页。
② 陈万柏、张耀灿：《思想政治教育学原理》第2版，高等教育出版社2007年版，第159页。
③ 中共中央马克思恩格斯列宁斯大林著作编译局：《马克思恩格斯全集》第3卷，人民出版社2002年版，第304—305页。
④ 李洪波、董秀娜、李宏刚：《高校辅导员职业能力协同开发研究》，江苏大学出版社2016年版，第53页。
⑤ 伍揆祁：《思想政治教育人文关怀论》，中国社会出版社2007年版，第174页。

速走向成熟而又不完全成熟，因而具有很强的可塑性。综上可知，思想政治教育的本质要求和大学生自身成长的规律性决定了大学生是思想政治教育的主要对象。思想政治教育的对象确立本身要求一切实践活动围绕对象开展，即既坚持以大学生发展需求为根本，遵循青年学生成长成才需求，又抓住大学生发展的根本所在，才能确保教育活动有效，从而达到因材施教的效果。高校辅导员的工作对象具有唯一确定性，抓住大学生的根本需要是高校辅导员必须具备的能力。为了实现大学生的自由而全面的发展，提升当代大学生的思想境界和精神高度，高校辅导员必须帮助大学生养成符合社会主义要求的道德品质和素质能力。[1] 大学生的品德发展是一切发展的前提和基础，因此，对大学生进行德育教育成为思想政治工作的直接内容，而提高思想政治教育活动对教育对象的有效性则成了高校辅导员职业能力建设的核心内容。坚持用"以生为本"的理念来满足青年学生的成长成才需要，不能简单地理解为让学生积极主动地参与思想政治教育实践活动，还要对思想政治教育实践活动本身进行科学有效的研究，而对这些领域展开研究恰好是思想政治教育活动组织者、创设者的能力水平建设的重要组成部分。可以说，基于思想政治教育工作对象所需，并通过有效的教育实践活动增强思想政治教育育人效果的能力是高校辅导员职业能力的重要组成部分。

四、职业发展与职业心理学相关理论

职业能力是对职业锚、职业阶段性、职业心理和职业技能等理论的综合应用。高校辅导员职业能力建设是职业发展理论和职业心理学理论相关知识在高校辅导员职业中的应用，在推动高校辅导员专业化、职业

---

[1] 李鹏：《立德树人之道：大学生思想政治教育理论与实践发展探究》，中国水利水电出版社2016年版，第12页。

化的进程中，职业主体的心理认同、激励成长、需求满足和外界认可等因素都影响着辅导员主体能力建设。高校辅导员在工作岗位上不断地优化个人综合素质，提升能力技能，在走向专家化的职业成长过程中需要有较好的组织发展和个人发展理论的支撑，需要职业认同、职业性格匹配等知识的支撑，因此，职业发展理论和职业心理学相关理论知识也成了新时代高校辅导员职业能力建设研究的重要支撑。

（一）职业发展理论

职业发展是个体在从业过程中不断提升技能，总结经验，成为行家里手的职业成长过程，主要涉及职业阶段性理论和职业锚理论。职业阶段性理论认为，在职业生命周期中，因所处的职业阶段不同，职业对从业者的知识技能、经验水平等因素有着不同的需求标准。全球最有影响力的职业生涯发展领域权威代表之一——舒伯（Donald E. Super）在他的生涯彩虹图中，非常形象地展示了人的生命由不同时期的不同角色组成，角色与发展阶段相互影响，构成了人的不同阶段的多重角色之间的层级关系，而越早越成功的角色将会为未来角色的扮演提供好的基础。关于生涯发展理论，舒伯提出了一系列的基本主张，认为职业生涯阶段理论研究主要包含对生涯发展的连续性、不可逆转性、次序性、自我概念性等的研究。他认为，一个人的职业水平的提升即升迁发展状况受个人能力、社会、家庭、个人心理、价值观、人际关系等等诸多因素影响。他还强调，某个性格特征和能力水平的人可以胜任多个职业，同时即便某个职业的从业者有特定的职业能力、人格特征等需求，依然会有不同类型的人来从事。不同的人有着不同的自我实现职业价值的过程，这个自我实现过程是人对自我工作满足程度的确定，取决于自我概念是否在工作中得以实现。同时，兴趣爱好、性格特质、能力水平和价值追求的差异性也影响着人们对职业的选择。高校辅导员的职业周期主要是舒伯生涯发展理论的探索期，从目前的政策导向和职业发展的前景来说，高校辅导员从业者的主要目的是能够较好地完成职业全生命周期，并不断地创造条件、创设平台，在满足国家、社会和学生需求的同时满足从业者自我概念的实现。总而言之，生涯发展理论是综合发展心理学、差异心理学、职业社会学以及人格理论等相关知识并长期研究的结果，其科学性和适用性能够满足高校辅导员职业能力建设过程中的相关需要。

职业锚理论以确定个人职业成功的标准为核心，提出准确反映个人职业需求及工作环境需求的目标，旨在帮助个人找到适合自己的职业领域及种类。从宏观角度来看，"职业锚指的是能满足自我的一种长期稳定的职业定位，即个人进入工作情境后，根据实际工作经验，所感受到的与自己内省的动机、需要、价值观、才干相符合的职业角色"[①]。一个人的职业理想、职业追求能够通过职业锚得到较好反映，职业锚能够帮助从业者增长工作经验，也能帮助组织了解员工的职业需求，成为组织与员工之间有效互动的媒介，从而为员工的职业发展奠定坚实的基础，为企业提升劳动生产率提供帮助。当前，高校辅导员面临的诸多问题都需要去解决，其中包含职业生涯规划不明确、职业发展缺条件、职业需求得不到满足等，而这些问题归根到底需要通过职业发展理论的外化过程来解决，即通过实践职业生涯发展理论和职业锚理论来解决辅导员个人职业发展意识缺失、职业决策能力不足、职业成长空间拓展不够等问题，从而提升个人职业能力，提升个人工作效率和工作质量，产生较高的职业效能，使辅导员在个人职业价值得以实现的同时获得才干被发现的机会，从而得到晋升和发展的机会。

（二）职业心理学理论

职业心理学是指以个人职业能力为基础，通过一定的辅助工具，结

---

① 张文双、辛全洲、王全文：《大学生职业生涯与发展规划教程》，中国传媒大学出版社2010年版，第37页。

合个人兴趣特长及个体差异，通过融合个体职业认知、价值观、职业态度和职业动机等知识，帮助从业者对个人能力、性格等进行评估，并根据个人评估结果与实际职业需求来选择、调整个人职业选择和职业目标。辅导员的职业认同是从业者的职业发展内驱力，研究辅导员的职业能力建设要从积极正向的心理学理论出发，以职业认同理论为根本，通过激励理论对辅导员职业发展进行外力驱动，并以有效的需求层次理论的应用将内外力结合，构成辅导员职业发展的综合心理要素。这些都是高校辅导员职业能力建设不可缺失的理论基础。

个体职业成就是赢得他人尊重和自尊的重要途径，得到社会认可、取得自己满意的成就，便可得到较强的自尊。社会认同是个体在社会某个群体中自我概念形成的过程，也就是个体在不断地自问"我是谁"的过程中形成的个体从属于某个群体成员身份的过程。社会认同是个体在一定的群体组织中所感受到的价值感和情感依托关系，如果个体在群体中的存在积极性较高，那么他会体现出高自尊、高自信和高投入的情感状态，从而形成较好的群员间关系，并通过采取多种形式的积极行为来维护和提高个体在群体中的自尊，从而保护个体的优越感。如果个体在群体成员间或群体间的价值感受遭到忽视，情感依托关系不稳当，个体就会寻找新的群体或者采用一定的行为方式来维护和提高其社会认同感，以此来确保个体的群体意义和价值。而当个体得不到认同时，就会通过社会流动等方式选择新的群体，这直接造成了群体发展的不稳定性。高校辅导员的职业认同需要内外部认同共同作用。辅导员群体内的高度认同是指高校辅导员赞赏所在群体，对该职业的从业者具有较强的认同感，对作为辅导员群体中的一员有很高的价值感和自尊，这对确保辅导员队伍的稳定性具有非常重要的意义。高校辅导员的外部认同包含着高校其他职业群体，如专业课教师、管理干部等对其的认同。群体间的偏见、歧视会使个体自尊感受下降，群体间的冲突会直接导致个体认同度的降低。高校辅导员群体面临着内外部认同度不高的现实困境，因此通过职业认同理论指导高校辅导员职业能力建设实践，使其形成较高的职业认同是当下研究高校辅导员职业能力问题的基础性理论支撑。

职业激励理论是通过有效的方法和措施激发人的积极性和创造力的理论，属于管理学范畴，是以需求得到满足为基础产生新的创造性成绩的积极正向理论。从单位角度出发而言，单位应该在了解员工需求的基础上。合理实施管理和规划，从而帮助员工实现更好的职业成长。人的内在驱动力不同于动物的生存本能，人的行为会受到思想意识的支配。马斯洛需求层次理论体现了人本主义心理学的理念，实现了对人的不同阶段的需求的科学划分，符合人的需求从低级向高级不断发展的规律。人在不同的发展时期，需求标准大不相同，马斯洛需求理论能够对人的激励需求标准做出较好的解释。高校辅导员对个体职业发展的需求，更多的是在较高层次上的激励需求。而从高校的保障机制、辅导员的分层分类发展等多个角度来看，辅导员能够在现有的条件下不断适应发展的需要，以制度保障为自身发展的前提，从而使自身的能力素质不断提升。可以说，确保高校辅导员的需求得以满足是辅导员职业能力建设的一个非常重要的问题。

职业生涯对于个体人生价值的实现起着决定性作用，特指人追求自我、实现自我的人生历程。① 麦克·法兰德（McFarland）认为，职业生涯指的是一个依据理想的长期目标所形成的一系列工作选择，以及相关的教育或训练活动，是有计划的职业发展历程。② 职业生涯规划是对职业生命的合理化过程的有效保障，是对不同时期的人的发展主次关系

---

① 贝静红：《高校辅导员队伍专业化发展研究》，武汉大学出版社2016年版，第63页。
② 黄天中：《生涯规划——理论与实践》，高等教育出版社2017年版，第5页。

的确定。理想的工作是实现人生价值的必要选择，职业生涯规划是让人能够理想工作的重要过程。职业生涯规划对于个体创造力的作用有着多重表现，如可以引导人们正确地认识和分析职业发展规律与个人能力匹配程度，掌握现代职业需求对人才知识结构、能力素质及人格品质的要求等。职业生涯规划可以帮助从业者对工作的未来性、发展性问题有较好的预估，对于个体观念的更新、技术水平的提升、业务素质的改进、职业的适应与创造都是很重要的。高校辅导员职业能力建设研究离不开辅导员的职业生涯规划，而辅导员在职业环境中的开拓不够等诸多问题都源于职业生涯规划缺失。发展性是职业生涯的一大特点。职业生涯有着良好的潜力，也存在一些不可预见性，它在主观上是不断超越的过程，是个体在自身内在生命意义和价值目标的驱动下，所进行的自主发展，在这一过程中，个体能够达到自身与外在双赢的目标。[①] 职业生涯规划不单单是员工个体的规划，它是个体与组织共同完成的过程。国家不断地深化和更新对高校辅导员队伍建设的认识和意见，对职业能力标准的设定为高校辅导员增强职业生涯规划意识，进而做好个人职业规划提供了基本的保障。高校辅导员职业生涯理论知识内容是开展高校辅导员职业能力建设研究不可缺少的重要内容，能够帮助辅导员在其职业生命周期内更好地实现个人职业发展。职业心理学知识对辅导员职业能力建设研究提供了理论支撑，是帮助辅导员职业从业者主体成就愿望的重要理论。总的来说，价值追求、心理认同、心理危机干预理论等等都是辅导员职业能力建设的必备理论，可以帮助辅导员实现职业成长。

辅导员的团队心理自由度对其个体职业的发展有着非常重要的作

[①] 贝静红：《高校辅导员队伍专业化发展研究》，武汉大学出版社2016年版，第66页。

用。自由度一般有统计学自由度、物理学自由度和机械自由度，这里讲的心理自由度，是物理学自由度和统计学自由度的结合与延伸，是在人的内心世界建立起来的笛卡尔坐标系，是形成量与质的关系联动与解决冲突的一种心理状态。一个人心理自由度大，主体可控因素增多，将会导致思想冲突增多，形成结论的困难增大。而在团队生存状态下，提升团体自由度有利于工作的创新与纠错，形成成员间的协作与个体的反思机制，最终促进目标和任务的完成。提高团队心理自由度对建立一个有效的团队来说非常重要，辅导员通过提升个体心理自由度来帮助系统建设有效的辅导员职业团队，要遵循以下八个原则。一是团队要有强烈的认同感和目的性。个体要接纳和热爱自己所在团队的每一个个体，同时高度明确团队发展和工作目标，对此有详细的规划和可操作性强的工作步骤。二是要有公平的付出与回报。个体在团队中要有价值感，即个体在团队中能够充分感受到自己的存在，感受到自己创造的价值与付出的劳动和智慧对等，个体对团队有意义。辅导员有个体对集体的付出与回报平衡关系的认知，是进一步增强职业认同的表现。三是要有公正的决策。团队要有集体智慧和集体行为规则，也就是团队要形成自己的做事规则，每一个决策都是按照规则产生的。同时，团队在不同情境下做事的方式也要按团队共同认可的规则来选择，避免团队个体间认识的冲突降低团队效率。这些都是辅导员职业团体发展的重要参考。四是要有对现实行为的管理。要明确团队中个体的职责，有详细的分工表，使其各司其职，各负其责——通过清晰的角色定位提升心理自由度，从而促进职业化程度的提升。五是要有对不恰当行为的禁止。这是一个评价监督机制的使用问题，即能够在正确的评价标准下，对做事效益进行评估和监督，并通过恰当的方式进行反馈和提醒。六是要有矛盾解决机制。团队个体间冲突的解决机制要健全、及时和有效。团队个体间的矛盾有多种类型，但总体上讲，团队解决矛盾时要快速、公平、有效，避免衍生其他消极心理因素。七是要有改变整个系统的关键点。团队生存的社会性导致其受外界因素影响，外界评价直接影响团队内部心理特征变化，因此要注重团队在系统中的表现。辅导员职业能力建设本身就是对辅导员职业发展中的关键点的把握，是促进辅导员心理成长的过程。八是要在系统中与不同团队共存。与平行团队建立互信互助机制，彼此间形成较大的信任度，这会提升团队整体的自由度，从而引导团队个体积极表现，做出较多的利他行为，促进有效团队的产生。

个体在团队生存中能够以团队共同目标和团队为个体的荣耀与喜悦，表现出更多的积极行为和在团队内外的利他行为，形成认同心理，就会使得个体与团队和谐发展。辅导员个体和辅导员职业能够在其个体与外部、职业团体与职业外部遵循以上八大原则，提升心理自由度水平，就能够获得促使辅导员职业发展壮大的重要理论支持。

第三章 高校辅导员职业能力建设的历史沿革与现实审视

理论与实践构成了从实践到理论再到实践的互生发展关系，形成了高校辅导员职业能力建设的可持续性和创造力。我国高校辅导员队伍经历了 70 多年的发展变化，辅导员职业能力建设也随着时代的发展被不断赋予新的内涵，持续发展进步。梳理分析高校辅导员职业能力建设的历史沿革和实践过程，总结辅导员能力建设的成功经验，探索辅导员职业能力建设的规律性问题，以问题为导向寻找目前高校辅导员能力建设的出发点和解决问题的突破口，这些都是新时代辅导员职业能力建设的基础性工作。

一、高校辅导员职业能力建设的历史沿革与新时代定位

高校辅导员职业能力建设是以高校辅导员制度的形成与发展为前提的，职业角色的存在、职责职能的发挥是制度存在和发展的前提条件。高校辅导员制度的发展受社会现实发展的影响，具有典型的历史时代性特征，不同时期的辅导员的职责需求构成了不同的职业能力建设的依据，坚持以高校辅导员制度的历史沿革为遵循开展辅导员职业能力建设是科学的选择。研究高校辅导员职业能力的历史演进实际上可以转变为对辅导员制度历史进程的梳理。在不同历史时期，国家对辅导员队伍建

设都有相应的政策和制度，都对高校辅导员职业能力需求做出了明确规定。高校辅导员职业能力的建设要以国家的政策导向为依据，坚持国家的规章制度的正确性，保持辅导员职业能力建设的具体内涵与国家规定和期盼的一致性。高校辅导员能力建设与高校辅导员队伍建设体现了被包含关系和时代同步性，只有促进高校辅导员职业队伍的科学稳定发展才能够有辅导员职业能力建设的发展。同时，辅导员职业能力建设的有效性发挥可以促进辅导员队伍发展的稳定性与规范性。不同历史时期、不同时代特征赋予高校辅导员不同的社会责任与历史意义，大学院校需要认真研读国家制度政策，在国家制度政策的基础上准确定位与构建高校辅导员职业能力建设的基本方向和科学的保障体系。

（一）高校辅导员职业能力建设的制度沿革

高校辅导员职业能力的建设和发展是随着中国高等教育事业发展的需要不断变化的，更是随高等学校思想政治辅导员制度建设发展而发展的建设过程。从岗位的设置到工作职责的确定，再到角色和职责的不断优化都伴随着对从业者职业能力的要求和标准的新界定与新发展，构成了不断探索适应青年学生思想政治工作需要的实践过程。

第一，高校辅导员制度的形成与受挫。新中国成立初期，国家建设逐步恢复，各项事业蓬勃发展。国家领导人对中国高等教育事业做出科学决策，高等教育工作得到高度重视，我们在学习苏联经验的基础上不断探索符合中国发展实际的高等教育方针，完成了一批高等学校的建设。党中央不断出台有关高等教育的制度政策，保证了高等教育事业发展的正确方向。为了保障学生工作的顺利开展，维护高校稳定和提升人才培养质量，做好政治工作，高校辅导员制度也就随着高等学校教育事业的发展需求而萌生。1951年10月，教育部发布了《关于加强对学校思想政治教育的领导》的指示，明确提出各类学校要加强思想政治工作。这就决定了高等学校辅导员从产生之日起就定位为学生思想政治教育工作者这一角色，辅导员的职业首要能力即思想政治教育能力。1952年10月，教育部发出《关于在高等学校有重点地试行政治工作制度的指示》，规定要在高等学校设立政治工作机构（政治辅导处），清楚地掌握教职工和学生的政治思想情况等；明确指出要在学生群体和教师队伍中选拔留用一批理论水平扎实、政治素质过硬的优秀者，主要从事学生思想政治教育、社会活动开展等方面的工作。我们看到，当时高校辅导员的职业职责对能力的要求聚焦在政治工作上，这为辅导员职业能力建设奠定了发展基础，这构成了辅导员职业能力建设起步的基础条件和基本需求。

随后，很多高校逐步建立起专门从事思想政治教育工作的辅导员队伍，标志着我国高校政治辅导员制度的萌生，这个阶段被视为辅导员职业能力建设的起步阶段。1961年至1966年，教育部相继出台了《教育部直属高等学校暂行工作条例（草案）》《关于加强高等学校政治工作和建设政治工作机构试点问题的报告》等一系列文件，以不断健全的制度体系将政治辅导员的地位、作用、职责等进一步地做了明确规定，由此也确定了辅导员职业能力建设的方向和标准。"根据文件的精神，到了1966年我国高校基本建立了政治辅导员队伍，标志着我国高校辅导员制度已经确立。"[①] 各地各高校不断探索高校辅导员运行机制，辅导员的选拔配备、工作职责、管理考核和待遇保障等都随着高等教育的发展需要而不断调整和完善，这些都标志着高校辅导员职业能力建设进入了探索初期。"文化大革命"期间，国家各项事业受到严重打击，政治辅导员制度的发展也遭受到了严重的挫折。

第二，高校辅导员制度的恢复与职业能力建设的成熟。1977年，

---

① 王道阳：《我国高校政治辅导员制度的历史演变》，载《思想教育研究》2007年第5期，第32页。

邓小平提出"要'尊重知识，尊重人才'，为当时教育、科技战线的拨乱反正指明了方向"。① 1978年之后，高等教育事业逐步恢复，思想解放大潮兴起，高校思想政治工作重新被确定为高等教育的重要任务，高等学校政治辅导员制度得到恢复，并进入了高速发展时期，逐渐走向成熟。同时，改革开放使中国与世界各国的交流交往逐渐增多，随之带来了思想和文化上的交流与交锋，这些给高等学校带来了新的机遇，也带来了重大挑战。此时，高校辅导员工作得到国家更进一步的重视，教育部先后出台了《关于讨论和实行〈全国重点高等学校暂行工作条例〉（试行草案）的通知》《关于加强高等学校学生思想政治工作的意见》《高等学校学生思想政治工作暂行规定》《关于改进和加强高等学校思想政治工作的决定》以及《选拔品学兼优的应届毕业生充实高等学校思想政治教育队伍的通知》等一系列文件，进一步强调做好学生思想政治工作的重要性，明确表示需要一支思想上积极与专业精深、专职与兼职相结合的队伍投身大学生思想政治教育工作。1978年，教育部在《关于讨论和实行〈全国重点高等学校暂行工作条例〉（试行草案）的通知》中指出："为了加强思想政治工作，在一、二年级设政治辅导员或者班主任，从专职的党政干部、政治理论课教师和其他青年教师中挑选有一定政治工作经验的人担任。"② 这有效推动了高校辅导员制度的恢复，全国上下纷纷行动起来，认真落实中央及教育部的文件精神，选拔政治觉悟高、作风好，具有一定思想理论水平、政治工作能力，具有大学文化程度的干部、教师和高年级学生从事学生思想政治工作。部分高等学校开始设置思想政治教育专业，通过系统的、专业的、正规的培

---

① 冯刚：《改革开放以来高校思想政治教育发展史》，人民出版社2018年版，第410页。

② 教育部思想政治工作司组编：《加强和改进大学生思想政治教育重要文献选编（1978—2014）》，知识产权出版社2015年版，第3页。

养方式输送大专生、本科生和研究生等不同学历层次的思想政治专门人才。专门选拔与专业设置的主要目的是培养一批具备全面开展高校思想政治工作能力和素质的专业人才，使高校思想政治工作质量迅速提升。1980年4月，教育部联合团中央印发《关于加强高等学校学生思想政治工作的意见》（以下简称《意见》），明确指出："加强学生思想政治工作，必须建立一支坚强的、有战斗力的政治工作队伍。"① 有战斗力是高水平、高素质、高效益的直接体现，是对从业者职业能力的明确要求。《意见》还指出："各校要根据具体情况建立政治辅导员制度或班主任制度。政治辅导员和班主任应从政治、业务都好的毕业生中选留或从教师中选任。"② 这一规定实现了政治辅导员工作从干部教师兼职担任到选留干部教师专门从事的大跨越，表明了辅导员制度的全面恢复，也使辅导员职业能力水平标准得到了进一步明晰。党中央和教育部门重视高校辅导员工作，并采取积极行动，主动应对改革开放带来的思想与文化的冲击，针对辅导员的角色定位、职责要求、待遇发展和能力建设提出了更进一步的规定和说明，形成了一系列的经验和规划总结，这标志着高校辅导员职业能力建设的不断完善。

1981年9月，蒋南翔提出："学校政工干部同教师一样，都是教育工作者，都是学生的老师。他们的劳动和贡献，同样应该得到社会的承认、支持和鼓励。"③ 国家和教育行政部门纷纷发文要求各地各高校加强对辅导员制度的重视，在政治学习、业务提升上下功夫；想办法帮助

---

① 教育部思想政治工作司组编：《加强和改进大学生思想政治教育重要文献选编（1978—2014）》，知识产权出版社2015年版，第6页。
② 教育部思想政治工作司组编：《加强和改进大学生思想政治教育重要文献选编（1978—2014）》，知识产权出版社2015年版，第6页。
③ 蒋南翔：《关于学位工作和加强学校思想政治教育工作的报告——蒋南翔同志在第五届全国人大常委会第二十次会议上的汇报》，载《人民教育》1981年第10期，第9页。

辅导员规划职业生涯，提高职业水平，不断适应岗位需求，同时，在福利待遇及职称评定上也出台相应的保障机制，确保这支队伍的稳定发展。改革开放以来，各种思想文化的交融交锋，青年学生受到的思想冲击较大，各种社会思潮把大学生带进了迷茫与困惑的怪圈，对高等教育提出了重大挑战。解决学生的疑惑、认识混乱问题成了当时的辅导员的主要任务，校园安全稳定成了辅导员的工作重点、难点，辅导员工作被动性、无准备性、应对性等特征突出，导致辅导员个体发展意识缺乏，主动创造意识缺乏，整体表现出工作被动的特点。解决缺乏主动发展，具体事务工作多的问题成了当时辅导员职业能力建设的直接目标，这也标志着高校辅导员职业能力建设趋于成熟，走上了顺应形势需要、满足服务对象成长需求的正规化发展道路。

第三，高校政治辅导员制度的创新与能力建设的丰富。进入 21 世纪之后，随着社会经济的全面发展、高等学校办学模式的创新与发展，高校扩招，就业创业模式市场化，这使得大学生思想政治教育工作的复杂程度和挑战性急剧上升。市场经济促使高校辅导员与社会的联系更紧密，学生的结构发生较大变化，面对新时代、新机遇、新挑战，辅导员职业归属感降低、职业认同度不高的局面难以改善，工作内容不断增加，急难险重的任务日渐增多……众多的问题也促使辅导员职业迅速发展。中央有针对性地出台了一系列文件，高校思想政治教育工作者也从政治指导员、政治辅导员转变为思想政治辅导员。2000 年 7 月，教育部党组颁发了《关于进一步加强高等学校学生思想政治工作队伍建设的若干意见》，"重申学生思想政治工作队伍建设的重要性和紧迫性，指出要坚持德才兼备的原则和专兼结合的原则，选拔政治素质和思想作风好，学历层次高，具有较强组织管理能力，善于做群众工作的教师或高年级党员担任学生思想政治工作人员"①。"辅导员职业能力的建设从起初的思想政治教育能力逐步向组织管理、群众工作等能力扩充,辅导员工作内容主要分为思想政治教育、学生发展指导和学生事务管理三个方面。"② 2004 年 8 月,中共中央、国务院印发的《关于进一步加强和改进大学生思想政治教育的意见》指出,高校政治辅导员是大学生思想政治教育工作队伍的主体。2005 年 1 月,教育部印发《关于加强高等学校辅导员班主任队伍建设的意见》,明确指出:"辅导员、班主任是高等学校教师队伍的重要组成部分,是高等学校从事德育工作,开展大学生思想政治教育的骨干力量,是大学生健康成长的指导者和引路人。"1993 年 10 月《国家教育委员会关于高等学校思想政治教育专业办学的意见》发布,1994 年《中共中央关于进一步加强和改进学校德育工作的若干意见》发布,高等学校开始对思想政治工作队伍的能力素质进行提升。1996 年,中国人民大学、清华大学、武汉大学等高校设立了马克思主义与思想政治教育博士学位并开始招生,通过完善体制机制保障体系来促进高等学校辅导员的学习深造和组织能力提升。教育部 2005 年举办全国高校辅导员(班主任)骨干培训班,2007 年开始设立全国高校辅导员培训和研修基地,系统地构建辅导员的成长培养体系,从知识素养、专业能力、实践实训等多个角度来帮助辅导员适应工作需求。教育部根据各基地的专长,形成了辅导员培训的常态化学习和保障制度。同时各基地也招收辅导员专业博士研究生,为辅导员学历提升开辟绿色通道。2013 年 5 月,教育部印发《普通高等学校辅导员培训规划(2013—2017 年)》,2014 年 3 月,教育部印发《高等学校辅导员职业

---

① 冯刚主编:《改革开放以来高校思想政治教育发展史》,人民出版社 2018 年版,第 420 页。
② 冯刚主编:《辅导员队伍专业化建设理论与实务》,中国人民大学出版社 2009 年版,第 18 页。

能力标准（暂行）》，都进一步指导和促进了高等学校辅导员职业化发展的精准化、精细化，与此同时，还明确了高等学校辅导员的职业名称、职业等级以及职业能力特征。这些文件的出台把辅导员职业化水平推向了新的高度——高校辅导员职业化指鼓励一部分专业人才长期从事这项工作，使之成为队伍中相对稳定的部分和中坚力量，保证辅导员队伍稳定和持续发展。① 可见，与时俱进的职业能力建设是保障辅导员职业化发展的实践基础。

第四，新时代的高校辅导员制度。2016 年 12 月，全国高校思想政治工作会议召开，为新形势下的高校思想政治工作提出了新目标新要求，同时带来了高校思想政治队伍发展的新机遇。习近平总书记强调，要保证高校思想政治工作队伍后继有人、源源不断，成为高校思想政治工作的纲领性文件，引起了各高校对思想政治工作队伍建设的更多的重视，加强了思想政治专职工作队伍建设的力度。教育部颁布的第 43 号令《普通高等学校辅导员队伍建设规定》于 2017 年 10 月 1 日正式施行，其在第一章总则里更加准确地描述了辅导员的各项标准：职业角色为大学生思想政治教育的骨干力量，即高等学校学生日常思想政治教育和管理工作的组织者、实施者、指导者；角色目标是努力成为学生成长成才的人生导师和健康生活的知心朋友；工作要求进一步凝练，更准确、更明晰，主要工作职责从八大职责变为九大职责，每一项职责的归类都更加科学。此外，教育部第 43 号令还在辅导员选聘标准的描述上实现了关键性、跨越式提升，从五个大方面对辅导员应聘者应具备的个人素养、通用能力与辅导员核心职业能力进行了全面规定，更加直观地展示了高校辅导员从业者所需要达到的能力水平和素质要求，向从业者

---

① 周良书、朱平、俞小和：《中国高校辅导员工作史论》，人民出版社 2016 年版，第 210—211 页。

更加有效地展示了要做什么和能做什么之间的必然关系，能帮助高校更好地处理辅导员的选聘和应聘之间的矛盾问题，保证高校辅导员队伍建设质量，促进辅导员职业能力建设。

教育部第43号令第四章对辅导员的发展与培训有明确的规定，较教育部第24号令第四章的相关规定而言，大大提高了辅导员职业化、专业化发展的可操作性，更加明确职称职级晋升体系、各级培训体系及工作与生活待遇等保障体系的建设。同时，教育部第43号令还在第五章中明确了辅导员培养、培训和考核等工作由学生工作部门牵头。考核依据辅导员职业能力标准进行，组织人事、学院党委和学生共同参与，形成更加完备的管理考核体系，这对辅导员职业能力的提升起到了有效的监督和保障作用。

（二）高校辅导员职业能力建设的政策变迁

改革开放40多年来，国家和教育行政部门在关于加强和改进大学生思想政治教育工作方面先后多次发布各项制度、意见或方案，以确保大学生思想政治工作收到切实的效果。1980年4月29日，教育部、共青团中央印发《关于加强高等学校学生思想政治工作的意见》（以下简称《意见》）的联合通知，强调"政工干部也要不辜负党的信任，增强党性，努力学政治，学业务，学科学文化，提高政治水平和工作能力，振奋精神，切实做好思想政治工作"①。《意见》要求政治辅导员及班主任不仅要做思想政治工作，还要坚持和加强自身的业务学习，甚至还可能要担负一部分的高校教学任务。《意见》还对高校思想政治工作人员的工作内容做了规定，并强调了其所担任工作的极端重要性——是我党政治工作队伍的一部分，担负着全面培养学生的重要任务。《意见》还

---

① 教育部思想政治工作司组编：《加强和改进大学生思想政治教育重要文献选编（1978—2014）》，知识产权出版社2015年版，第6页。

就从事高校学生政治工作人员的待遇保障及职称评定等做出了详细的规定：一般情况下，政工人员的物质待遇应不低于与其同时期毕业的教学人员的物质待遇水平；对于那些专业知识扎实并且担任一定教学任务的政工干部们，在职称评定上应与专业教师同等对待；"对于那些专职的不担任教学工作的专职政工干部，可以按照本人的条件，评为处级、科级，享受同级干部的工资福利待遇"①。总而言之，《意见》对辅导员从业者的选聘条件、工作内容、待遇保障、角色定位等进行了规定，为高校辅导员制度的后续发展奠定了重要基础。此外，《意见》虽没有对高校辅导员的能力标准做出明确规定，也没有提到确切的评价体系，但是已经对该职业的确立奠定了基础。高校思想政治工作队伍建设在《意见》发布后开始启动，《意见》也成为高校学生政治工作的基本保障力量。

1984年11月13日，中共中央宣传部和教育部又联合发布了《关于加强高等学校思想政治工作队伍建设的意见》（以下简称《意见》）。该《意见》共包含六方面的内容：一是对高校政工队伍建设的组成力量的规定，即高等学校的思想政治工作队伍必须采用专职和兼职相结合的方式；二是对专职思想政治工作人员政治素质和知识水平的基本要求；三是对思想政治工作人员的来源和发展方向做出了规定；四是就专职思想政治工作人员的培训工作做了规定；五是对政工人员的各种待遇问题做了详细规定；六是指出要对优秀的高校思想政治工作人员进行大力表彰，以增强其对自身所从事工作的责任感和使命感。该《意见》逐步深化了对高校思想政治工作队伍成员的选聘、使用、培养和发展的保障机制，使高校思想政治工作从组织建设到个人建设都有了更加明确

---

① 教育部思想政治工作司组编：《加强和改进大学生思想政治教育重要文献选编（1978—2014）》，知识产权出版社2015年版，第7页。

的方向和标准要求。1986年5月29日,中共中央国务院批转《国家教委关于加强高等学校思想政治工作的决定》(以下简称《决定》)。该《决定》的下发对高校思想政治工作提出了新要求,确立了新高度。《决定》是对高校思想政治工作前面一个阶段的总结,也是对下一阶段工作的规划,且对各项工作的描述更具体、更有针对性,对高校思想政治工作的内容、标准、方式方法、队伍建设都做出了新的发展性的描述,对高校思想政治工作的有效开展提供了必要遵循。

由此看来,国家在改革开放初期对高校思想政治工作定位的准确性,开展工作的实事求是精神,发展方向的明确性,整体上都是符合国家实际、符合高校实际、符合青年学生成长实际的,为高校思想政治工作者特别是高校辅导员专职队伍奠定了科学的发展基础,对之后高等学校的稳定和快速发展、人才培养质量的提升提供了基本保障。之后,国家在高校思想政治工作制度的细化、内容的精准性、标准的规范性等方面出台了大量的制度和文件,这对于高校思想政治工作专职队伍建设非常重要。当时,国家政治、经济和文化建设取得了较大成果,人民生活水平不断提高,高等学校扩招带来高校学生数量猛增,这一切都给高校思想政治教育工作带来了重大挑战。2004年8月26日发布的中发〔2004〕16号文件在全国教育战线掀起讨论热潮。教育部印发的宣讲提纲中指出,中发〔2004〕16号文件就进一步加强和改进大学生思想政治工作的指导思想、基本原则和主要任务给出了明确指示。文件认为辅导员和班主任是高校教师队伍的重要组成部分,他们与大学生朝夕相处,是奋斗在思想政治教育第一线的人员,能够对大学生的成长成才产生重大影响,有着不可替代的重要作用,因此,应当重视和关心辅导员、班主任的成长。这一文件成了新形势下全面做好大学生思想政治教育工作的指导性文件。① 这一文件的发布，再一次明确了高校辅导员的职业身份定位，为辅导员的职业发展和培养机制确定了参照系，也更加清楚地描述了辅导员的职业能力需求。可以说，中发〔2004〕16号文件的颁布，在国家层面上为高校辅导员职业能力建设奠定了基础。而颁布于2006年7月23日的教育部第24号令，则为之后10年的高校辅导员队伍建设提供了依据，从制度上为高校辅导员职业能力建设提供了保障。

在之后的近10年时间里，高校辅导员职业能力建设都围绕中发〔2004〕16号文件和教育部第24号令开展，无论是组织建设、制度保障还是辅导员个人职业规划与发展都以此为依据，整体取得了较大的发展和较好的成绩。而直至教育部印发《高等学校辅导员职业能力标准（暂行）》，高校辅导员才在提升自身的专业知识和技能方面有了明确的目标，对自身的工作范畴、岗位职责、工作边界、能力要求等有了明确认识。② 标准的科学性和执行效果（有效性）成了高校辅导员职业能力建设研究的重点问题，自此，高校辅导员职业能力建设进入了独立具体的阶段。长期以来，国家和教育行政部门非常重视高校辅导员职业能力建设问题。例如，教育部组织开展的"全国高校辅导员职业技能竞赛"（现已更名为"全国高校辅导员职业能力大赛"）既是辅导员职业能力的大比拼，也是促进辅导员职业形成较大社会影响的重要平台，对加快推动辅导员职业能力建设具有重要意义。这一竞赛以多样的形式、生动的表现和内容的全面唤起了辅导员极大的职业热情，不仅能够全面考察

---

① 教育部思想政治工作司组编：《加强和改进大学生思想政治教育重要文献选编（1978—2014）》，知识产权出版社2015年版，第313页。
② 李忠军：《以职业能力建设为核心推动高校辅导员队伍专业化发展》，载《思想理论教育》2014年第12期，第97页。

辅导员的专业职业能力，而且也为辅导员提供了直接学习和锻炼的机会。① 2013 年，《普通高等学校辅导员培训规划（2013—2017 年）》颁布。文件指出，为了提高辅导员开展思想政治教育工作的基本能力，我们要对辅导员开展思想政治教育基本工作方法和能力的培训，帮助他们掌握思想政治专题教育、一对一谈心疏导、党团交流、实践活动等思想政治教育的基本方法。2017 年 8 月 31 日，教育部第 43 号令经教育部修订通过，这是教育部第 24 号令发布实施以来的首次修订。教育部第 43 号令在第一章总则中明确指出，高等学校要坚持把立德树人作为中心环节，把辅导员队伍建设作为教师队伍和管理队伍建设的重要内容，整体规划、统筹安排，不断提高队伍的专业水平和职业能力，保证辅导员工作有条件、干事有平台、待遇有保障、发展有空间。这就为辅导员职业能力建设提供了最根本的政策指导。教育部第 43 号令在第四章"发展与培训"中又强调，"高等学校应当制定专门的办法和激励保障机制，落实专职辅导员职务职级'双线'晋升要求，不断推动辅导员队伍专业化职业化建设"。由上可见，自党的十八大以来，党和国家为辅导员队伍建设和职业能力建设提供了强有力的政策支持，辅导员职业化道路已逐步走上快车道，辅导员队伍职业能力建设效果显著，实现了长足的发展，迈进了一个崭新的时期。

（三）新时代高校辅导员职业能力建设的功能定位

对职业功能的定位就是对职业能力建设的定位，辅导员只有具备了满足其职业功能发挥的能力才能够胜任其岗位。新时代的大学生是国家发展和建设的保障力量，高校担负着立德树人的根本任务，高校辅导员就是培养和塑造大学生这支力量的核心组织者与管理者，在高等教育的

---

① 周良书、朱平、俞小和：《中国高校辅导员工作史论》，人民出版社 2016 年版，第 234 页。

效能实现上发挥着不可替代的重要功能。迈进新时代，辅导员角色定位不断明确，其职业的科学化发展路径更加清晰。同时，辅导员们帮助学生实现全面发展以满足社会对新时代人才的需求，集教育、管理、服务为一体的群体发展特征更加突出。伴随着改革开放的逐步深入、社会转型的全面推进和高等教育的多样化发展，高校辅导员制度也正在进入快速发展时期，而就功能定位和阶段能力建设要求而言，辅导员制度建设应主要注意以下四个方面：

首先，强化高等学校辅导员开展大学生思想政治教育的核心功能。辅导员职业萌生的根本出发点是开展学生思想政治工作，因此，思想政治教育能力是其职业建设的核心能力。当前，大学生正承受着多元文化和不同的社会意识形态的冲击，历史虚无主义、消费主义等消极观念侵蚀着他们，市场经济的负效应、国际安全局势等诸多问题也影响着他们。他们的思想意识尚不成熟，世界观、人生观、价值观尚处于形成过程之中，社会转型期所带来的各种社会思潮会使他们困惑与迷茫。面对这种情况，在青年学生群体中，在其成长过程中发挥润物无声的思想引领作用的高校辅导员就显得尤为重要。高等学校是建设社会主义核心价值观的重要思想文化阵地，高校辅导员是开展大学生思想政治教育的专职骨干力量，他们通过爱国教育活动、发展学生党员、讲授思想道德修养与法律基础课程、指导创新创业实践、组织志愿者服务、参与社会实践等，让青年学生了解人民、了解国家、了解社会，在真抓实干中帮助青年成长成才，提升青年学生正确分析时事的能力，厚植爱国主义情怀，帮助他们树立起正确的世界观、人生观、价值观。高校辅导员为培养出合格的社会主义事业建设者和接班人作出了巨大贡献，他们是青年学生在成长成才过程中关系最密切的陪伴者和引领者，他们能够引导学生做诸多事情：引导学生正确认识世界和中国发展大势，构建、选择符合大学生思想政治教育规律的教育载体和平台，帮助学生增进对国家的认识；引导学生正确认识中国特色，打造符合青年学生认知水平，满足其个体发展所需的成长平台，增强学生对国家的认同感；引导学生正确认识时代责任和历史使命，营造幸福是奋斗出来的干事创业好氛围，提高学生投身社会主义建设的热情；引导学生正确认识远大抱负和脚踏实地的辩证逻辑，铸就青年学生立梦、圆梦的决心和信心。

辅导员的政治品格、思想境界和道德品质都会在履行岗位职责的过程中通过言传身教一点一滴地影响学生。辅导员的思想道德建设示范性的强大作用是通过其自身的人格魅力来影响他身边的学生的，笔者从2003年到2016年14年间所培养的学生干部当前的发展现状可以非常显著地证实辅导员的一言一行对学生道德水准、政治品质、价值观念形成的示范作用与长久意义。例如，笔者曾带过的14位学生会主席是接触辅导员最多、接受教育范式最全、受影响最大的学生代表，能够非常显著地证明辅导员思想政治教育的示范引领作用。目前，这14名曾经的学生会主席中，有2人是公务员，其中1人为局级干部；5人在高校工作，其中3人为高校专职辅导员，2人为专业教师；4人在国家级和省级媒体工作，其中2人负责政府新闻；2人在国有企业任专业技术人员；1人在攻读博士学位。自毕业后，这些学生也能够与辅导员保持经常性的交流沟通，继续接受辅导员的教育和影响。据不完全统计，在笔者14年的辅导员工作过程中，所带过的毕业生目前在高校从事辅导员工作和担任党政管理干部的有70余人，而且大家有一个共识，认为自己在成长中很大程度受到了辅导员的启发，充分认识到了辅导员对青年学生思想成长的重要作用，这也影响了他们的职业选择，使他们立志成为一名高校辅导员来延续这份责任与使命。而要正向影响学生，辅导员个人必须具备较高的理论素养、政治素质，这样才能带出一批合格的党政干部及新一代高校辅导员。由此看来，辅导员的个人思想政治教育功能的发挥，必须以个人是优秀的共产党员、坚定的共产主义者为前提，必须拥护党的领导，具有鲜明的政治态度和坚定的政治立场，才能通过有效的方式方法构建科学的平台、载体，充分发挥内化于心、外化于行的形象政治教育功能。而这些，恰恰就是辅导员职业能力建设的首要内容，是辅导员开展思想政治教育所需的基础能力，必须予以强化。

其次，不断发挥高校辅导员在高等教育过程中对青年学生的教导功能。辅导员具有多重身份。他们虽区别于专业课教师，不直接为学生教授专业知识或者技能，但他们承担着确保学生全面发展的重要任务。高校辅导员与大学生相处时间最长，接触方式最直接、最密切，相处形式生活化，全面掌握着学生成长的综合信息。辅导员的教育导航、日常管理和精准服务伴随大学生的学习生活全过程，在学生犯错误、走弯路的时候，辅导员也要能够及时发现，开展纠错改错工作，发挥教导功能，而这些功能的发挥无疑都需要专业的知识技能才能够有效地实现。总而言之，辅导员的教导功能主要体现为人生导航能力、生涯辅导能力、危机应对能力、心理辅导能力和日常管理能力等，这些也是高校辅导员在现实工作中可以训练和养成的关键能力。

在现实工作中，辅导员经受着"两眼一睁忙到熄灯，熄灯之后胆战心惊"的职业压力，他们被称为"保姆""消防员""警察"等等，这些都是在学生遇到危险、困难和误入歧途的时候辅导员所扮演的角色，而这些角色扮演的前提是辅导员对角色能力素质的准确把握和有效应用。当学生在生活中、在情感上出现问题时，辅导员要呵护学生，教导学生建立信心，引导他们朝着正确的方向坚强地走下去。在重大事件发生时、关键节点上，辅导员要冲在最前线，解决学生的燃眉之急，教导学生平和理性地处理问题，坚定正确立场，科学判断决策，正确采取行动。面对学生违反规定、触犯法律的情况，辅导员要依法依规办事，事后要对学生进行教育教导，教导其增强法律意识，提升法律观念。总之，辅导员要通过恰当的教育方式、有效的教育载体、丰富的教育形式、适合的教育平台来实现教导功能，而对这些方式、载体、形式和平台的选择与构建则是辅导员职业能力的直接体现。

再次，不断提升高校辅导员在开展职业生涯发展与就业创业指导中的指导功能。高等教育普及，高等教育的大众化与高速发展的社会之间的结构化矛盾将长期存在。近几年来，高校毕业生均超过850万人，而从国家经济增长和新形势下国家产业结构变化需求来看，学生的社会适应能力和素质水平与社会需求脱节等问题突出，"史上最难就业季"的问题难以解决。习近平总书记提出："就业是最大的民生。要促进高校毕业生更高质量更充分就业。"[1] 国家针对大学生就业问题，也在不断地配套出台政策，并于2019年成立了由国务院副总理担任组长的全国就业领导小组。针对离校不久的2019届毕业生，人社部也发布了《关于开展2019年全国高校毕业生就业服务行动的通知》，着力解决大学生就业问题。高等教育质量评判的关键指标定位在人才培养质量上，而人才培养质量的直接观测点则是毕业生走向社会后是否能够人尽其才，能够有一份让个人和社会都满意的工作。青年大学生都怀揣着美好的梦想考进大学，期待将来能有一份好的工作回报家人、奉献社会，最终实现自身的人生价值。但现实中不少的学生由于对专业的认可度不高、对未来的职业选择有困惑等而无法很好地度过大学时期。在这样一个过程中，大多数的专业教师都会从所教授专业的角度对学生进行引导和指导，这对喜欢所学专业并愿意在此专业领域发展的学生是有效的，也是必需的。但对于对本专业认同度不高、喜欢其他专业和不知道自己喜欢什么、将来能干什么的学生来说，针对他们的生涯规划和就业创业指导工作无疑就落在了辅导员的肩上——辅导员们了解学生，了解每一名学

---

[1] 习近平：《决胜全面建成小康社会 夺取新时代中国特色社会主义伟大胜利——在中国共产党第十九次全国代表大会上的报告》，人民出版社2017年版，第46页。

生想要什么样的生活、有怎样的未来预期。不过，给学生做就业创业指导与职业生涯规划，辅导员也要具备相关领域的专业知识和生涯辅导与就业创业指导的技能，这些能力素质的形成都需要长期的训练和不断的学习。社会产业结构的改变，人才供给模式的变化，学生职业价值观的多样性，都对辅导员指导功能的发挥有着导向型的作用，引导着辅导员在这些领域不断获取知识、信息，以此来促进他们能力的提升，适应职业发展的新需求。

最后，不断完善高校辅导员在大学生心理健康教育中的疏导功能。心理教育是对大学生进行思想政治教育的有效途径。我国高校心理健康教育历经40年发展，已经进入了科学发展阶段，但依然存在诸多不容回避的问题，如教育水平不均衡、工作标准及界限不清晰、专业化水平不高、全员育人格局未形成等。高校学生因心理健康问题引发的问题也层出不穷，给辅导员工作带来了极大压力与极强挑战；一些大学生在家人的呵护甚至是宠溺中长大，缺乏生活经验，缺乏处理复杂问题的能力，缺乏应对压力的信心；学校唯成绩优先的评价体系也导致相当一部分大学生心理发展不成熟，承受压力的能力差，当他们独立面对生理困扰、考试焦虑、人际交往和情感困惑、就业困难等各种问题时，就容易产生各种心理疾病。辅导员需要掌握学生成长的一手材料，准确把握好时间节点，通过组织各类活动、搭建教育平台、开展团体辅导等方式，从源头上防止学生心理问题的产生。在心理辅导问题上，高校辅导员扮演着老师、家长、朋友及心理医生等多重角色，他们是各地各高校开展心理健康教育的重要力量。各高校为辅导员开展心理健康教育全覆盖式培训，形成了校院五级心理预防体系，而在这体系当中起到核心作用的是辅导员。他们需要具备排查、发现、引导、干预学生心理健康问题的职业能力，这是辅导员职业核心能力的重中之重，同时也是辅导员选聘和工作考核的核心指标之一。

高校心理健康教育正朝着面向全体学生、内容形式多元化及使用大数据与人工智能教育手段的趋势发展，辅导员开展工作需要顺势而为，做好以下几点。一是建立好学生心理档案。建立心理档案时要遵循保密原则，认真开展心理健康状况普查和危机状况排查，充分发挥辅导员与学生接触最直接、频率最高的优势，将学生的心理危机消除在萌芽阶段。确保干预、转介及治疗的有效联动是辅导员实现心理疏导功能的关键所在。二是积极参加心理健康教育培训。辅导员要通过参加心理学基础知识、心理健康教育和危机干预的技能训练，提升日常开展心理疏导工作的能力，同时借助辅导员谈心谈话工作平台，提升学生参与心理健康教育的意识，发挥心理工作防患于未然的作用。三是开展有效的研究。心理问题的发展需要过程，心理问题的爆发也会出现在学生成长的各个环节，全员、全过程、全方位育人体系的构建促使高校将心理健康教育融入学校大改革、大发展的平台中来，因此辅导员在日常的工作中要开展心理疏导功能的研究，帮助更多的教师、管理者及服务者通过搭建教育平台和营造教育氛围来开展有效的疏导工作。

（四）新时代高校辅导员职业能力建设的政策导向

高校辅导员的职业发展顺应中国特色社会主义新时代新要求，表现出了新的发展趋势。2015年1月，中共中央、国务院印发《关于进一步加强和改进新形势下高校宣传思想工作的意见》，要求高校构建全员、全过程、全方位育人格局，全面落实立德树人的根本任务。[1] 这明确了高校思想政治工作者，特别是辅导员要坚定不移地认真落实立德树人的根本任务。2013年5月，中共教育部党组印发《普通高等学校辅导员培训规划（2013—2017年）》，指出辅导员培训的主要目标是为"全面

---

[1] 中共中央、国务院：《关于进一步加强和改进新形势下高校宣传思想工作》，载《人民日报》2015年1月20日，第1版。

提高辅导员队伍服务高等教育质量提升和高校学生全面发展的能力奠定坚实基础",使辅导员培训规模稳步增加、培训质量显著提高、培训基础能力建设不断加强、高校辅导员素质全面提升,同时指出,培训主要内容包括思想政治理论教育、专业素养提升和职业能力培养。2014年3月,教育部印发《高等学校辅导员职业能力标准(暂行)》,明确规定了辅导员的职业知识、职业能力标准等,进一步增强了辅导员的职业认同,强化了辅导员队伍建设的政策导向,充实丰富了辅导员工作的专业内涵,规范了辅导员的工作范畴,有效推进了辅导员队伍专业化职业化建设。2017年9月新修订的教育部第43号令的发布进一步为高校辅导员职业能力研究提供了政策保障与方向指导,进一步明确了"高校辅导员的工作要求与工作职责、配备与选聘、发展与培训、管理与考核等内容"①,使辅导员的职业发展方向和目标更加清晰,能力导向得到进一步强化,职业发展的新趋势和新方向更加明确。与教育部第24号令相比,教育部第43号令有着新的发展,它将总的六章二十六条规定修订为总的六章二十二条,删除了原来每一章里已经不适应时代发展的旧内容,增加了适应新发展新需求的新内容,特别是在总目标和总设计规划上有了更准确的描述。

与教育部第24号令相比,教育部第43号令的总则描述更准确,总体设计更合理,总的目标更清晰,并在第一条中新增了"加强辅导员队伍专业化职业化建设"和"依据《高等教育法》等有关法律法规"两方面内容。专业化、职业化的增加是对教育部第24号令实施十多年来工作实践的成功总结,明确了未来一段时间辅导员职业发展的方向。专业化体系的构建是以系统的专业知识、专业实践和专业发展为基础的,

---

① 冯刚:《改革开放以来高校思想政治教育发展史》,人民出版社2017年版,第433页。

而职业化是以高校辅导员职业需求为前提的职业意识、职业能力、职业评价的科学化进程。马克思曾经说过:"重视作为我们职业基础的思想,会使我们在社会上占有较高的地位,提高我们自身的尊严,使我们的行为不可动摇。"① 高校辅导员作为一种职业在不断完善的过程中受到更多的重视——辅导员及其相关的社会关系的共同关注,会加快其专业化、职业化发展的进程。

专业化与职业化的关系及其重要性是不言而喻的,教育部第43号令准确地定位了辅导员队伍建设的新趋势和新目标,指出,"专业化是对岗位从业人员的内在素质要求,侧重于队伍的培养和培训,是职业化的基础;职业化是对岗位的外在要求,侧重于队伍的激励和发展,是专业化的前提"②,这样互为前提和基础的关系为辅导员职业能力建设制定了总体规划。职业资格的获取和职业理想的确立会促使辅导员逐步强化个人职业化、专业化的决心和信念,而专业(学科)—职业(工作)—专业化(工作专门化)—职业化(事业)—专家队伍,是高校辅导员职业能力建设的路径。此外,《高等教育法》等有关教育法律法规是当前高校推进依法治校的重要依据,高校辅导员作为高校教师中的一员,也需要在遵守高等教育法制体系的前提下发挥自己的作用。因此,高校辅导员必须具有掌握法律知识、使用法律工具的能力,形成与高校辅导员岗位职业需求相适应的法律手段使用能力,这样才能较好地适应职业发展需求,将辅导员工作作为一项事业去做,积极主动地创造新的劳动价值,实现自身的职业梦想。

顺应新时代对高校辅导员提出的新使命和新要求,党和政府出台了

---

① 中共中央马克思恩格斯列宁斯大林著作编译局:《马克思恩格斯全集》第40卷,人民出版社1982年版,第7页。
② 冯刚:《论辅导员的专业化培养和职业化发展》,载《思想教育研究》2007年第11期,第13页。

一系列针对性措施，包含顶层设计、注重内涵发展、搭建科研平台、推进典型示范、传新特色发展等①，为新形势下高校辅导员队伍建设指明了方向。辅导员要走专业化、职业化发展道路，其专业化水平和职业能力是确保辅导员队伍建设科学化发展的基础，是赢得工作条件、干事平台、待遇保障和发展空间的基础。目前，我国辅导员职业能力标准建设需加强、队伍文化程度需提高、网络思想政治教育水平需提高、国际化进程需加快、专家的"朋辈"引领作用发挥需改进，因此我们要不断加强高校辅导员职业能力建设，促进辅导员专业化水平提升，使更多的辅导员坚持职业化发展，这是当前高校辅导员队伍建设的关键所在。

二、《高等学校辅导员职业能力标准（暂行）》实施现状

习近平总书记强调："要全面贯彻党的教育方针，落实立德树人根本任务，发展素质教育，推进教育公平，培育德智体美全面发展的社会主义建设者和接班人。"② 这是对辅导员承担起高校思想政治教育工作重要作用，落实立德树人根本任务的再一次强调。在新时代，高校辅导员队伍建设的制度文件保障体系更加完备，以能力为导向的职业化、专业化发展形势更加明确，辅导员职业能力标准体系建设和完善必将成为辅导员提升职业胜任力、提升高校思想政治教育工作质量的助力。全面分析相关文件并对其提出发展意见是研究者及从业者的重要职责，是高校全面落实立德树人根本任务的重要支撑。

（一）对《高等学校辅导员职业能力标准（暂行）》政策的分析

近年来，党和国家对高校思想政治工作的重视程度逐渐提高，高校

---

① 冯刚：《改革开放以来高校思想政治教育发展史》，人民出版社2017年版，第434页。
② 习近平：《决胜全面建成小康社会 夺取新时代中国特色社会主义伟大胜利——在中国共产党第十九次全国代表大会上的报告》，人民出版社2017版，第45页。

辅导员队伍的建设与培养也备受重视。为强化职业发展能力导向，实现高校辅导员职业的可持续发展，党和国家根据实际需求不断提出并完善了一系列行之有效的纲领性指导意见。为了实现高校辅导员队伍的能力标准化、队伍专业化以及职业化建设，2014年3月，教育部印发《高等学校辅导员职业能力标准（暂行）》（以下简称《标准》），从职业概况、基本要求、职业能力标准三个方面做出了严格的要求和明确的指示，进一步强化了新时代高校辅导员职业化、专业化发展的能力导向。《标准》将辅导员工作的能力要求分为初级、中级和高级三个等级，并分别规定了每个层级的工作职责和应该具有的知识技能，又依据层级间的差异对不同等级进行了更加具体的划分。以工作职责为基准，《标准》给出了详尽的职能标准，同时附上了实施细则。《标准》明确规定了辅导员岗位所需要具体从事的工作的九个方面，并将其进行了归类，依据其职业功能的性质表现，将其分为教育职能、管理职能和服务职能。在现实中，管理的职能更加显性，是辅导员职业内外部主要关注的内容，也是当前辅导员投入最多，带来职业压力最大的职能。教育职能，包含了思想理论教育和价值引领、网络思想政治教育（笔者研究认为，这是思想政治教育的载体和传播形式的改变，教育功能的重要性更加突出，因此单列出来以强调其重要性）及理论和实践研究。服务职能包含了党团和班级建设、学风建设、心理健康教育与咨询、职业规划与就业创业指导等，服务职能的发挥往往在高层次的辅导员中体现得更明显。从职能的角度，我们能够更加清楚地明确高校辅导员职业能力建设的方向，高校辅导员也需要提升队伍整体的职业胜任力，进一步提升自己在思想政治教育工作中的作用，赢得职业认可与职业地位。

总的来说，高校辅导员的工作面临诸多挑战，主要表现在以下几个方面。

首先，辅导员的常规工作任务繁杂。

第一，日常事务管理。一方面，日常事务管理工作是高校辅导员的常规工作，要求辅导员不仅要具体细致地开展此项工作，而且要长期坚持开展此项工作。另一方面，如何通过日常事务管理过程发挥辅导员的教育示范作用是当前辅导员职业能力建设研究的一个重要问题。辅导员要与学院、学校各个职能部门、学生家长及上级相关工作部门进行对接、配合，共同完成学生日常事务管理。针对这两个方面，辅导员不仅要端正工作态度，遵守工作规范，具体细致地完成工作，还要善于总结，形成系统化的设计，才能圆满地、有创造性地完成日常事务管理。

第二，党团和班级建设。在大学中，党团组织和班集体是学生相互交流、学习，互相帮助，不断成长的基本载体，也是学校、学院以及辅导员开展学生工作的基本单元。党团组织和班级建设是学校考核和学生评价辅导员工作的重要观测点，是引领大学生积极向上的基本载体，也是辅导员开展工作的主要抓手。党团和班级建设的重要性要求辅导员不仅要有严格的标准和行之有效的方法选拔和培养学生会骨干和班级干部，还要持续地对党团支部进行建设和完善，培养发展新的党团员。严格的评价体系不仅能为辅导员工作提供明确的方向和有效的工作方法，也有利于辅导员自查自省，使其更加清楚自身职业能力提升的内容和标准，以高效高质量地开展工作。因此，要将规范发展大学生党员、积极有序组织党支部活动、合理有效搭建团组织、开展丰富多彩的团队活动、科学地选拔和培养班干部等工作按一定的占比纳入辅导员考核评价体系当中。

第三，学业指导。一切工作都要从实际出发，辅导员对学生进行学业指导时也要根据所在学院以及专业特色进行科学、符合实际的学业规划设计与指导，这不仅是高校辅导员一直面对的现实问题，也是对辅导员职业水平和业务能力而言极具挑战的工作。学业指导包括专业教育和学风建设两个方面。在专业教育方面，辅导员的专业背景与所带学生的专业契合度对辅导员对学生开展学业指导有着重要的影响，而当前高校本科的大类招生及专业调整制度工作需要辅导员开展必要的学业指导来确保学生的思想和心理稳定。学风建设是辅导员开展工作的重要抓手，良好的学风能够降低学生事故的发生。此外，高等教育普及化和就业压力的冲击让很多学生选择继续深造，面对泱泱考研大军，辅导员也要开展好学风建设，激发学生培养学习兴趣，形成良好的学习习惯，帮助学生不断提升个人学习能力和学习自信心，形成终身受益的学习习惯——学习兴趣、学习习惯也是学生求职时所需的重要能力，而良好习惯都是在日常生活学习中养成的，因此培养良好的学习习惯等也成了辅导员职业能力建设的最为基本的内容。

其次，辅导员的重点工作要求很高。

第一，思想政治教育工作。加强大学生思想政治教育，这既是国家需要，又是个体需求，其战略意义和重要性不言而喻。高校辅导员要将坚定理想信念教育、爱国爱校教育、学生全面发展教育和社会主义荣辱观教育、道德观教育等融入日常工作，真正将"三全育人"落实落细。思想政治教育能力是辅导员职业能力的核心能力，也是最难形成的能力。《标准》把思想政治教育放在首位，非常清楚地提出了对学生进行思想政治教育的要求与标准：熟悉学生情况，掌握学生动态；帮助学生树立正确的人生观、价值观；帮助学生解决具体问题。思想政治教育能力是辅导员的根本能力，是辅导员职业萌芽的种子，辅导员需要紧跟世界变化大格局，学习新思想、把握新变化，常思考如何将思想政治教育融入校园文化建设、日常管理服务和社会教育当中，这对其能力提升至关重要。同时，辅导员也要加强政治理论素养，在工作中把握主旋律，不断创新能力训练，提升自己的思想政治教育能力。

第二，心理健康教育与咨询工作。心理健康目前成了社会高度关注的问题，大学生阳光心理健康教育及心理咨询需求日趋明显，这使心理健康教育成为高校辅导员必备的能力之一。这里既包含了心理健康教育活动的开展，也包含了一定的咨询工作的开展。辅导员需要对学生心理问题的预防、干预和转介等一系列的知识开展系统的学习，同时加强对心理问题的干预和转介等技能的训练，特别是要掌握对心理健康问题的收纳和防御技能，这是每一位辅导员必须掌握的基本技能。辅导员首先需要提升心理健康知识的学习和运用能力，及时发现学生的心理健康问题并且能因材施教，帮助学生正确认识心理健康问题；要做好心理健康知识的宣传、普及和引导工作，让更多的学生和家长正确认识和对待心理疾病并及时治疗；要优化大学生心理素质、增强其抗压能力和排解能力，使其能够自主地进行心理疏导和调节，做身体健康，心理更加健康的新时代大学生。《标准》中对关于辅导员心理健康教育和咨询工作的规定分层级进行了细致的描述，由低级向高级层层递进，能够让辅导员清楚地认识到个人心理健康教育与咨询能力的发展进程，帮助学生的同时也能帮助自己：初级以心理健康问题收纳与筛查、开展心理健康教育活动为主；中级需要辅导员考取相应资质，而后处理学生较低层次的心理问题；高级则需要有更高级别的资质和更专业的知识以对有问题的学生进行干预。此外，学校的性质决定辅导员应该更多地关注心理健康教育能力、问题学生转介能力及突发心理问题的应急处理能力。大学生心理健康教育既包括个体疏导教育，还包括对大学生整体的心理教育。就个体疏导教育而言，辅导员应该与班级心理委员积极配合，做好班级同学的心理咨询报表，对出现某些问题的学生采取及时上报、妥善处理的措施。就大学生整体的心理教育而言，辅导员的工作需要从新生入校时做起，关注新生对环境的适应问题，学生在新的环境、学校、班级的归属感问题，与新同学、新老师的人际交往问题，在学业上的接受能力问题，等等，并且针对不同学生不同类型的心理问题建立与之对应的档案，以便长期陪伴追踪，持续对学生开展疏导教育。

第三，职业规划与就业创业指导工作。职业规划与就业创业指导主要涉及学生的职业价值观引导、求职技能提升及政策辅导和帮扶工作。新时期的大学生有着爱一行干一行的新型求职期待，高校毕业生高质量的就业情况是高校辅导员开展学生职业生涯发展教育、就业创业指导和职业理想信念教育的关键评价因素，因此促进高校毕业生高质量的就业的能力在辅导员职业能力体系中非常重要且直观，这也是学生对学校人才培养质量满意度的重要评价指标。对大学生进行职业规划与就业创业指导，是一个长期性的、全方位的工作，因此辅导员的这项能力应该与学生在成长的不同时期的需要相匹配。从新生入学开始，辅导员就应该有意识地向学生传达职业规划意识，并且将这项工作贯穿于学生的整个大学期间，也就是针对学生学习阶段、学科门类、性别特征等职业生涯影响因素开展职业生涯发展指导。例如，针对大一新生，辅导员应有意识地引导他们树立就业意识，引导、帮助学生寻找自己的兴趣点和优势，寻找就业方向和目标。针对大二学生，辅导员应引导其明确就业方向和目标，着重培养相关技能，帮助大学生根据自己的知识结构、兴趣特长、性格、能力、职业价值观等，设定职业目标，开展目标职业与个体能力水平之间的耦合对接训练。这一阶段辅导员的工作体现了其开展生涯教育的能力。针对大三学生，辅导员要积极及时地指导学生收集且传递就业信息，使学生能够结合企业要求完善自身，以更好地将自身塑造成为企业所需要的人才。针对大四学生，因为他们进入了真正求职的阶段，辅导员要从简历制作、面试技巧、职场礼仪等方面指导学生提升就业能力。

最后，新形势下辅导员面临的难点工作越来越多。

第一，网络思想政治教育。随着科学技术的进步和发展，大学生将越来越多的时间用在网络上，因此，根据教育实际的转变，高校辅导员也应该将思想政治教育的工作阵地转移到网络上。这就要求辅导员能够顺应时代和潮流，具备熟练使用新媒体开展教育管理和服务工作的能力。抓主阵地和有效利用各种阵地开展学生思想政治工作、意识形态教育和主流价值引领是辅导员极度重要的能力。就网络思想政治教育而言，辅导员肩负着预防和应对的双重任务，既要引导学生维护健康的网络环境、科学地使用网络，又要帮助学生提升信息素养，树立科学的马克思主义新闻观。此外，控制好网络话语权、预防不良舆情事件的发生、开展网络防盗防骗教育等都是辅导员应具备的能力。《标准》中的网络思想政治教育部分明确提出，辅导员要拓展工作途径，及时了解舆情，实现教育的线上与线下的良性有效互动。

第二，危机事件应对。高校危机事件多发严重影响了高校的正常教学秩序和学校的整体稳定。因此应对危机事件是高校和高校学生工作者队伍的"必修课程"，是战斗在学校安全稳定工作一线的辅导员必备的基本能力。辅导员必须时刻警醒，要有一定的心理准备和应急措施，这就要求辅导员在时刻树立防范意识的同时，密切关注学生群体的动态，尤其是在一些敏感时期，要更加密切关注学生。当有危机事件发生时，辅导员要及时向上级汇报，联合各有关职能部门、联系家长等，共同处理危机事件。事件处理后，辅导员应持续关注事件后续，尤其要重点关注相关学生，积极采取有效措施来减轻事件对学生心理可能造成的影响。

第三，理论和实践研究。辅导员工作的实践性不言而喻，而深入研究理论使之转化为辅导员具体工作所需的理论修养，能帮助辅导员在具体的工作中不断完善自我，大胆创新，用新思路、新方法、新载体和新手段来解决具体工作的能力得到进一步的提升。与此同时，辅导员要不断地总结实践经验，将经验总结上升为对辅导员工作的理论研究。辅导员的理论与实践研究能力是辅导员总结和巩固实践成果的能力，是最容易量化和评价的能力，但对大多数辅导员来说是最容易忽视的能力，因此辅导员一定要有意识地重视此项工作。

(二)《高等学校辅导员职业能力标准(暂行)》的积极作用

《标准》以提高高校辅导员从业人员及社会公众对该职业的认同感为目的,层级式解构辅导员职业能力,进一步明确了辅导员的职业知识、理论体系以及职业技能水平要求和职责,有利于推进辅导员职业考核体系的完善,保证辅导员朝着更加科学实际的方向提高自身的职业能力和素养。《标准》的制定,满足了辅导员工作专业化和辅导员队伍专业化发展的需求,对提升辅导员专业地位有重要指导作用,为辅导员队伍建设提供了重要的制度保障和实践指导。具体而言,《标准》对辅导员工作的积极作用有以下几个方面。

第一,专业标准的出台规范了辅导员工作的职能和内容。高校辅导员的工作不同于大家所了解的班主任的工作,他们所承担的业务是综合、系统和复杂的,他们是集多种职能于一身的。长期以来,很多人对辅导员工作的职能及范围的认识较为模糊,但《标准》非常明确地规定了辅导员的职业职能和工作内容,对每一个级别的内容也做了详细论述。文件中根据辅导员职业能力的差异性将辅导员划分为三个等级,这一方面表明了辅导员职能水平的进步性和时代性特点,即重视职业水平的进步和能力的提升,在一定程度上弥补了辅导员只是以辅导员这个身份来指导其职业发展的不足;另一方面能够引导辅导员根据自己的工作时间和阶段,明确自己应达到的职能水平,继而确定自身职业提升应该改进和完善的方向。辅导员职能与职业内容的正向互动对提升辅导员职业能力的专业化水平具有切实的指导性作用。

第二,完善了保障机制,加强了辅导员职业能力建设的政策导向,推进了辅导员队伍建设体系的完善。《标准》的出台为开展辅导员职业能力水平评估和调整提供了科学依据和政策参考,也是辅导员职业能力测评的政策保障,在一定程度上解决了辅导员岗位职责模糊等一系列问题，能帮助更多辅导员职业体系外部人员正确认识辅导员的职业角色。这是促进辅导员职业化的重要的可操作性制度体系。首先，建立了辅导员的专业技能体系。《标准》第一次从基本知识技能、专业技能和法律法规知识这些方面确定了辅导员岗位所应掌握的知识，有很强、很实用的指导性，推动着辅导员能力建设朝更加精准、专业的方向发展。其次，建立了一套实用的辅导员职业技能培训系统，其主要内容包括职前培训、日常培训、心理教育培训、进修培训等等，重点在于提高辅导员对学生的心理健康辅导与教育能力、学业引导与指导能力等。再次，形成了辅导员专业化建设的政策合力。《标准》的作用还体现在辅导员队伍建设以及聘用、培养和提升辅导员能力等多个方面。它突破辅导员编制、专业技术职务评聘和行政职务晋升等瓶颈问题，加大对职称评聘、职务晋升等重点工作的督察，形成齐抓共管、多方支持、多方协调的工作合力，为各级部门推进辅导员专业化建设提供了基本依据和保障。

第三，能力提升导向加快满足辅导员专业化需求。《标准》给辅导员的专业素质提出了更加具体的要求，全面规范了辅导员开展学生工作的具体流程，也为辅导员工作的开展提供了严格的标准。高校辅导员职业能力建设的目的是让从业者能够较好地应对多学科、实践性极强的复杂工作，兼具宽泛的综合性和较强的专业性，因此，推进高校辅导员工作不仅要辅导员广泛汲取多学科的理论知识，而且要在具体的工作实践中不断丰富和发展理论知识，不断地总结实践经验。《标准》直接对辅导员工作所需的基础知识、专业知识和法律法规知识做了清楚的规定，能引导各地各高校和辅导员个人对辅导员职业知识进行补充与学习。为了有效提高辅导员个人的工作能力，我们可以通过组织辅导员技能大赛、辅导员年度人物评选，采取国内交流访学机制等措施来改善整体工作环境，提升辅导员团队整体的能力水平，帮助辅导员提升对自身职业的认可度，增强使命感和归属感，激发个体不断提升自身职业能力的热情。此外，《标准》对高校辅导员职业标准的三级划分，一方面有利于辅导员循序渐进地向前发展，实现职业能力提升；另一方面也有利于各辅导员根据自身实际工作情况，进一步明确自身职业发展应该努力、改进的方向和做法。《标准》的发布不仅能够有效地促进辅导员工作质量的提升，还能帮助辅导员更好地明确自身工作任务的重要性，清楚工作具体标准和各项要求。作为纲领性文件，《标准》为学生工作的正常开展打下了坚实的制度基础，能保障各项学生工作朝着更加规范化、标准化的方向发展，也能使辅导员职业专业化的发展得到保障，能力建设的专业程度进一步提高。由此可以看出，只有保证辅导员队伍及个人的职业能力和综合素养体系的科学性，使个人的价值以及作用充分发挥，才能真正地实现辅导员自身技能的提升，从而更好地推进大学生思想政治教育工作。总而言之，我们要让高校辅导员内树信心、外树形象，增强自我效能感和社会认同感，这样才能不断地朝着辅导员专业化发展目标靠近。

（三）《高等学校辅导员职业能力标准（暂行）》存在的不足

尽管《标准》从职业概况、基本要求、职业能力标准三个方面阐述了高校辅导员队伍能力标准体系的构建，但《标准》也只是一种较低层次的专业化要求。排除文字表述的模糊性因素及部分能力标准的硬性要求，《标准》中大量的职业能力标准难以转变为精确的考核评价指标和量化标准。考核单位在依据《标准》制定本单位辅导员从业者考评指标时存在过大解释权，部分高校在制定辅导员从业者考核评价体系时甚至并没有参考《标准》，《标准》无法对行业全体从业者职业能力提供有效、准确的评估标准。这造成了高校辅导员评价考核标准存在差异，同一职业等级能力差异化的现象。具体而言，《标准》的不足主要有以下几个方面：

一是缺乏准确的专业定位。根据《标准》，高校辅导员必须要严格按照各项工作的实际要求，保障自身工作的正常方向，积极地促进各项知识的积累。"宽口径知识储备"也就意味着没有明确的专业划分，这容易导致各高校在招聘辅导员时无严格专业限制。不少高校也存在错误的认识，认为辅导员工作的要求不高，谁都可以胜任。在实际工作中，辅导员常力不从心，职业知识的综合程度、职业实践的标准要求及工作的复杂程度使不同级别的辅导员都不得不坚持提高个人职业能力，以期能够完成工作任务。而《标准》的实施并没有解决辅导员专业设置的问题，这也导致辅导员专业意识不强、专业基础薄弱，使很多人对辅导员职业产生消极认识。这与《标准》出台的本意有所抵牾，也使辅导员专业定位不明确，直接影响了辅导员工作的正常开展，阻碍了辅导员职业朝着更加专业化、规范化的方向发展。

二是缺乏相关的规章制度以及章程。《标准》明确了高校辅导员职业的名称、岗位职责和发展前景，这为我们研究和探索高校辅导员职业能力专业化建设提供了政策依据。然而，《标准》发布后过于注重培训以及学习，对辅导员整体提高职业能力作用不大。同时，《标准》缺乏实施细则，在实践中难以真正落实到位，难以在高校开展各项工作的过程中起到指导性的作用，因此无法真正促进辅导员工作的正常开展。

三是专业化发展路径不够清晰。《标准》强调辅导员必须严格按照不同领域及层次的要求进行能力的有效提升，但忽视了个体的差异性因素，容易导致资源浪费与能力提升不足的双向矛盾。辅导员只有根据自身工作的实际情况，不断提高个人的工作能力及水平，才能够在某一个领域中成为专家，从而更好地促进学生工作的开展。同时，《标准》虽然能够有效地促进辅导员工作专业化水平的提升、职业能力的精细化发展，增强组织及个人对辅导员培养的信心和可操作性，但大部分的高校在实践的过程中还会结合自身的实际情况进行适当的发挥与调整，难以从整体上意识到辅导员工作的实际内涵，因此在评价辅导员工作的过程中往往会出现论资排辈等现象，使得新入职的辅导员受挫，工作能力及水平提升缓慢，这也是《标准》没有细致的辅导员发展路径导致的。

三、高校辅导员职业能力建设存在的主要问题

辅导员职业能力提升需要丰富的多学科的知识，同时还需要大量的实践经验。辅导员在不同能力水平标准下的知识储备要求和技能要求不同，这使得辅导员在繁杂的事务中摸爬滚打的同时还要学习大量的知识，以使自身职业能力与要求相匹配。由此可以看到，辅导员的压力相当大。从职业能力看，辅导员所应具备的能力包含了"政治强、业务精、纪律严、作风正。具备思想政治教育工作相关学科的宽口径知识储备。具备较强的组织管理能力和语言、文字表达能力，及教育引导能力、调查研究能力等"[①]，这其中有较难量化的内容，很难成为职业能力建设的参考。此外，辅导员职业能力建设内容不够完善、层级水平难于界定导致过程混乱、条件不够成熟使职业建设举步维艰等等突出问题都是影响以政策标准为依据的辅导员职业能力建设的因素。

（一）职业能力建设内容不够完善

《标准》基于对辅导员岗位职责和职业特性的综合分析，具体规定了高校辅导员职业能力，主要包括四个方面。一是较强的组织管理能力。辅导员在日常工作过程中面对的是学生"群体"，而且是一群有着较高学习能力和探索精神的青年群体，是社会发展建设的接班人群体，是不断创造新世界新未来的群体。在日常的工作过程中要做好辅助青年学生成长成才工作，确保思想引领与事物发展有序进行，组织管理能力是必不可少的。辅导员要有针对性地学习组织行为学、教育管理、公共事件管理、应急事件处理等相关知识，不断探索实践，使自身具备指导学生党团建设、校园文化活动及学术实践等工作的能力。二是较强的语

---

① 教育部思想政治工作司组编：《加强和改进大学生思想政治教育重要文献选编（1978—2014）》，知识产权出版社 2015 年版，第 661 页。

言和文字表达能力。辅导员与学生的沟通交流涉及课堂与生活、学习与娱乐、学校与家庭、线上与线下等，辅导员在其中扮演着各式各样的角色，如教师、长辈、师兄、师姐、竞争对手、成长伙伴、匿名朋友等等。不同学生所要求的有效沟通，教育目的的实现，对辅导员表达能力要求之高是显而易见的。语言表达恰当、文字表达得体、表达方式准确等是辅导员在不同角色和场景下都要不断训练和提升的关键能力。良好的语言表达能力能使教育思想真正深入学生身心，因此辅导员要使自己的话讲出来生动有力、写出来引人入胜，这样才能保证师生双方交流的有效性。同时，辅导员要将工作实践转化成理论成果，要经常写总结汇报，要不断地梳理工作思路，预判青年学生工作的发展趋势，这些都要通过正确的描述和准确的表达来实现。现代大学生都是"网民"，"互联网+"影响到学生学习生活的方方面面，网络社区是学生的重要活动社区，虚拟环境下的师生互动、网络正能量的传播、网络舆情的监控等等都需要辅导员有较深厚的文字功底，只有这样，才能够把问题想清楚、把事情说明白、把局面控制好，充分发挥辅导员教育职能。三是较强的教育引导能力。高等教育以立德树人为根本，认真处理好"培养什么人、为谁培养人、怎样培养人"的问题是每一位高等教育工作者的重大使命。青年学生恰巧处于三观形成的关键时期，涉世不深、知识不全、保护意识不强等，都需要辅导员的教育引导。辅导员要组织开展丰富多彩的教育活动来引导学生正确认识问题，积极学习实践，合理对待争议，有效应对矛盾，健康成长。四是较强的调查研究能力。新时期的大学生在成长过程中的问题复杂程度逐步上升，社会、家庭和学校对学生的教育职能的发挥的难度也在逐步增大。思想问题、心理问题、社会思潮问题等会阻碍学生成长，辅导员要通过问题调查、科学预判，形成科学的方法来掌握学生成长信息，了解学生思想动态，通过有效的教育途径和方法实施必要的教育研究，并使研究成果成为个人职业能力提升的重要基础。

从以上内容来看,《标准》似乎也只是在考察多数职业应具备的通用能力,是个体职业能力体系的较低层面,是满足基本工作的能力,缺乏较突出的辅导员职业特征,缺少区别于其他职业的突出能力要求。然而,凡是从事过学生工作的人都会用一句话来表述这个职业,那就是:"辅导员工作多数是良心活儿。"由此可以看到,辅导员的责任心、投入程度、人格魅力、性格特长等也是促进学生成长的重要因素,并且是辅导员职业对学生成长施加影响不可缺少的重要能力。然而,这些能力难以量化,在现实中如何培育、怎样提升也是个大难题。但从政策标准的视角去考虑,没有体现这些必备的能力正是其不完善性的体现。只有将这些难以量化、具体化的高校辅导员职业能力纳入标准,方能不断解决政策标准不完善的问题。

(二)职业发展层级水平难以界定

《标准》"对初级、中级、高级辅导员要求依次递进,高级包含低级的要求"。初级即基础层,主要是初入辅导员工作领域的新辅导员,包括毕业新入职者和在其他领域有一定的工作基础但刚刚转入辅导员队伍的新手辅导员。这两类初级辅导员有共同的特征,同时也存在较多差异。《标准》中的"初级辅导员一般工作年限为1—3年,经过规定入职培训并取得相应证书。""中级辅导员一般工作年限为4—8年,具备一定工作经验,培养了较强研究能力,积累了一定理论和实践成果。中级辅导员职业标准除涵盖初级辅导员的职业标准内容要求外,在各项职业功能上有更高要求。""高级辅导员一般工作8年以上,具有丰富的实践经验,较高的理论水平和学术修养,高级辅导员职业标准除涵盖中级辅导员的职业标准内容要求外,在思想政治教育工作某一领域有深入的研究并具备影响力的成果,成为该领域的专家。"从对这三个级别辅导员的初步定义看,时间年限、工作经验、研究成果和职业影响力似乎是可以量化的内容,而真正从事过辅导员工作的人则认为工作经验才可以在真正意义上帮助辅导员将工作越做越好,上述几个因素看似容易测量但实际上对辅导员工作质量提升来说不是那么重要,甚至会产生很多负面效果。例如,同是辅导员新手,刚刚毕业参加工作的辅导员,往往工作热情高,积极性和主动性突出,但存在缺乏经验、处事能力不足、辅导员专业知识缺乏等情况,常会出现遇事易急躁、与学生有冲突、易遇到挫折以及职业迷茫等问题。相较而言,有过其他行业任职经历,后经慎重选择而转入辅导员行业的新辅导员的工作情绪稳定、自控能力相对较好,从事辅导员工作也会多一些自信,但是他们存在着职业比较、前序工作习惯对新工作施加影响等问题,需要一个适应过程。

《标准》中职业功能的几个方面的内容都是从辅导员的工作对象——学生视角出发而言的。单从辅导员从业者的职业能力看,他们应该不是从充分认识自我和所从事的职业角度来发挥职业作用的。由此,我们可以清楚地认识到,对刚毕业新入职的辅导员和经过认真选择最终确定从事高校辅导员行业的人来说,他们本身对职业的理解和对职业的投入等是不一样的,一个还在观望和寻觅,一个清楚每一步怎么走,他们实际上所表现出来的工作能力也是存在较大差异的。而无论是刚毕业入职者还是跨行转入者,按照辅导员职业能力标准规定,都属初级辅导员的范围,这缺乏对辅导员工作对象的考虑。职业能力级别的界定与工作对象的关系协调性需要纳入辅导员职业能力建设体系当中来。辅导员从业者的能力级别不能以其工作的年限来界定,而应该用更加合理的评级制度来确定,这是一项需要更系统研究和考虑的问题。例如,学生在大学不同时期对辅导员的职业能力重点的需求是不同的,本科生辅导员注重学生的三观形成、规则意识、生存能力等等的训练,而研究生辅导员则更注重对其较高层次的研究能力的引导提升和对其更高水平的社会责任的培养。因此对于刚入职的辅导员来说,针对不同的学生,入职的门槛就不一样,其级别的确定不应该用一把尺子来衡量。即使是对同属于某一学历层次的学生的辅导员来说,学生不同年级层的工作重点及差异性也会导致不同个体能力水平较明显的差异。因此,对有共同工作对象、处于相同阶段的从业者来说可以进行横向比较和测评,但辅导员本身的职业能力水平是难以界定的。

辅导员职业能力应该分为核心能力、基础能力、关键能力及性格特征等等,从职业能力标准设定来说,应该将可量化的量化,不可量化的进行尽量准确的定性论述,这样无论是辅导员从业者还是辅导员队伍建设管理者都能够在遵循制度政策的前提下有效地提升辅导员职业能力,并能够不断地促进能力标准的科学化发展。当前辅导员职业能力标准的设定难以发挥评价和引导作用的主要原因之一就是级别界定不清。希望新的研究能够为推进高等学校辅导员职业能力标准的发展发挥促进作用。

(三)职业能力建设制度体系不健全

从现实看,各地各高校需要制定贯彻落实《标准》的具体办法,如此才能较好地贯彻落实好文件精神,以实现《标准》发布的真正目的。但各地各高校虽然都对此项工作很重视,到具体执行层面时却很难实施,这主要是相关的制度体系不健全所致。

首先,辅导员职业能力建设的配套制度不健全。长期以来,各地各高校都已形成了高校辅导员队伍的建设规划与特色发展路径,且多数都已经形成了较大惯性,对辅导员的定位、职责和认识都已固化。如果要推动《标准》在各高校的落地,必须要有专门的落地要求、政策保障、制度规范。如不少高校制定并出台了基于辅导员职业建设实际的职称评聘办法,这就保障了辅导员能够在独立的成长体系内发展,职业成长路径的畅通能使其能力建设得到保障。也有高校推行辅导员"双线晋升"制度,如辅导员职业发展双通道模型(见图3-1)所示,这样的职称评聘与职务晋升政策促进了辅导员队伍的稳定和发展,为其提供了可靠的制度保障。教育部、各地方教育部门及部分高校采取了鼓励辅导员攻读硕士、博士学位的形式来提升辅导员个体的理论水平和研究能力。很

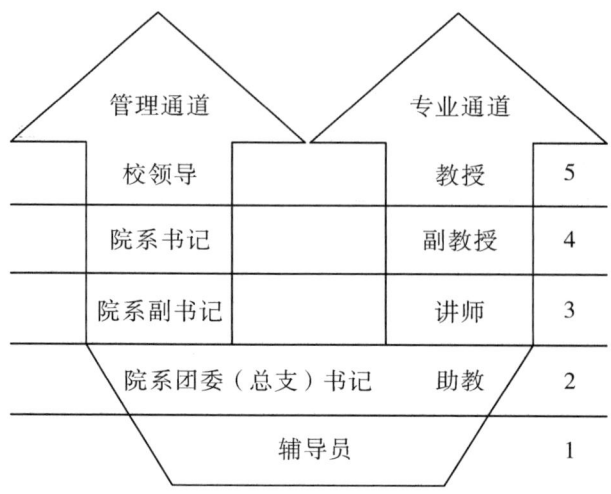

图 3-1　辅导员职业发展双通道模型

多辅导员赴美、英等国参加知名高校学生事务研修班，一些辅导员也作为访问学者到其他国家的学校交流以开阔视野、提升自身职业能力。还有些地方鼓励辅导员加强实践锻炼，鼓励他们接触社会、了解国情，通过交流访学、校级互动、地方挂职等方式不断拓宽自身职业能力提升的路径；通过设置辅导员专项研究经费、招标研究课题、出版研究成果、召开工作研讨会、举办学术交流活动等多种形式培养辅导员科研能力。由于辅导员的思想政治教师身份，多数辅导员承担着思想道德修养与法律基础、形势与政策等相关课程的教学任务，在教学组织过程中，辅导员有机会与其他思政课专职教师进行交流和互动，在集体备课、教学竞赛、互相听课等教学活动中提升自身的专业能力。但在现实中，推进辅导员职业能力建设的平台、政策有明显的差异。对高水平大学而言，《标准》执行的优势更明显，对地方一般高校、职业院校等来说，《标准》执行起来则更难，而往往是在非高水平大学读书的在校大学生对辅导员的需求必要性比较突出，对辅导员职业能力的全面性要求更高。可见，辅导员职业能力建设的制度建设现状不容乐观，国家及各地各高校需要进一步健全辅导员职业能力建设的制度体系，确保高校辅导员从业者的职业能力得到进一步提升。

高校辅导员职业生涯规划是辅导员综合分析个人职业性格、职业价值观等相关因素，深入研究高校对辅导员的需求与定位，不断地实现个人职业调整的过程，这个过程需要辅导员按照职业所处阶段制订职业能力成长计划并付诸行动，最终实现职业目标。由此我们可以看到，辅导员的职业能力建设有多主体性特征，多主体之间又有协作性、多样性、可行性、适时性和长久性等特征。由此不难看出，辅导员职业能力建设需要对多主体开展全方位的建设，确保多主体之间的协调共进（见如图3-2）。从组织来讲，辅导员职业能力建设能够最大限度地发挥辅导员岗位职能，以保证辅导员职业发展与学校的发展相适应，确保其岗位目标的实现。因此，学校等需要不断健全辅导员制度，帮助辅导员明确职业能力建设方向和标准，以期取得较好的工作成绩。从社会支持程度来看，高校需要培养更多满足社会需求的新时代人才，辅导员在帮助学生适应市场需求、达到人才选拔的社会标准的过程中不断发挥其职业生涯发展与就业创业指导的重要职能，使学生更多地了解社会。同时，辅导员自身也需要更多地了解社会、掌握社会生存技巧、寻找社会力量来助力本职工作。但就目前来说，社会专门针对辅导员开展技能提升的环境是不够健全的。

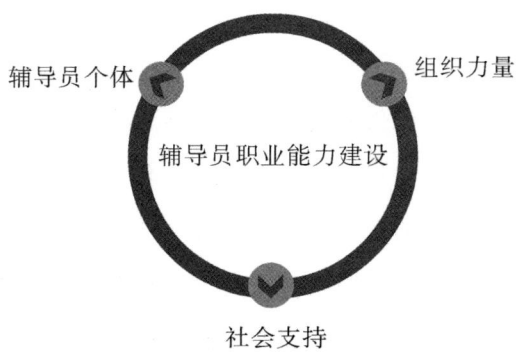

图3-2 辅导员职业能力建设主体关系图

其次，辅导员个体方面存在问题。调查发现，绝大部分辅导员因工作头绪多、任务重等问题而长期处于被动安排状态，技能训练往往也是组织安排和要求的，自身的成长规划体系不健全的问题很明显。一项对43所高校一批有着5年至13年辅导员从业经验的辅导员的调查的结果显示，81.4%的受访者都基本上没有建立起自身职业发展规划体系，都是在一定的管理和控制下开展工作的，缺乏自主性、创造性。辅导员因为长期在一定的管理和控制条件下开展工作，所形成的以工作单位为中心的职业能力发展策略，与通过提升职业素质、职业技能和丰富职业阅历，扩大人际交往、职业网络，建立多重的校内外工作关系，从中寻求好的人际支持和职业能力提升帮助，并做出适当调整，从而形成科学化成长体系的辅导员职业资本开发与运筹的职业能力发展策略，有着较大距离。在日常工作中，辅导员长期处于工作链的末端，他们不仅仅受学工部（学生处）、校团委领导，还会间接地受组织宣传、就业、教务、安全等部门的领导，导致辅导员的职业地位相对较低，无法获得相应的关注和重视，从而导致从业者本身缺乏职业能力提升的意识，因此也难以建立起完善的个人职业能力建设的条件系统。

（四）影响辅导员职业能力建设的其他因素

首先，职业认同度不高。这是辅导员职业能力建设目前存在的基本问题。职业认同感（Professional self-identity）的概念源自心理学。辅导员职业能力建设的基础是高校辅导员对所从事职业的认同，即辅导员内心接受这份工作给自己带来的物质与精神上的收益，愿意为了高质量地完成工作而不断提升自身的职业能力，从而有较好的职业发展。如果辅导员本身从内心深处对所从事的职业持有怀疑甚至对立的态度，仅仅把其作为一个过渡岗位、临时跳板或者根本就没有考虑和规划过职业发展的问题，时常面临"我是谁""我该做什么？""我能做什么"等一系列的问题和困惑，就会阻碍了自身的职业能力发展，甚至给辅导员队伍的发展带来较多的负面影响。高校辅导员在理论上拥有双重身份，而在实际工作中则承担了多重角色。目前教育部明确地将辅导员定为教师，但在现实中，辅导员的工作性质多侧重于行政管理和服务，参与的教学工作较少，且其职称评定与相关待遇既不同于教师，也不同于管理人员，各高校的政策也不一样，整体显得较为混乱。这些现实情况都容易使辅导员的自我认识产生混乱，使其对自身职业的认同度不高，角色定位不清晰带来的自身能力建设意识不强的问题普遍存在。特别是对新入职的辅导员来说，大多数工作是在上级领导的安排下进行的，而且许多工作是事务性工作，很难有机会体现个人的职业创造力和效能感，很难明确个人职业角色。辅导员的主要职业功能是教育，管理和服务是辅助教育功能发挥的工作。但处在职业初期的绝大多数辅导员都处于一个功能定位颠倒的状态，将主要精力放在了如何做好管理员和服务员上，这特别容易让他们在不知不觉中把行政作风带入教育过程中，而淡化了教育职能的发挥。这必将导致一批辅导员成为"行政人员""事务人员"，思想政治教育功能发挥不够、思想引领效果难以实现，个人职业能力建设与职业能力实际需求之间的距离越来越远，这也是很多辅导员在工作一两年之后特别明显的问题。

职业认同度不高的问题对辅导员个人内在和外在的影响是显而易见的，因为这是原动力问题，属于职业能力建设的基本问题，需要辅导员们高度重视并采取有效措施加以改进。职业认同度不高的一个原因是辅导员很难把事务性工作经验上升为指导工作的理论成果，繁忙的工作实践使辅导员们始终纠结于工作，而重复的工作让辅导员缺乏新鲜感，缺乏挑战性，缺乏高层次的理论性的指导性内容等，难以形成理性的认识和自我悦纳。辅导员要通过职业能力标准的高级认证，成为专家型辅导员，还要通过不断积累，逐步掌握大学生成长成才所需的知识理论，把握辅导员工作规律，对辅导员工作有深刻理解，并能够用理论性的文字表达出来，绝对不是只干事务性工作。只有这样，才能够使辅导员对所从事的职业有深刻认识和正确理解，形成较高的职业认同。

其次，队伍不稳定。这是影响辅导员职业能力建设的关键因素。稳定的辅导员队伍是保障辅导员队伍职业化、专业化发展的重要前提，是高等学校辅导员队伍建设的主要环节，是影响高校辅导员职业能力建设的关键因素。任何一个人，只有在所从事的职业领域获得认可，才能得到较好的发展机会，高校辅导员也不例外。而我在与来自40所不同高校的辅导员的访谈中发现，许多辅导员的个人发展比较困难，不少人刚入职就存在准备转岗的想法，有的人一直在寻找新工作岗位，无法安心工作。导致辅导员队伍不稳定的因素有制度保障不到位、岗位职责不明晰、评价标准不健全、发展空间缺保障等，特别是有的辅导员在工作几年后和同单位其他工作岗位上的同事进行对比有比较明显的落差的时候，更容易有换工作的想法。有的教师认为辅导员是管理人员，不属于教学科研人员，不是高等教育实施过程的主力军，辅导员的活动属于"第二课堂"，因此认为辅导员低教师一等，这也是让辅导员不想继续做这份工作的原因之一。对于做管理干部的辅导员而言，他们要讲课、要做科研，与一般意义上的管理干部相比，多了很多考核要求，这些都是需要时间和精力来实现的，这导致辅导员想做没时间、做了水平差、做多了不务正业等问题层出不穷。以上这些矛盾冲突都会使部分辅导员从业思想不稳定，不断地寻找新的发展岗位，有的转为行政管理人员，有的转为教学科研人员，有的考博深造，有的转为教学辅助人员或者辞职，从而造成了辅导员队伍不稳定的状况。

辅导员队伍的不稳定加重了辅导员对自身职业认同度不高的问题，形成了恶性循环。一些高校旗帜鲜明地讲，高校辅导员是管理干部的后备军，导致部分辅导员一直想着如何尽早地获得转岗提拔的机会，一些表现优秀的辅导员也确实在一两年内就被机关部门挑走了，但这导致了优秀的都被选走了、选不走的都被默认为不够优秀的局面的形成，也使许多人形成了不够优秀的干部才做辅导员的偏见，这必然会降低辅导员职业的认同度。在高等学校中，辅导员也是一个比较有争议的群体，两条腿走路，职称和职务双线晋升，在实际工作中则以管理为主，而且辅导员的能力素质有在高校行政管理队伍中较强的优势，与校内其他行政人员形成了一定的矛盾。此外，辅导员评职称、评职级与辅导员的单独津贴等多个方面都是造成其他管理干部不满的重要因素，这些都使辅导员队伍完全职业化有较大的困难。

辅导员的职业能力建设需要一定的时间和实践经验的积累，是不断形成较高水平能力的过程，而队伍的不稳定导致高级别的辅导员缺失，更深层次的目标根本无法落实。辅导员经常会忍受不了学生问题带来的压力，如需要24小时手机开机，随时都有紧急情况发生，等等，这些都让辅导员长期处于时刻警觉的压力环境下，无形中增加了辅导员对所从事职业的质疑，使其难以形成自我认同。因此许多辅导员都想离开辅导员队伍，造成辅导员队伍中能力欠缺的走不了、水平较高的留不下的矛盾状况。总而言之，影响辅导员队伍稳定性的因素很多，这些都会对辅导员职业能力建设产生重要影响，造成建设主体缺失、建设的积极性不高等问题。

再次，职业能力标准难以量化。这是影响辅导员职业能力建设的主要问题。学界对于该项研究已经有不少成果，但基本上都是定性的描述，即概括性地描述辅导员职业能力标准的方方面面，这些很难在辅导员工作实践中找到对应的量化手段。辅导员工作难以测量，辅导员职业也缺乏有效的评价机制。到底什么样的辅导员是优秀辅导员，合格辅导员的具体评估和评价的标准是什么？谈心谈话的等级是什么？文化活动的级别怎么确定？这些标准都是缺失的。现实中，只有辅导员的学术文章数量是可以直接计算的，因此也出现了一些辅导员忙着做科研，忙着出成果，没有心思和精力做辅导员最该做的工作的情况。

目前的辅导员职业能力标准中，能够确定其身份的定量指标是没有的。《标准》中的辅导员三个级别是按工作年限来划分的，分别为1—3年、4—8年和8年以上，这就存在对辅导员工作有满一定年限就可以晋级的理解。虽然《标准》对每一个级别的辅导员也有不一样的能力要求，但那依然是定性的描述，除了中高级的部分能力要求中有学术成果篇数规定外，其他都是无法实际量化的。辅导员选取可量化内容去发展，对于一些无法测量的良心活，则不一定会尽心，这最终必然会导致许多工作无法完成，也很难形成有效的对接。

最后，职业能力标准与职业发展难以挂钩。这是影响辅导员职业能力建设的核心问题。从目前高校辅导员的发展出路看，辅导员的发展与职业能力标准之间没有直接关系，甚至也没什么间接关系。辅导员队伍建设中职业生涯管理理念的缺失，从根本上阻碍了辅导员的职业发展。无论是国家层面的政策导向的保护作用，还是学校层面的科学规划管理以及辅导员个体的职业意识都没有得到很好地发挥。国家层面的制度政策的可操作性需要进一步提升，高校在贯彻落实国家政策制度时的灵活性不够，个体从业者职业困惑较多且难以解决，这些都是因为辅导员的职业发展与职业标准结合度较低，如职业能力标准对高校开展辅导员职业发展规划的指导作用不够，高校对职业能力标准的重视程度不够、实施进程较慢，等等。

四、辅导员主体职业能力存在的问题

当前，全国高校辅导员职业能力建设已取得了一定成绩。在中央陆续颁布出台的一系列新的政策的指引下，高校辅导员队伍正向职业化、专业化道路迈进，但我们还需更清醒地认识到，眼下高校在辅导员职业能力建设和职业发展方面还存在诸多问题。

（一）辅导员实际工作需求与素质能力不对称

从目前各种标准所规定的辅导员职业所需的能力看，这些能力集中体现为辅导员对岗位的胜任力，再加上系统掌握马克思主义基本原理、党的基本理论以及相关学科的知识。辅导员能综合运用以上理论知识，才能科学分析学生中存在的问题，并给学生答疑解惑，成为学生的良师益友。目前辅导员队伍存在的矛盾是工作对专业理论知识的需求同辅导员自身专业素质之间的差异导致的。辅导员一方面要注重实践，另一方面还要有理论素养，只有具备较高的理论素养，才能更好地开展工作，解决现实问题，才能真正得到学生的敬重和信任。如果辅导员长期自身工作成效和个人期望不匹配，就会进入职业倦怠期，工作效能低下、工作热情丧失。

当前，辅导员职业发展的目标方向虽已经通过多方努力得到了进一步的明确，但实际情况仍不乐观，比如，许多辅导员并非思想政治教育、教育学、心理学等相关专业出身，他们不是专业教师，却以思政教师的身份参与学校思政课教学。在现实中，辅导员几乎承担了学校所有部门与学生对接的工作，成了一切事务的中转站。除了与学生相关的事务，如资助、竞赛、日常活动、评奖评优、就业创业指导、考勤考试等之外，一些高校院系内的实习分配、证件补办、成绩查询等事务也压在辅导员身上。可见，许多学校对辅导员的职业定位还比较模糊。权责不清、界限不清，多重身份压身，这也使得许多辅导员对于自身职业性质、属性、发展方向极不明确。繁重的工作与有限的精力、时间形成了强烈的对比。工作的不确定性、学生数量大、工作领域众多也导致辅导员工作无规律性。而长期的多部门召唤使辅导员始终处于"听使唤"的工作状态，导致部分辅导员在高负荷、高压力的状态下疲于应付，影响了作为辅导员核心工作内容的学生思想政治教育工作的进行，导致辅导员在专业理论学习、与学生谈心谈话、对学生进行探索性管理研究和总结、科研等方面得不到很好的进步与提升，从而限制了辅导员的专业化与职业化进程发展。

（二）辅导员素质能力建设与工作发展不同步

高等教育在争创世界一流的激流中全面深化改革，内涵式发展、世界标准将高校辅导员工作也推向了新的历史高度。但同时，一些不良思想侵蚀着青年学生，使得辅导员站在了保护和引领青年学生坚定理想信念的前沿阵地，而突发事件、不安全因素和舆情监控等新的问题大量涌现，使辅导员本领恐慌成了一种常态，辅导员需要不断提升解决这些新问题的能力。同时，在提升工作效率、适应高等教育信息化的进程中，辅导员运用网络等多媒体技术开展工作的能力也需要及时提升。

高强度和宽范围的工作，常会带给辅导员不知忙了什么的错觉，也使辅导员缺乏对工作的总结和纠错的时间和精力。辅导员工作要求让人感到力不从心，综合能力亟待提高，但就国内高校的情况来看，目前恰恰缺乏针对辅导员的专业的成长学习机制，使辅导员总是利用经验来解决问题，专业素养难以得到提升。新时期学生工作的新挑战、新问题和新压力不断冲击着辅导员，面对新的国际局势、社会现状、网络环境，以往的凭经验工作难免会失灵，做法也亟待商榷。在《高等学校辅导员职业能力标准（暂行）》中，网络思想政治教育被单独提及，有其特殊意义。当今时代条件下，互联网无处不在，辅导员要积极参与网络讨论，利用这一先进工具实现对学生的思想政治教育。网络的发展也要求辅导员提高自身媒介素养，懂得网络传播、网络舆情、网络危机事件应对和正确使用网络助力个人工作。而如果辅导员的网络素质能力不高，就无法处理网络时代的大学生工作，无法有效引导大学生的网络行为。

（三）辅导员素质能力发展与高校综合改革要求不匹配

在新时期，高等学校不断提升办学质量，深化高校综合改革，教师岗位招聘的要求越来越高，辅导员和管理岗位的竞争压力越来越大。从表面上看，辅导员岗位因要求没有教师岗位高而显得炙手可热，但实质上，专业对口、有职业认同、真正喜欢及真正适合这个岗位的人却不多，大多数人都将辅导员工作当作跳板，待有机会就转行政岗位、读博或转教学岗位。辅导员对本身职业的认识也存在不足，没有把此项工作当作终身事业来对待，他们职业认同感低、职业发展规划缺失、职业意识淡薄，从而导致辅导员队伍流动性强，在工作的衔接上存在一些不合理的地方，这对辅导员队伍的职业化建设产生了不利影响。

《普通高等学校辅导员队伍建设规定》对辅导员"双线晋升机制"进行了明确解释，即专职辅导员可按助教、讲师、副教授、教授要求评定专业技术级别，同时根据辅导员在工作岗位上的任职年限及表现，确定相应级别的行政待遇。即便如此，辅导员职级也以"讲师+科级"为主，专家化程度不足，这是高校辅导员队伍的突出问题。辅导员的科研能力与专业教师相比，整体水平差，职称评定难度较大。很多从业时间长的辅导员的职称难以解决，这对年轻辅导员和准辅导员们的职业认知也产生了极大的消极影响，导致辅导员队伍人才的流失，不利于辅导员队伍的长远发展。目前，高校综合改革也缺乏针对辅导员这一特殊群体的有效政策，使得许多辅导员在选择这份工作时，将辅导员工作视为自身后续发展的跳板。同时，辅导员队伍的稳定性也会受转岗的辅导员的较好发展的影响，使职业内部的个体对辅导员职业产生抵触，职业地位不断降低的恶性循环产生。新人来了旧人走、旧人刚走新人就准备走成了高校辅导员队伍的一大难题。因此高校在深化学校综合改革的过程中也要将辅导员队伍建设与能力培养、职业发展等纳入学校的发展规划中，正确解决辅导员职业的发展问题，避免不必要的资源浪费，确保高校学生工作的有序发展。

（四）辅导员个体能力与岗位素质能力的要求不协调

个体因知识背景、家庭环境及性格特征而表现出不同的能力水平，同时，个体职业态度和价值观也会影响个人能力水平的发挥。当下，辅导员的专业背景多样、学历参差不齐、工作千头万绪、流动性很大等问题越来越突出，培养一批不仅对岗位工作游刃有余，更有一定学术造诣，能够在某一领域进行深入研究的学生工作专家，这对高校思想政治工作和管理工作有着重要的意义。辅导员职业能力的内容涉及组织管理、人际交往、学习、科研等多个方面，而辅导员大多年龄偏低、社会经验欠缺、缺乏对学生工作的了解，其从学生到教师身份的转换，需要其在能力素养、思想品质等方面进行学习与提升。高校辅导员在工作中，既需要调动大学生，也需要引导大学生，同时要融入大学生，多重角色为辅导员工作增加了不少难度。此外，辅导员这一职业的多重角色中，不乏相反或者相冲突的，这导致辅导员工作不见成效甚至产生负面作用。

辅导员的多学科背景特别是与思想政治专业距离较远的专业背景增加了辅导员开展思想政治教育工作的难度。这需要个人及组织采取适合的措施，以保证非思想政治专业出身的辅导员入职后尽快适应。辅导员职业内外部都存在对辅导员职业认同度不高的问题，绝大部分高校的辅导员的准入标准都低于学校其他岗位，与教师岗位更是有相当的差距。但忽视应聘者的学科背景并不是有益之举，这对辅导员队伍发展和目标的完成形成了隐性阻力。显而易见，辅导员在实际工作、课程讲授活动中需要具备一定的专业背景和理论知识。而辅导员的多重角色决定了辅导员工作对辅导员的多重能力要求，他们既需要具备思政教师的理论指导能力，也要具备管理育人和服务育人的水平，是全面贯彻高校"三全育人"的多面手。从这样的角度来看，并与辅导员职业能力建设模型比照，我们会发现辅导员岗位对个人知识背景、专业能力水平、综合能力和科学研究水平等能力的要求是较高的。

在现实中，辅导员选拔和培养机制尚不健全，还需要建立完善的准入和选拔培养体系，只有如此，才能做好总体规划，减少不匹配或不适应的状况。专业技能的准备、专业技能资质的考取以及较高综合素养的养成等都对辅导员的个人能力提出了较高的要求。高校辅导员职业生涯规划意识的强弱也会造成个体差异，成为影响其职业发展的重要因素。此外，目前许多辅导员仍旧在被动工作，缺乏主动创新意识。但"坐等靠要""论资排辈"在现行的高校改革体制下行不通，个人的职业规划应当由个人掌握，而不是由外部因素来决定。要成为合格的辅导员，第一要具有明确的责任意识，第二要对自身能力有正确认识，第三要对不足有补充，第四要有阶段性规划。只有如此，才能将职业发展的规划落到实处，并向专业化、专家型辅导员靠近。

第四章　新时代高校辅导员职业能力建设的构成要素与模型

高校辅导员岗位最初的设立旨在推动我国高校思想政治工作的顺利开展，确保人才培养的红色基因始终存在。经过新中国成立70多年来的发展，特别是改革开放以来40余年的实践摸索，高校辅导员已成为开展大学生思想政治工作和学生日常管理工作的专业人员。要实现高校辅导员队伍的职业化、专业化建设，就要构建、完善高校辅导员综合职业能力建设框架，并以此为基础不断推进高校辅导员素质的全面提高，大大增强高校辅导员的思想政治工作能力，最终实现这一队伍的职业化、专业化的重要目标。

一、高校辅导员职业能力建设的构成要素

在新时代，辅导员的职业能力建设应该顺应时代的发展和社会形势变化的需要，在原有基础上进一步强调和突出辅导员的队伍建设和能力提升，精准设计职业能力建设的内容。要在把握大学生思想政治教育的时代规律和深层次内涵的同时，准确依照岗位需求对辅导员进行定位，提升其个人素质，使其与工作实践的匹配度更高、胜任度更高。传统意义上的高校辅导员作为高等学校从事学生思想政治教育工作的专业人员，其职业能力主要包含过硬的政治素质、管理能力等。但是辅导员的

职业能力要求并不是一成不变的。面对高等教育普及化、学生需求个性化、社会环境多变化、学生思想多元化等一系列变化因素，高校辅导员职业能力建设迎来了一些新的挑战，对做好转变思维和方式方法的训练提出了更高的要求，增加职业适应力和竞争力是今后辅导员职业能力建设工作的重点和关键。因此，对高校辅导员职业能力内容的设计成为高校辅导员职业能力建设的重点内容，主要包括构成要素和层级关系两个方面。

（一）高校辅导员职业能力建设的构成要素

从《高等学校辅导员职业能力标准（暂行）》中辅导员的职业功能和教育部第43号令的相关规定来看，辅导员的职责内容为：思想政治教育与价值引领、党团和班级建设、心理健康教育与咨询、网络思想政治教育、危机事件应对、职业规划与就业创业指导、学业指导与学风建设、日常事务管理、理论和实践研究。这些内容按职业功能可划分为教育、管理、服务、研究四个大的方面。据此细分辅导员的职业能力，可以分为以下九个方面，这也是高校辅导员职业能力建设必须注意的要素。

第一，思想政治教育能力。思想引领、价值观培养是辅导员职业需要具备的首要能力。辅导员要准确把握学生的思想动态，具备开展思想政治教育的载体、方法和技能，掌握了解学生问题的渠道和总结问题的能力，会使用有效的教育方法、活动载体、训练平台和交流方式来帮助学生形成成熟的思想、拥有丰富的精神世界，以最有效的方式有针对性地提升所带学生的综合素质，促进学生思想上的进步。辅导员需要用理论上的自信强化学生对国家、对民族、对人民、对共产主义事业的认同，帮助学生养成良好的生活、学习习惯和自尊、自爱、自强、自律的优秀品质，激励学生学有所成、学有所用，以斗志昂扬的姿态在新时代的建设中贡献个人力量。

第二，日常事务管理能力。帮助学生保持正常的学习生活秩序是辅导员的显性职责，也是容易量化的工作内容。学生事务管理能力是辅导员的基本能力，解答学生日常问题、完成日常管理是辅导员最基本的工作。与其他教职工相比，辅导员在学生事务管理方面与学生接触最为频繁。学生事务管理工作的主要内容是组织学生大会、晚点名、组织班团活动，以及将学生组织起来，按照学校的规章制度、所在单位的计划安排、学生学习生活实际需要进行各类常规管理，这些都需要一定的技术和技巧才能得到预期的效果。加强学风建设，是辅导员工作的重要抓手，以学习为主线管理学生则是辅导员常用的技能。然而，更好地将推动学风建设与思想政治教育的有效结合则需要辅导员利用专业的知识和科学的方法做出合理设计，从而进一步使学生明确学习目的。辅导员对学生的日常事务管理还包括组织和动员学生参加军事训练、竞赛等大型活动，做好奖、助、贷、补、免等一系列的学生常规资助管理工作，开展宿舍管理、证件办理、文件通知等涉及学生的工作以及相关反馈工作，辅助处理学校其他部门、学院的教务管理等工作。做这些工作的能力是辅导员职业更容易让人感受到的能力，是显性能力。此外，辅导员还要负责其所在学校、学院中的留学生事务——当前高等教育的国际化也需要辅导员逐步提升帮助学生与世界大学接轨的能力。

第三，党团和班级建设能力。兼职学生党支部书记、兼职团干部、兼职学生社团指导教师等多个兼职角色还需要辅导员有党团建设和班级建设的能力：能够讲好团课党课，让学生将理论与实际相结合，提升党性；能够组织党支部、团支部开展党员发展、入党积极分子培养、"三会一课"、组织生活等理论学习及实践活动工作。党团建设和班级建设是对学生开展基层组织工作的实践训练，对辅导员个体理论知识、组织能力、集体教育及业务实践能力的要求较高，这既是管理的平台，也是服务的平台，更是对学生开展示范演练的平台。辅导员的集体建设能力的高低对于其所带集体的整体精神面貌、奋斗精神都有直接影响，因此，党团班级建设能力也是辅导员必备的能力。

第四，心理健康教育与咨询能力。大学生心理健康教育越来越受到社会关注，开展心理健康教育和咨询工作首先要求辅导员具有较好的自我心理调适能力，保持积极阳光的心态。高校辅导员应具有心理咨询的相关理论知识与技能，拥有较丰富的心理学知识储备，有能力在工作中妥善处理学生可能出现的一般心理问题。在工作中，辅导员要定期给学生分发和回收各种心理测量量表、问卷，并做正确的解读和反馈。同时，辅导员要通过培养心理委员、开展心理健康教育讲座、阳光心理活动等多种形式，对大学生进行心理疏导，引导学生实现自我管理、自我发展。在心理健康教育与咨询方面，辅导员区别于心理咨询师、心理医生，辅导员于其中最需要的能力是甄别和预防的能力，组织开展阳光心理健康教育活动，如体育活动、心理团体辅导活动、心理测试活动、心理小游戏活动、心理健康剧活动等的能力。

第五，学业指导能力。学习技能的训练、学习习惯的养成及学术活动的组织等工作是辅导员工作的重要构成部分。在现实中，大学生的个人主义与集体主义有不少冲突，这里面一个关键的原因是学生独立意识培养的不足导致学生难以独立思考，难以在遇到困难时独立解决问题，因此我们需要搭建这样的平台不断地训练学生养成独立品格。比如，让学生参加实践活动、创新创业、进行生活体验时，注意加上学生自我设计和管理的环节，让他们辩证地看待事物发展的多个方面，并将自己置身其中，寻找合理的立足点，这样既减轻了学校的负担，也提升了学生对学校的归属感、认同感，最终会达到培育学生的独立精神的效果。只有具备了独立精神，个体才能逐步形成独立学习、思考以及终身学习的良好习惯，因此辅导员对学生学业的指导能力主要体现在对学生独立精神的培育能力上。

第六，网络思想政治教育引导能力。虚拟环境下的思想引导教育是对辅导员能力的较高要求，也是近些年才纳入辅导员职业能力要素的。将其从思想政治教育能力体系中独立出来，表明新形势下网络思想政治教育已经成为非常重要且必要的工作阵地。当代大学生已基本形成个体的虚拟世界生存样态，这给辅导员在虚拟环境下开展思想政治教育工作带来了巨大挑战。网络的非对面性、网络的虚假性、网络的开放自由性都给辅导员开展工作带来了极大的难题，辅导员一方面要能够利用网络平台对学生进行积极教育、正确引导，另一方面还要做好防范和监督管理。因此，为了能够运用新技术和新手段在网络环境下开展工作，辅导员需要强化网络陪伴、媒介信息获得、媒体运营操作等多项技能的习得，做到防患于未然，又能增加提升工作质量的方法，真正具备因时而新、因势而新的开展学生工作的能力。

第七，职业生涯规划和就业创业指导能力。大学生在高考结束报志愿的时候就奔着能够找到一份好工作的目标去选择自己心仪的学校和专业，期待能够通过大学的学习来实现个人乃至家庭的梦想。当前，多数高校尚未成立专门的职业发展中心，而且也缺乏专门的就业创业指导工作人员，但大学生迷茫、就业难等问题突出，这些职责都压到了一线辅导员的肩上。古人常讲，方向比行动更重要，因此辅导员帮助学生认清个体人生目标、职业目标的能力显得尤为重要。如何应对当前高校的大类招生？如何帮助学生进行专业选择？如何帮助学生转专业？如何指导学生提高求职面试的信心？辅导员在处理这些时，体现出的能力，是学生感受得最直接的指导能力。此外，辅导员的职业生涯规划和就业创业指导能力还包括分层分类的精准化服务学生的能力，全程陪伴学生的能力，时刻帮助学生把准发展方向的能力。

第八，理论和实践研究能力。辅导员的多重角色要求使辅导员面临着多重考核。高校的科研成果产出是衡量学校水平的重要指标。作为高校不可或缺的一支队伍，辅导员考核融入公平的高等教育评价体系是必须的。因此，理论与实践研究成果的产出也是考核辅导员的一项重要指标，是其职业发展、职务晋升的重要参考。理论上的成功能强化政治上的自信，这是辅导员高水平的体现，更是将个体职业实践能力不断提升的表现，可以有效推进高校辅导员职业化、专业化发展。高层次的理论和实践研究成果不仅可以加快辅导员个体职业发展的进程，也是能体现出推动高校辅导员职业团体发展速度的关键能力。

第九，危机事件应对能力。辅导员在很大程度上担负着学校安全稳定的重要职责，是在危机事件发生时"招之即来、来之即战、战之必胜"的"消防员""安全员""突击队员"，因此，危机事件应对能力是高校辅导员不可或缺性的一项能力。高校是人员聚集地区，会发生各种各样的突发状况，辅导员要第一时间做好现场统筹指挥工作，及时掌握现场情况，有效控制事态发展，及时向学校领导汇报并妥善做好学生安全工作。事后，辅导员还需进行集体和个体的心理疏导，消除可能产生的负面影响，解决各方面的问题。

（二）高校辅导员职业能力的层级关系

尽管辅导员职业化发展的选择性较多，但从实际情况上看，他们大多面临着多头管理，即"上面千条线，下面一根针"的情况。以新入职辅导员为突出代表，他们常常需要在烦琐的学生事务上投入绝大部分的精力，从而忽略了对个人职业发展的考虑和规划。完善辅导员职业发展体系，可以从以下几个方面着手。一是理清辅导员这一角色在不同的工作中的工作内容和重点，有的放矢，为辅导员搭建职业化、专业化的职业发展平台，为其做职业发展规划铺好路。二是从高校的管理机制出发，减轻高校辅导员常规事务性工作的规模和难度——他们的工作重心应该是学生的思想政治教育工作,而不是所有与学生相关的事务。三是高校行政管理体制进一步完善和优化。目前辅导员普遍面临的现状是在高校过高的门槛和一系列量化的评价标准面前望"职"兴叹,这会使辅导员队伍产生职业倦怠感、职业困惑,不利于高校组织管理水平的提升,更不利于高校人才培养质量的提升,因此要从制度角度激发辅导员自身发展的原动力。

《标准》将高校辅导员的能力发展阶段分为初级、中级和高级三个层级,明确了高校辅导员能力标准水平,以层级化的形式对高校辅导员能力建设明确了方向。高校辅导员职业能力的内容包括教育能力、管理能力、指导能力、服务能力、沟通能力、学习能力、科研能力、创新能力。这八大类能力可以被概括为三大层级:基础层、发展层、专家层。位于基础层的辅导员必须具备学习能力、服务能力以及沟通能力,位于发展层的辅导员则必须具备教育能力、指导能力以及管理能力,位于专家层的辅导员要具备一定的科研能力及创新能力,三个发展层次相互影响。

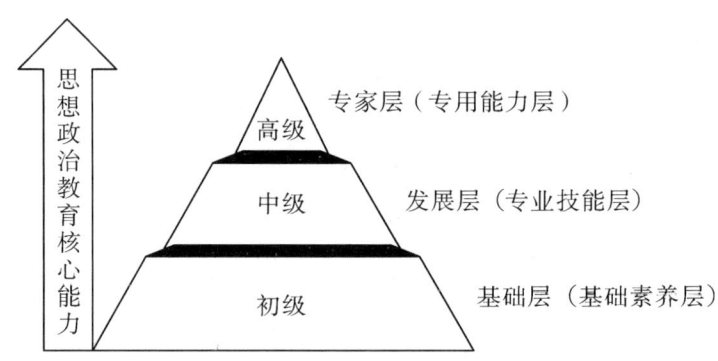

图 4 - 1 高校辅导员职业能力"一核三层"映射式层级模型

从高校辅导员职业能力"一核三层"映射式层级模型(见图4-1)可以看出,辅导员职业本身的能力建设呈递进关系,从新手到专家的发展也是从基础到高级的发展过程。不难看出,辅导员的层级水平随着其从业时间、职业发展周期、职业能力水平的变化而不断变化。从基础素养、专业技能到专用能力的发展，表现出从宏观到微观、从通用技能到专业技能的发展。

二、高校辅导员职业能力建设的结构特征

人不会只表现出一种素质品格，表现出来的都是多种心理品质的综合状态。高校思想政治教育工作者的教育、管理和服务所需要具备的政治、思想、文化、身体及技能等能力素质品格也是一个多元的结构体系。因此，高校辅导员职业能力建设不是针对单一能力的建设，而是系统的、系列的，但又随时间、场景和对象的变化而有不同。清楚把握高校辅导员职业能力建设的结构特征对相关研究来说具有重要的意义。

（一）高校辅导员职业能力建设的系统特征

素质能力是在先天遗传的条件下，经过后天习得而积累起来的，这其中既有环境熏陶，也有教育培养、专门训练的作用。职业能力的建设是在原有的能力素质基础上，针对该职业所需能力展开的后天的学习教育过程。而职业能力指的是一个人能否胜任所从事岗位的综合能力，是决定一个人在其岗位上能否发挥个人能力、实现职业抱负的重要因素。辅导员职业能力建设一般具有以下三个特点：

一是导向性。高校辅导员不仅要在理论层面将正确的思想意识、政治观点和道德规范传授给学生，更要教育和引导学生结合自身的教育背景和体会在分析、选择、对比、总结中将理论知识进行吸收内化，通过实践进一步体现出教育效果。辅导员岗位的设置初衷非常明确，因此其职业能力建设的导向性也非常明显。

二是实践性。高校辅导员不仅仅要关注学生的实际生活和学习，更要帮助和引导学生解决生活中的具体问题，这涵盖了成人、成才、择

业、交友等多个方面。纸上谈兵式的辅导员职业能力建设是会被淘汰的，因为辅导员岗位是实践性极强的岗位，其主要的任务是开展学生工作实践，只有真正具备较高水平的专家型辅导员才能将实践逐步上升为理论研究，而提升开展工作、胜任岗位的实践能力是辅导员职业能力建设的第一步，是辅导员完善其能力系统的基本要求。

三是时效性。现代性、时代性、实效性、历史责任等都充分体现了高校辅导员职业能力建设时效性的重要程度。辅导员的职业生命周期的理想状态是强势开局十五年、螺旋上升十五年及平稳发展十五年，其能力水平要求在不同职业发展时期是不一样的。在满足个人职业需求的同时，辅导员工作还要满足其工作对象的时代性和现实需求。随着经济改革和社会的迅速发展，作为社会主义接班人的培育者，辅导员要与时俱进，积极吸收学习新理论、新思想、新知识，站在时代的前沿，不断更新完善自身能力与知识体系，成长为职业型、专业型、专家型辅导员，实现个人的理想抱负和职业的可持续发展。

（二）高校辅导员职业能力建设的个体差异

个体差异是职业能力建设的主要参考因素。个体性格、社会知识、成长经历、家庭文化背景等都对个体的职业表现有较大的影响。而从价值观的角度去分析辅导员的职业能力差异，我们可以看到性别差异、从业年限、年龄大小、学习背景等对个人选择从事辅导员职业并将辅导员作为自身事业的影响。我们从性别、入职年龄、学历学位三个变量开展调查研究，比较分析了辅导员职业能力自我评价中"最重要能力""使用率最高能力""最胜任能力""最易提升能力"的差异性，特别对影响因素的差异性导致的辅导员职业能力的差异进行了直观比较，以期在不同自然条件下进一步明确辅导员职业能力发展的科学化方向。

1. 性别差异

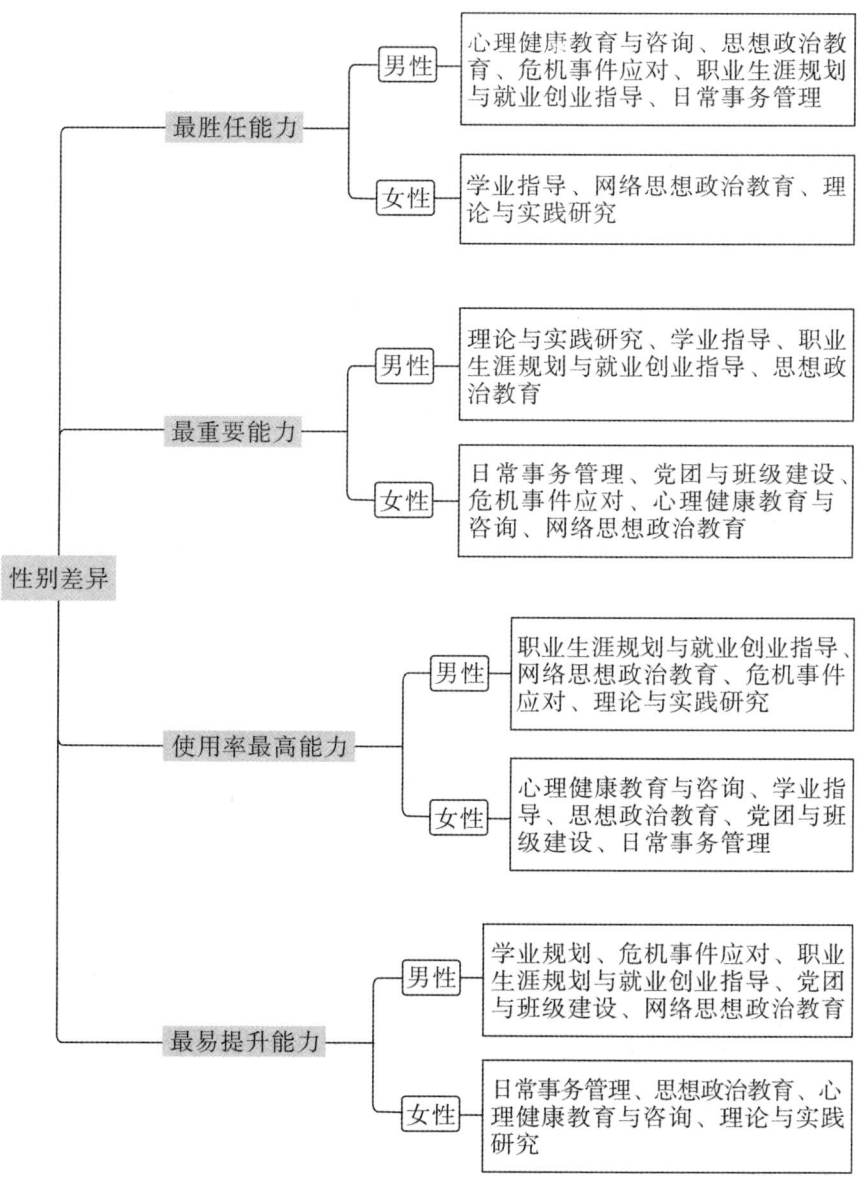

2. 入职年龄差异

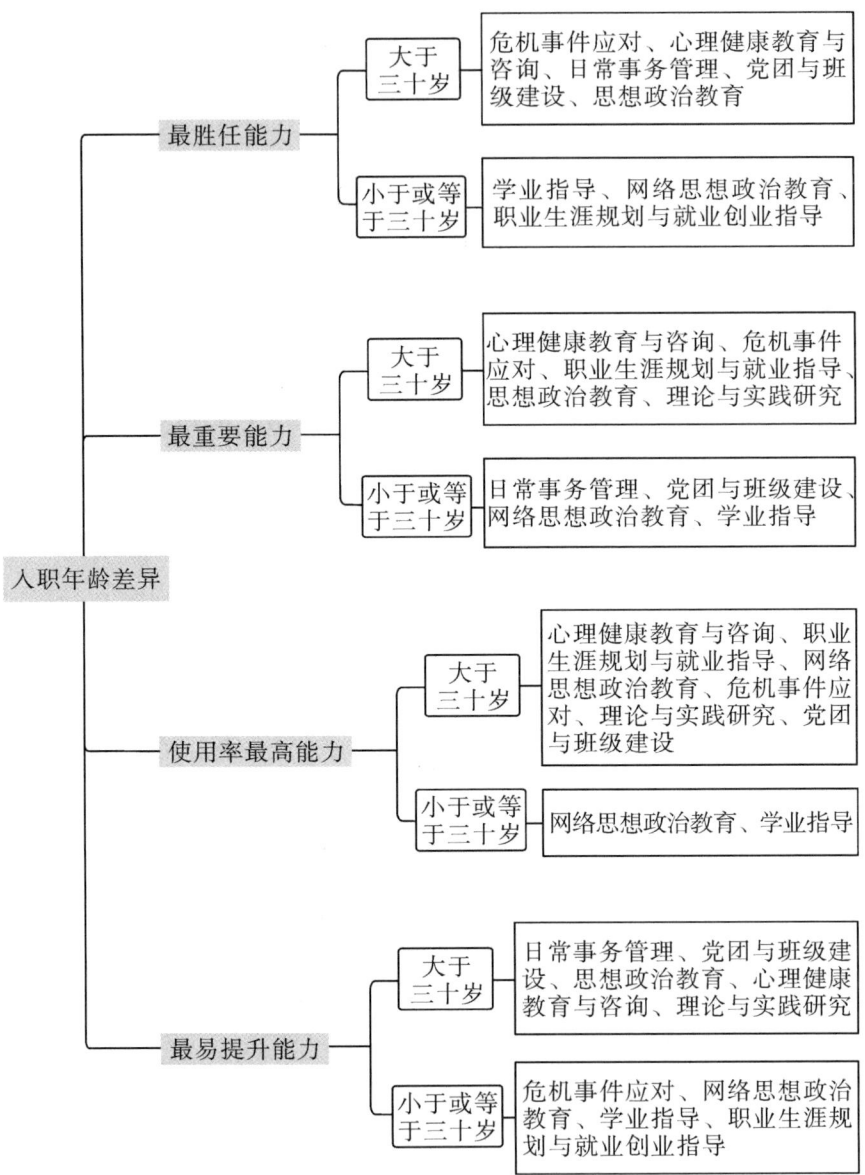

3. 学历学位差异

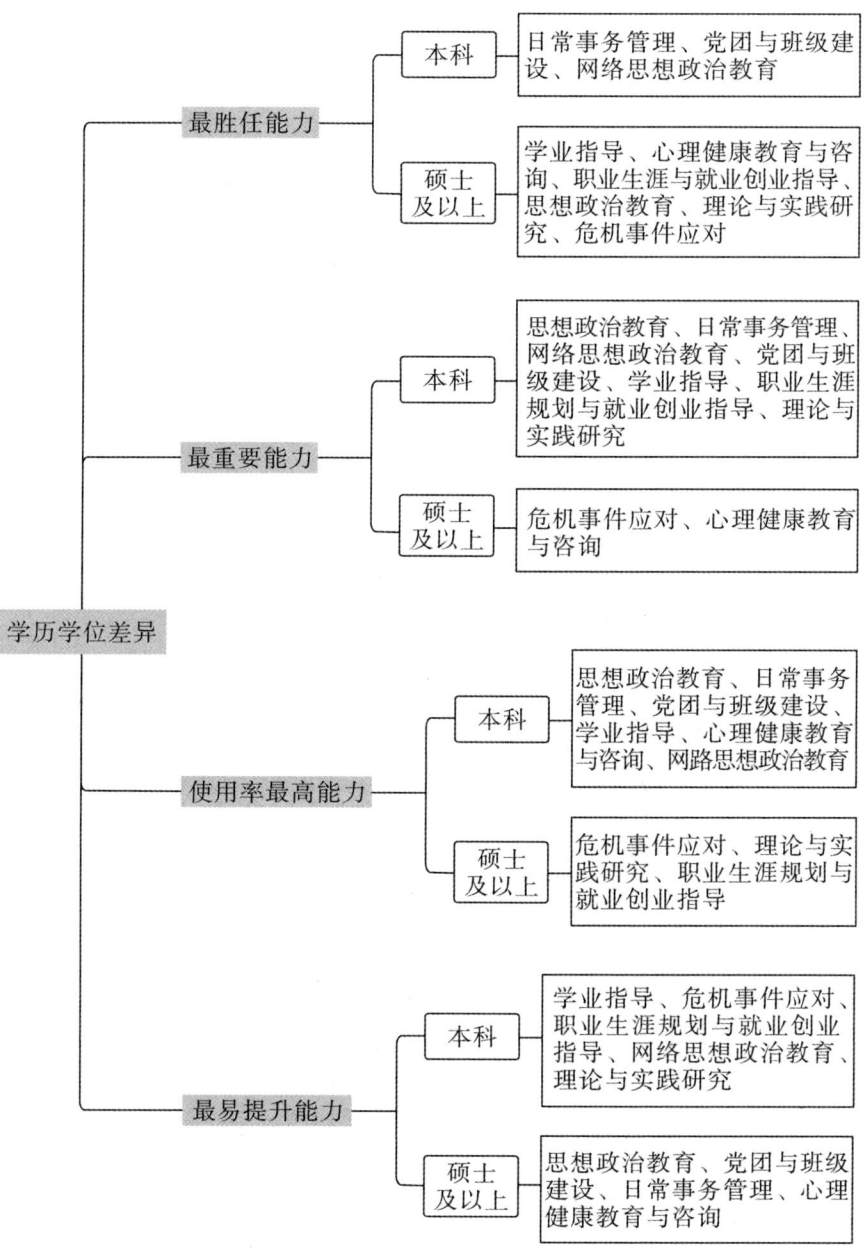

三、高校辅导员职业能力建设模型

设计高校辅导员职业能力建设模型的目的是通过高校辅导员职业能力建设层级关系的搭建，来促进辅导员更加有目的性地提升能力素质。职业能力建设具有明显的目的性、整体性、稳定性、开放性、适应性，体现了全方位、多维度的立体开放性特征。我们根据职业功能将辅导员职业能力划分为教育、管理、服务、研究四个方面，以思想政治教育核心能力贯穿始终，构成了高校辅导员职业能力建设整体模型。模型从辅导员职业技能可量化的角度开展职业评价与测评，具体到体现辅导员职业特性专用能力的某个单一能力模型的构建。对于能力的维度，人们存在不同的理解，有的依据任务专用性去分析，有的从行业专用性或者组织专用性去分析。总的来看，我们可以将它分为多个维度：元能力维度，即素养；行业能力维度，即技能；组织内能力，即评价；独特能力，即特长。辅导员职业能力是一个多元复杂的立体的系统，不同维度相互作用，互为条件和影响因素。构建辅导员职业能力建设的整体模型和各维度模型，要在最大限度上实现辅导员职业能力提升的可操作性，为各高校及辅导员本人提升职业能力提供科学参考。

目前的关于国内高校辅导员职业能力的研究存在着理论论述较多而实证研究匮乏的问题，笔者结合研究访谈、调研和自身14年辅导员工作经验，设计辅导员职业能力建设的整体模型、基本素养模型、专业技能模型和专用技能模型，以期帮助拥有不同职业价值观、处于不同职业阶段、拥有不同职业个体特长的辅导员寻找可参考的能力建设系统，并通过该模型的训练达到更好地提升个人职业能力的目的。

（一）高校辅导员职业能力建设整体模型

整体是若干个研究对象或个体按照一定的组织原则形成的有机体。整体与各部分之间相互作用，各部分之间又有着其内在的逻辑关系，如相互制约、相互促进或者相互转化等。辅导员职业能力建设的整体模型体现了对辅导员职业能力的整体规划，充分体现了整体与组成部分及各部分之间的有机统一关系。天津大学博士研究生朱红春设计的高校辅导员多维能力系统（见图4-2），将能力维度分为基本能力维度、特质发展维度、情感能力维度、专门能力维度、知识技能维度，而且每一个维度下又详细地列举了具体的能力指标。这项基于职业化背景下高校辅导员职业能力发展的研究，以管理学视角从能力的概念出发去研究设计辅导员职业能力各维度的构成，包含了辅导员部分实际工作能力，从中还可以清楚地看到对辅导员特有能力、专门技能的突出体现。本书的设计思路是先构建出高校辅导员职业能力建设整体模型（见图4-3），形成辅导员职业能力建设的宏观设计，之后结合每一个维度的能力提出精准的提升策略。整体模型的构思源于《标准》的整体思路，从初级经中级到高级，稳扎稳打、循序渐进，突出具有特色的辅导员专家化顶级目标。

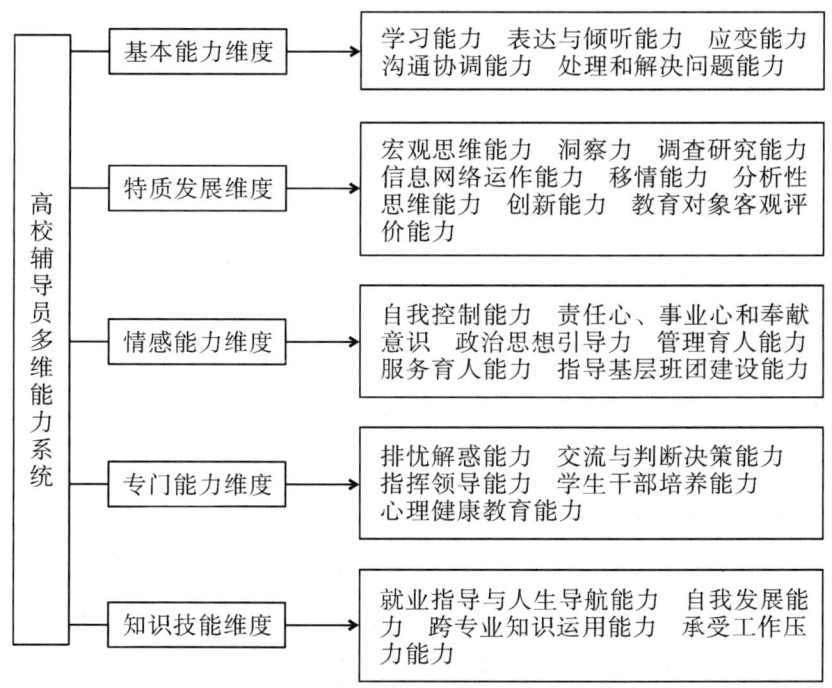

图4-2　高校辅导员多维能力系统

能力的概念较为宽泛，影响能力的因素既有先天遗传又有后天习得，难以区分等级，多为综合体，经过锻炼可以提高，提高速度较慢，

135

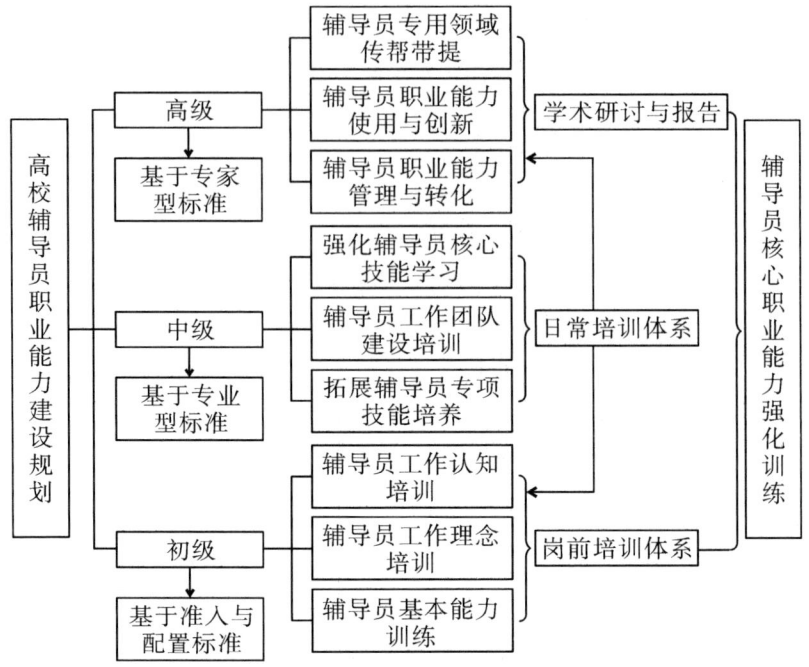

图4-3 高校辅导员职业能力建设整体模型

但一旦习得就不易失去。能力的可迁移性是人能够在众多职业岗位中进行选择的前提。辅导员职业能力建设的整体模型要充分考虑能力的主要特点,将能力所包含的知识素养和技能进行巧妙分层和有效衔接,以产生提升能力的内生动力。辅导员通过知识的学习和技能的掌握来不断地形成主观判断力和行动反思能力,在日常工作活动中实现改造职业世界的目的。高校辅导员职业能力建设整体模型的设计对辅导员职业整体发展认知具有很强的靶向作用,同时对高等学校辅导员队伍整体发展规划有全局性的部署指导。该模型能为辅导员制定职业全生命周期的能力提升规划——从入职培训(职业认知、职业基本技能、工作理念等)到职业化能力使用与调试,再到辅导员职业能力提升与职业能力建设团队形成,最后到成为专家级辅导员,不断地将其所学所悟以及所掌握的技能形成研究成果,并通过学术活动、研究创新等扩大影响面,使辅导员职业能力研究实现互动互助。

(二) 高校辅导员职业能力建设基本素质模型

素质即素养,是构成能力的基础。辅导员职业基本素质是辅导员职业能力建设的基础和前提,从业者必须有效掌握、运用个人的基本素质。素质是待挖掘和开发的能力,基本素质转化为职业有用行为才能称为能力。素质是长期积淀而形成的,辅导员职业素质向职业能力转化需要辅导员不断丰富其职业能力发展需要的基本素质。能力是素质内化后形成的,职业能力需求影响职业素质的吸收、使用和迁移。素质的提高是德智体美劳素质的全方位提高,而辅导员职业素质的全面提高与辅导员的职业功能的定位高度契合,因此辅导员基本素质的提升是职业能力建设的基础模块。素质包含自然素质和社会素质。自然素质是天生的,而社会素质是后天养成的,通过学习、训练等可以改变的。后天的素质训练包括科技文化素质训练和人文素养提升等,科学文化素质训练是对科学技术、技能、知识和经验的学习,人文素养提升是对人的涵养的正向改变,涉及情感、情绪、态度、欲望、人际关系及价值观等。辅导员职业基本素质是指辅导员通过职业培训、实践和自我提高,实现自我职业发展,形成从事辅导员工作的内在的稳定的个人职业品格,这对其所从事的职业活动有着重要作用。辅导员职业素质提升形成辅导员职业能力建设基本素质模型(见图 4-4)基础。辅导员开展学生工作是以促进学生全面发展为目的的,个人的言传身教与潜移默化的教育功能得以发挥的基础就是个人具有较强的基本素质,并能够经过不断的学习训练的过程将这些素质内化后形成较强的职业能力。基本素质模型中的初级、中级和高级阶段与《标准》所规定辅导员层级一致,便于高校将制度建设与贯彻国家规定相统一。

(三) 高校辅导员职业能力建设专业技能模型

辅导员能力建设以从业者的个人生理和心理素质为基础,是一个循

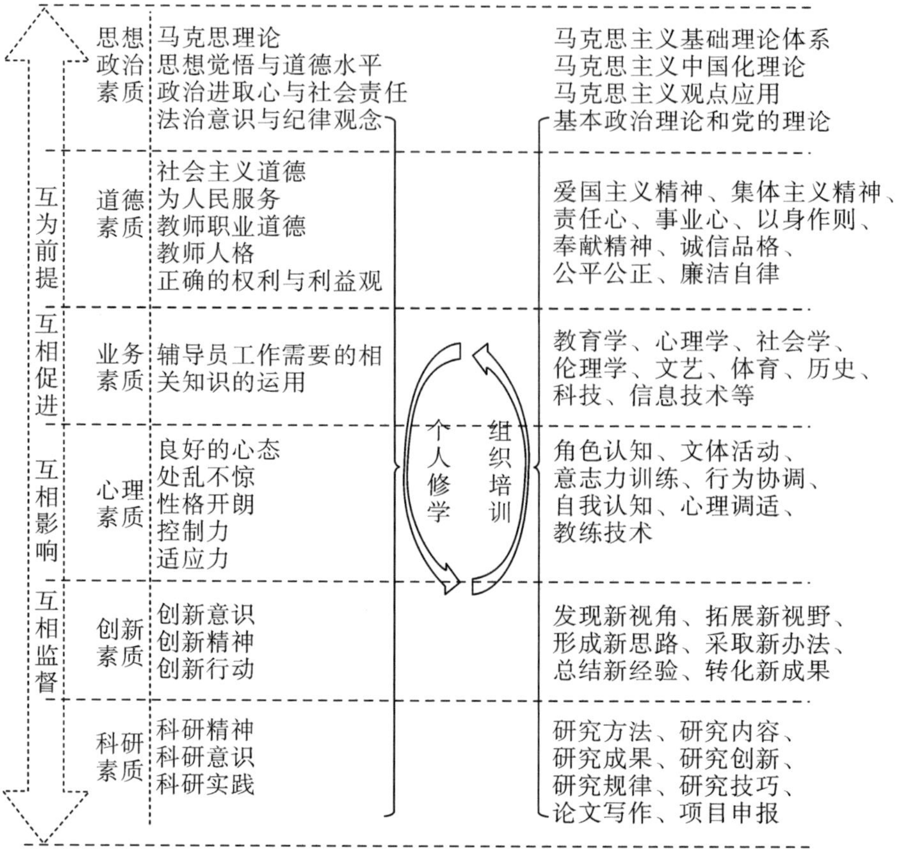

互为前提	思想政治素质	马克思理论 思想觉悟与道德水平 政治进取心与社会责任 法治意识与纪律观念	马克思主义基础理论体系 马克思主义中国化理论 马克思主义观点应用 基本政治理论和党的理论
	道德素质	社会主义道德 为人民服务 教师职业道德 教师人格 正确的权利与利益观	爱国主义精神、集体主义精神、 责任心、事业心、以身作则、 奉献精神、诚信品格、 公平公正、廉洁自律
互相促进	业务素质	辅导员工作需要的相关知识的运用	教育学、心理学、社会学、 伦理学、文艺、体育、历史、 科技、信息技术等
互相影响	心理素质	良好的心态 处乱不惊 性格开朗 控制力 适应力	角色认知、文体活动、 意志力训练、行为协调、 自我认知、心理调适、 教练技术
互相监督	创新素质	创新意识 创新精神 创新行动	发现新视角、拓展新视野、 形成新思路、采取新办法、 总结新经验、转化新成果
	科研素质	科研精神 科研意识 科研实践	研究方法、研究内容、 研究成果、研究创新、 研究规律、研究技巧、 论文写作、项目申报

（个人修学 ⇄ 组织培训）

图 4-4　高校辅导员职业能力建设基本素质模型

序渐进的过程，在不同的条件下表现出不同的需求，经过不断的训练后形成相应的能力。我们在前面对辅导员职业能力的基础素质进行了整理，这些是所有职业人应该具备的通用素质，受思想、情感、心理和精神等主观因素和家庭文化背景等客观条件的影响，是职业能力建设的背景和基础。而职业技能则非常直接地体现了某一职业具体需要的可定性定量描述的具体能力，这种能力能够实现某一具体的职业功能。辅导员专业技能按照《标准》的规定可概括为思想政治教育能力、心理健康教育与咨询能力、学业指导能力、职业规划与就业创业指导能力、党团和班级建设能力、日常事务管理能力、网络思想政治教育能力、危机事件应对能力、理论研究和实践能力九种。由于辅导员职业的特殊性，这些职业能力不是绝对独立运用的能力，而是综合协调使用并相互作用的。根据辅导员的角色定位与功能划分，我们可以可将这九方面的能力分为教育、管理、服务和研究四个方面的能力，构建不同的能力建设系统，以便于辅导员在工作中有更清楚的对照。这其中，教育职能主要体现在价值引领和精神构建的层面，要实现"培养人"的重要目标。管理职能主要体现在辅导员日常工作的有序进行，掌握学生的组织架构和常态事务，正确处理紧急危机事件上。服务则属于高层次技能，因为辅导员日常事务工作量和压力都很大，而服务职能在基础稳定、管理有序的情况下才能起作用，这项容易被忽视的职能所需要的能力往往是最能打动学生的能力。

学校可以从这四个方面出发，对辅导员专业技能提升进行设计，促进辅导员作用的更有效发挥。其中，管理职能是当前高校辅导员履行最多的职能，也是内外部对辅导员的评价的直接根据，因此管理能力是专业技能训练的基础；教育职能贯穿在管理、服务和研究工作之中，是高等教育根本任务的直接体现，因此这部分处于核心位置；服务职能是很多人对高校辅导员工作的评价"辅导员工作是个良心活"的体现，需要辅导员具备坚定的职业理想和职业精神，对辅导员职业有着长久的规划，属于较高层次的专业技能；研究职能则是更高层次的要求，体现了对辅导员专业的思考，是理论与实践的科学互动过程，需要不断实践，具有长期性、反复性、可推广性及全周期性的特征，需要辅导员有高度的自律和自觉。鉴于以上思考，我们设计了高校辅导员职业能力建设专业技能模型（见图 4-5）。

辅导员可以通过学历提升和专项学习来不断提升对大学生的价值引领和精神塑造的教育能力，比如，坚持研读马克思主义经典著作，认真

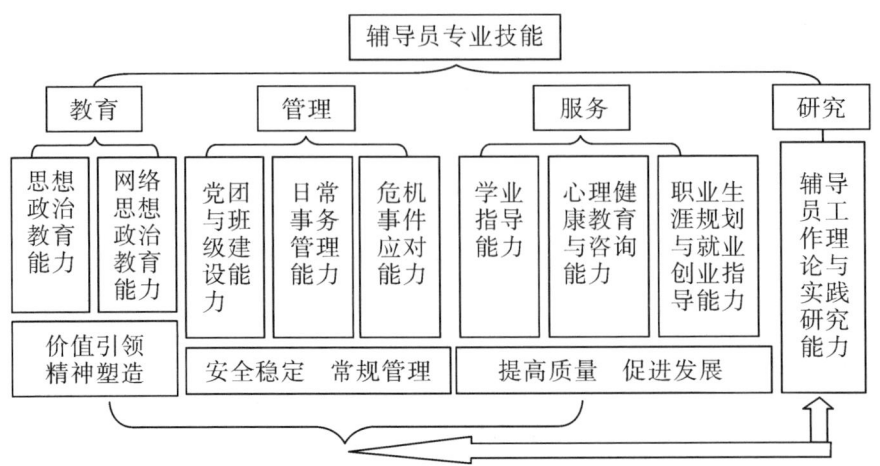

图4-5 高校辅导员职业能力建设专业技能模型

学习新时代党的理论成果等。学校也可通过组织专家报告、专题学习班和开放在线学习资源等方式，为辅导员专门配备提升其教育能力的课程内容，为其提供实践锻炼机会。管理能力的提升是辅导员日常培训的重点，学校可以通过专题会议、工作坊、沙龙及经验分享会等形式开展制度政策培训、工作流程宣讲、专项工作技能训练，帮助辅导员不断提升工作效率和质量。服务能力的提升主要在于辅导员个人，辅导员要主动学习相关知识，同时，学校要为辅导员参加专业技能培训提供经济支持并制定激励机制，支持辅导员考取生涯教练、生涯规划师、就业指导师、国家心理咨询师、创业指导师、礼仪师等的专业资质，促进辅导员的专家化进程。研究能力的全面提升是辅导员群体面临的最艰巨的挑战之一，将日常的工作经验、工作问题及所思所想转化为促进辅导员职业发展的理论成果，对重实践、事务多、时间紧、角色多的辅导员来说是重大的考验。学校可以通过支持辅导员升学深造、设定校内辅导员专项研究课题、结集出版辅导员论文、建设辅导员研究团队等方式，搭建辅导员研究平台，并将相应的学习成果纳入辅导员年终考核和职称晋升的评价体系。辅导员可以参加论文写作班、项目申报辅导讲座等，及早确定与本人工作相关的研究方向，参考"一专多能"的能力成长模式，围绕个人专长促使研究纵向发展，不断产出研究成果。

（四）高校辅导员职业能力建设专用技能模型

本研究中的高校辅导员职业能力建设专用技能模型（见图4-6）是基于辅导员个体价值导向搭建的，以辅导员职业化、专业化和专家化为个人职业发展规划的辅导员所需要的专用技能模型。模型中所涉及的技能往往需要资质认定，如心理咨询师、创业指导师、就业指导师、人力资源管理师、生涯规划师等的专业技能。这些专用技能与学生成长成才过程中对辅导员的需要高度契合。辅导员可以通过学习和培训考取资质，成为持证上岗的专门人才，让学生更信服、更愿意接纳。同时，就辅导员工作本身来说，掌握一定的专业技能，能够科学有效地解决具体问题，预防学生突发事件的发生。

目前，国内辅导员主要学习的几项专用技能都有不同的培训渠道和考取相应资质的模式，我们通过调查研究创业指导师和就业指导师、生涯规划师、生涯教练、人力资源管理师和职业礼仪师等常用的专用技能，结合实际流程建成了教育部门、人力资源部门、社会机构、辅导员自身多方合力的专用技能培训模型。

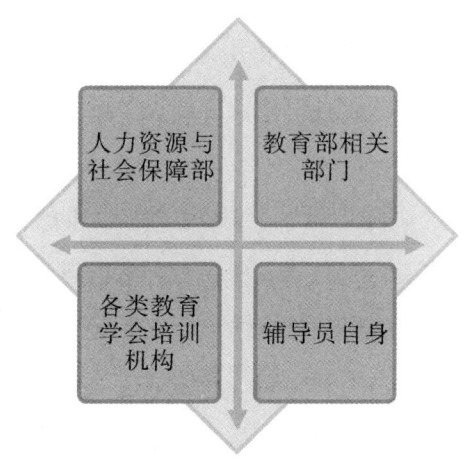

图4-6 高校辅导员职业能力建设专用技能模型

生涯规划师、就业指导师和创业指导师的培训、考试主要是由教育部全国大学生就业指导与信息服务中心组织实施。该中心构建了初、中、高级三个层次的不定期的培训体系，通过各高校毕业生工作部门下发通知，让各高校组织辅导员参加学习培训。此外，一些教育机构联合一些知名生涯教育专家组织了一系列全球生涯规划师（GCDF）、国际生涯教练（BCC）、生涯师资培训师（PCDC）等的专业的资质培训，涵盖了资质申请、督导等专业的领域。同时，为了进一步促进高校大学生职业生涯发展与就业创业教育质量的提升，教育部全国高等学校师资培训中心的各分中心会定期开展相关研修班，通过专题培训研讨的模式就辅导员的生涯规划与就业创业指导能力提升开展相应的培训。

人力资源师的培训分为一级、二级和三级三个级别，辅导员参加人力资源师的培训可以指导、帮助学生提升社会适应能力，帮助学生了解和学习职业社会的人才需求与能力标准，更好地指导学生朝着自己理想职业靠近。人力资源师由全国职业教育学会组织培训考试，从2020年起要逐级参加学习培训，在具有下一级经验的基础上开展更高一级资质的学习和培训。

职业礼仪师的学习培训有很多模式，如华东师范大学的东方礼仪研究院主要坚持中华礼仪培训，对很多空乘专业学员进行接待礼仪、交际礼仪等的培训。不过，虽然不少高校也开设了职业礼仪课程，但受社会认可的礼仪标准目前尚未形成。

2017年国家停止心理咨询师三级和二级资质的考试后，我国至今还没有出台新的认证政策。当前，辅导员开展心理健康教育和咨询的任务量日益增加，各高校也高度重视学生心理问题，因为学生心理问题会导致意外事件发生，产生不良影响，同时，学生心理问题也是危机事件产生的主要原因。各高校应梳理大学生易产生的心理问题，并制定专门的预防、疏导和干预的工作方案，对辅导员开展培训。例如，现在多数高校有五级心理预防体系，辅导员需要成为这个体系的有效实施者。学校可以邀请专家强化心理健康教育和咨询工作规律和技巧的培训，形成校内辅导员定期学习培训心理健康教育与咨询技能的专项实施方案，并将其贯穿于辅导员职前培训、日常培训当中。与此同时，辅导员自身要通过在线学习、沙盘训练、倾听等提升个人职业技能。

专用技能的学习基于辅导员个人对自身职业发展的规划，对此辅导员需要有一定的认识，可以参加一个或几个培训，提升个人开展学生工作的质量和效率。但目前，很多学校内部没有对这些资质的认定系统，很多辅导员就因工作量大和信息不对称等因素而忽视了专项技能提升的重要性，这是需要引起重视的。

综上所述，辅导员职业能力建设模型研究可以帮助辅导员职业内部和外部共同发力，通过内生涯体系和外生涯系统的合力来促进辅导员职业发展的内生动力和外在推动力的产生，促进辅导员职业能力建设体系的不断完善。

第五章　新时代高校辅导员职业能力建设的基本方略

无规矩不成方圆。高校辅导员职业能力建设是一项复杂的系统工程。新时代高校辅导员职业能力建设必须以习近平新时代中国特色社会主义思想为指导，坚持科学的理念，规范辅导员准入制度，构建有中国特色的高校协同育人体系。同时，要以中央、教育部等相关部门的政策规定和基本要求为依据，进一步明确高校辅导员职业能力建设的目标，把握好辅导员职业能力建设的原则，提升辅导员的职业能力，扎实有效地推进辅导员队伍建设。

一、高校辅导员职业能力建设的要求

通过近些年的努力，高校辅导员职业化建设取得了有效的成绩，但依然存在一些问题，如育人概念范围不清晰、职业制度规范缺失、学科支撑缺位、辅导员个体素质亟待提升等。高校辅导员职业化建设是一项复杂的系统工程，需要进行必要的统筹协调。因此构建合理的高校辅导员职业能力建设模型，要坚持从政府、高校以及辅导员自身等多个角度发力，通过明确理念、总结经验来不断推进制度发展，确保政策的导向作用，同时借鉴国外学生事务管理经验，构建工作协调系统，强化能力建设主体责任，形成辅导员职业能力建设的基本条件。

(一) 坚持科学理念

理念的形成是一切工作的前提。新中国成立以来，由上至下地在各级各类高等教育系统中开展了大学生思想政治教育的大胆尝试。中央高度重视大学生思想政治教育工作，提出了以育人为本、德育为先的教育方针，为高校进行大学生思想政治教育定下了基调。国家在推进高校辅导员队伍建设的过程中也始终坚持以习近平关于新时代高等教育的重要论述为指导，认真贯彻思想政治教育工作会议精神。但是在此过程中，我们也发现了很多问题，如在大学生教育中重智育轻德育、在事务性劳作上缺乏思想引领等。这些问题的背后有着深层次原因：一是急功近利——智育教育的成果鲜明，时效性较强，导致辅导员投入的精力更多。二是德育工作受重视程度不足，使德育为先的教育方针没有得到落实。这些突出问题一直影响着高校辅导员职业化的发展，需要我们通过系统的工作来解决，而解决这些问题首先需要我们坚持立德树人理念，遵循以人为本理念，形成协同育人理念。

第一，坚持立德树人理念。党的十九大报告强调，要"全面贯彻党的教育方针，落实立德树人根本任务"。高等学校的职责之一是为社会输出合格的建设者和可靠接班人，特别是培养有坚定的共产主义信仰、主动投身国家建设和推动社会进步的青年人，而功利化的教育显然违背了社会主义办学方向。促进大学生全面发展是辅导员工作的本质要求，作为对大学生进行思想政治教育的骨干力量，辅导员要坚持高质量履行立德树人的内在职责，认真贯彻落实中央会议精神，响应号召，培养学生的社会使命感、创新精神、职业素养和实践能力。高校要推进辅导员队伍职业化、专业化建设，着力提升辅导员整体工作能力，促进高校实现育人目标。这一目标的实现离不开各职能部门和工作人员的协作互助。而完善现代大学制度，强化内部治理体系的科学化发展，全体教职员工都应当坚守立德树人这一根本理念，做好顶层设计、完善政策制度、强化监督保障，围绕立德树人的根本任务，坚持人才培养的核心地位，坚决抵制违背立德树人理念的各项行为。

第二，遵循以人为本理念。以人为本理念是马克思"人的全面发展"理念的突出体现。马克思认为人应当真正获得独立和自由，个体的自由而全面的发展是所有人的自由而全面发展的前提条件。社会主义社会发展的最终目标是在共同体的社会关系中实现人的自由全面的发展。社会的发展进步最终还是落在人这一本体上，而教育是树立人的全面发展理念、走向人的全面发展的一条有效途径。教育与人的发展关系问题一直都是人们所重视的问题。以人为本是新时期教育的基本准绳，也是全人类教育事业日趋统一的理念。只有理顺教育与人的发展的关系，才能探索有效路径，继而提高人才培养的质量，最终实现人的全面而自由的发展。

在我国，一些高校对以人为本的理解过于片面，甚至错误地理解了以人为本的理念，导致辅导员在和学生的关系中，主体和客体易位，限制了辅导员作用的发挥，也阻碍了学生工作的开展。在具体工作中，很多辅导员认识不到自身的价值，没有在思想上高度审视自身工作的价值。长期奋斗在事务工作当中，缺乏思考和总结，弱化了思想政治教育核心功能，这是导致辅导员职业迷失的重要原因，必然会带来职业价值感的降低。因此辅导员要发挥主观能动性，时刻注意调动自己和学生学习、生活的积极性，引领学生追求合理的目标，实现自身及学生的全面发展。高校的管理者和服务部门要对辅导员进行必要的培养和帮扶，使辅导员遵循以人为本的理念，实现辅导员队伍的稳定和进步，继而通过他们做好大学生思想政治工作，达成高校立德树人的根本任务。

第三，形成协同育人理念。协同育人就是通过借助诸如家庭、社会、学校等多方力量共同培养人才。协同育人有利于共享资源、合作共赢、协同发展、优势互补,共同为教育对象负责,提升人才培养质量。高校是立德树人的主体,辅导员是高校立德树人工作的关键力量,辅导员要根据自身及周围环境的特点,整合多种资源,通过多种渠道开展育人工作,实现人才培养的多样化。辅导员工作是一种道德实践活动而不仅是知识传授活动。在学校,辅导员不仅要在理论教学和实践教学中实现教师角色的育人功能,还要与其他学科教师多联系,以了解其他学科育人的特点,打通思想政治理论课与其他学科的关系,围绕各种教育实践活动,不断提高学生的政治素养,有效提高学生三方面的品质,即综合素质、创新精神与实践能力。在生活中,辅导员要密切注意学生的活动圈子,发现会影响他们的一切因素,并分析这些因素之间的关系,合理使用这些因素,发挥育人作用。此外,辅导员还要利用学校和社会资源为学生创造学习机会和条件,不断解决高校与社会育人过程中出现的问题,发挥协调员的作用。总而言之,高校思想政治教育要全面落实"三全育人"的理念,协调好全员之间的关系,形成科学的团队工作机制和团队协作理念,提升辅导员职业能力。

(二) 规范辅导员职业制度

高校辅导员职业能力建设是需要以不断完善和规范辅导员职业制度为前提的。学生要通过唤醒辅导员职业意识来强化辅导员职业化发展的理念,进一步完善辅导员职业准入制度以把好职业入口关,强化辅导员评价和激励机制,把准辅导员职业能力提升的方向,规范职业辅导员各项培训和制度以帮助辅导员提升胜任力,健全职业辅导员晋升和退出制度以确保队伍的稳定和活力。

第一,唤醒辅导员的职业意识。职业意识(Professional Awareness)是职业人所具有的意识,也叫作主人翁精神,具体表现为基本的职业道德。职业意识在职业生涯中具有重要价值,它既影响个人的就业和择业方向，又影响整个社会的就业状况。因此激发辅导员的职业意识对于辅导员保持职业道德和开展具体工作具有重要作用。高校辅导员的职业意识对辅导员工作质量有着重大影响。辅导员将工作作为个人终生奋斗的事业，他就会无怨无悔、自觉奉献、主动创新、勇于克服困难。唤醒辅导员的职业意识是激发和保持辅导员职业奋斗精神的基础，也是维持辅导员工作热情的重要手段，更是保持辅导员队伍稳定和可持续发展的重要前提。因此，在制度的制定上考虑如何才能有效激发辅导员的职业意识是辅导员职业能力建设的科学选择。在制定辅导员职业制度时，需要明确规定其权利和义务。同时，激发辅导员职业意识，建立必要的职业规范，既是辅导员职业发展的必然要求，也是辅导员个人发展的需要。只有激发辅导员的职业意识，才能激发其内动力，调动其积极性，而辅导员职业制度则是保证辅导员在自主自觉地进行职业能力建设的过程中不出现影响职业道德行为的关键。

  第二，完善辅导员职业准入制度。职业准入制度是指根据《中华人民共和国劳动法》和《中华人民共和国职业教育法》的有关规定，从事技术复杂、通用性广、涉及国家财产、人民生命安全和消费者利益的职业（工种）的劳动者，从事国家规定的技术工种（职业）工作，必须取得相应的职业资格证书方可就业上岗的制度。对技术工种（职业）从业人员实行就业准入制度，其根本目的是提高劳动者技能水平，增强其就业能力和适应职业变化的能力，实现高质量就业和稳定就业。对辅导员从业者的职业起点的科学化设置是国家和高校应该综合考虑的重点问题，以避免将不适合从事辅导员工作的人员或将辅导员工作作为跳板的人员招进辅导员队伍，因此，对准入制度的规范，对选聘程序的合理性的研究至关重要。2017年教育部颁布的第43号令对辅导员选聘制度进行了修订，细化了选聘标准，指明了政策导向，但依然存在可操作性不强的问题，因此各地各高校将政策落地、将标准落实、将选聘落准是规范当下辅导员准入机制的重要过程。职业准入制度在一定程度上可以保证辅导员职业从业人员的基本素养，有利于提升辅导员队伍的整体素质。在实际的选聘操作中，学校需要从专业知识、问题解决能力、书面表达能力等多个方面着手，严格执行考试纪律，形成辅导员职业素质测量的规范系统，组成专家考察团队，出台相应的职业准入资质考取或认证制度，拉长辅导员从业者的选聘周期，以选拔优秀的人才，也更好地帮助应聘者在能力匹配过程中进一步明确个人职业选择，坚定长期从事辅导员工作的职业理想。

第三，完善辅导员评价与激励机制。《标准》明确规定了辅导员职业发展的层级，并相应地列出了辅导员职业考核的依据，是辅导员队伍素质能力标准化进程的开端。但是该文件还处于原则性、指导性的层面，可量化的内容和具体操作性都显不足。完善考核评价与激励制度要依据职业现实需要，既要满足岗位职责规定又要发挥激发从业者职业热情的作用。因此辅导员考核评价制度一方面要树立职业规范，另一方面要坚持落实考核标准，考核过程中应侧重考察实际工作业绩和育人实效。辅导员考评制度要注意结合辅导员工作的特点与热点，注意从制度导向发挥考评促进辅导员工作效率提升的作用，形成以考核促发展、以考评提质量、以激励稳队伍的良性机制；特别要把辅导员工作和其他教学及单纯的管理工作等区分开来；同时还要合理科学地体现层次性，丰富辅导员职业业绩的衡量维度。

第四，规范辅导员各项培训和制度。规范辅导员各项培训和制度，是辅导员制度体系科学性和可行性的体现。目前，很多辅导员处于忙于日常工作而疏于自身提升的状态，而学校高水平建设过程中也存在着对辅导员成长培养不够重视的问题，这些都不利于辅导员综合素质的发展，会导致辅导员自身发展缓慢，职业化、专业化进程受阻。对辅导员职业进行必要的规范可以在一定程度上提升辅导员自身的能力，同时对辅导员队伍建设起到重要的保护作用。辅导员工作涉及繁杂多样的事务，不对辅导员进行必要的培养，不对培训进行必要的规范，也会直接影响辅导员的工作效率和效果，甚至会造成不可挽回的损失。随着政治、科技、经济的发展，各类新事物、新情况不断涌现，在客观上也要求辅导员开阔视野，增长见识，提升应对新鲜事物的能力和素质。辅导员运用新技术、新手段和新方法及时有效地掌握学生思想动态，了解社会发展趋势，才能有效处理学生的日常问题，才能在面临复杂和突发问题时不慌乱。教育部专门设立与建设了高校辅导员研究会、全国高校辅导员培训和研修基地、辅导员发展与研究中心等，为完善辅导员学习和培训制度提供了软硬件保障。自 2005 年首个全国高校辅导员班主任骨干培训班开班以来，教育部共进行了 200 多期培训，而且培训效果得到了各高校的广泛认可。从目前来看，在全国辅导员示范培训班的基础上，各高校规范本校辅导员培养制度的工作显得更加实际、有效，特别是辅导员分层分类分阶段的学习制度的建设更具有实效性。新时期全面落实辅导员贯彻全国高校思想政治教育工作会议精神的专题学习培训，是不断提升辅导员理论教育能力的重要学习机会。此外，随着人工智能时代的到来，大数据、"互联网＋"等信息化教育手段也是辅导员必须掌握的教育方式。总的来说，辅导员要立足《标准》，制定高校辅导员职业化、专业化发展的总体目标，构建一套完备的、科学的辅导员职业发展成长课程体系，使辅导员培训和制度具有系统性、实效性、持续性，促成辅导员职业能力的提升。

第五，健全职业辅导员晋升和退出制度。职业晋升机制是从业者个体在职业发展过程中的重要机制，是个体从职业较低层次到较高层次的发展机制，对个体有很好的激励作用，能够很好地促进个体更好地适应工作。晋升是对辅导员职业发展最好的激励，而职业发展路径不通畅则是辅导员队伍不稳定的重要因素。完善晋升制度既能够帮助辅导员实现职业发展的专业化，又能够促进辅导员队伍的稳定，还能激发辅导员工作的积极性和主动性，不断攀登职业高峰。职级晋升制度通过对职业规范的要求成为辅导员职业的专业化保障，为辅导员的职业发展设立条件——前提是这些条件要有科学性、合理性和可实现性。对乐于从事辅导员职业的辅导员来说，畅通职业发展通道能够让他们全身心地投入到工作中去，不断增强职业认同感和自我职业价值感，在收获学生成长成绩的同时收获个人的职业发展，形成良性循环。此外，学校要完善辅导员退出机制，给不适合从事辅导员工作、不愿意从事辅导员工作的在岗辅导员建立起淘汰和强制退出制度，保证整个辅导员队伍工作质量，保护辅导员整体队伍形象，提升辅导员整体队伍的职业地位，促进辅导员队伍的科学化发展。

（三）构建协同育人体系

我国高校辅导员多受学校学工部门和学院双重管理，一般情况下，辅导员在学院分管某个年级学生的全部工作，包括评奖评优、困难补助、查寝考勤、办证补证及档案收发等事务，形成了只要与学生有关的工作，甚至是课堂考勤、考试管理和专业实习等都要辅导员负责的状态。如果没有协同育人机制，"干事有平台、工作有条件"就无法落地，辅导员职业边界就不清晰。因此，扩大协同育人队伍、打造协同育人环境，有利于优化辅导员职业化发展的路径。

第一，构建高校辅导员团队内部协同机制。高校辅导员单一工作模式是导致辅导员工作繁重的关键因素。实践发现，辅导员工作团队建设可以大大提升高校辅导员工作的实际效果，有效促进辅导员职业能力提升。从优化工作结构、促进专业化发展、提升工作实效的角度，构建高校辅导员团队内部四级职业能力合作模型（见图5-1），将大大促进辅导员职业能力提升。

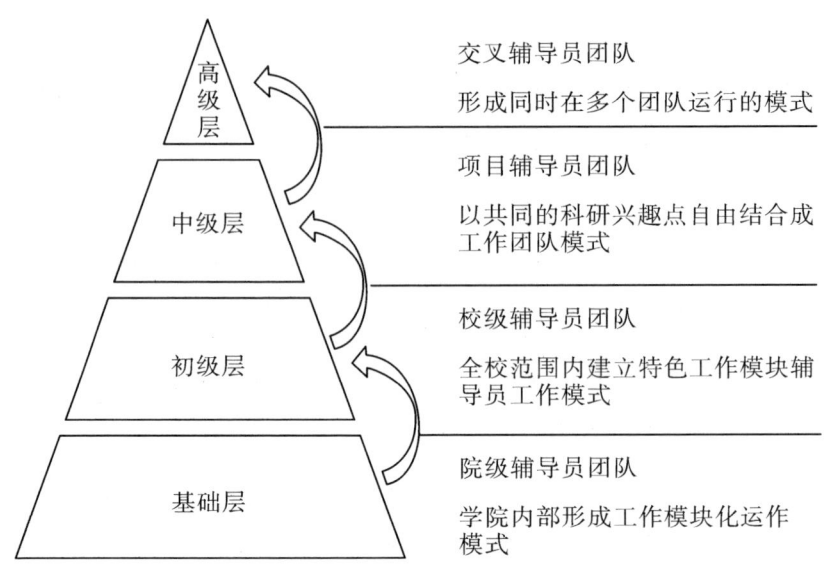

图 5-1　高校辅导员团队内部四级职业能力合作模型

第二，完善大学生"三自"协同育人体系。人有自我实现的需要，因此也有自我服务、自我管理和自我教育的能力。青年学生在不断完善自我的过程中形成了较好的自理与自立的意识。师生之间、生生之间的教育互动无时不在，因此高校要充分利用这些情况开展协同育人工作。辅导员一项重要的工作就是培养一批优秀的学生干部，使之成为大学生的学习榜样，而学生参与教育活动的程度直接影响着学生综合能力的高低。我们通过多项大学生就业竞争力调查发现，学生在大学期间参与活动的程度和角色的丰富程度对其就业竞争力和职业发展有深远的影响，这也成为选人用人的重要参考指标。因此高校通过丰富多彩的课外实践活动，引导大学生在各种集体活动中与他人协作，进而实现协同育人的目的。学校要充分发挥第一课堂对学生知识传授、思维训练等的作用，不断创新学习形式，增强学生参与人才培养的意识，增加学生实践锻炼的机会，使其形成独立自主学习生活的理念，并不断参与学生群体积极发展事件，为自身发展创造条件。在第二课堂，辅导员要与专职教师协作，培养学生安排自己学习和生活的能力，强化学生干部的培养，注重学生的社团锻炼、校园文化建设、团体活动组织等，让学生主动投身日常锻炼当中。辅导员要促成学生组织与学生个体间的协同互动、学生干部与普通学生间的协同互动、学生与学校间的协同互动，通过不间断的互动，充分发挥大学生健康成长的主体作用和关键自主性，最终达到调动学生主动进行自我教育的积极性，实现学生的自我教育。

第三，搭建班主任参与协同育人平台。当前很多高校的教师晋升时都需要有辅导员班主任的工作经历，这在很大程度上帮助辅导员分担了很多日常管理事务，减轻了辅导员在学生学业指导方面的压力。但很多时候，辅导员与班主任之间的工作协同关系并不科学，因此搭建好班主任参与协同育人的思想政治教育工作平台，加强辅导员和班主任的工作联动，将大大提升学生工作的工作效率，从而提高育人效果，实现协同育人目标，促进辅导员职业能力的提升。从辅导员职业的产生来看，辅导员本身也是从教师衍生出来的职业，教师，特别是具有较丰富经历的教师和资历较高者兼任班主任，更能从课程思政、全员育人的角度去加强高校思想政治教育队伍的协作功能。专业教师，特别是资历较深的教师担任班主任是高校协同育人的重要资源选择，班主任带动专业教师队伍参与学生工作，可以使教师加深对思想政治教育工作的理解和支持，这是一条提高思想政治教育工作效率的捷径。按照教育要求，高校都已形成常态化的管理和信息发布渠道，辅导员以专职为主，对国家政策、制度规范等的领会更加准确，从事学生工作的专业性更强，而班主任多是一线教师，对学生专业的成长意义重大。研究班主任和辅导员的协同育人途径，对提高辅导员职业化建设水平和高校育人教育水平具有积极意义。因此理顺二者的关系，充分调动辅导员和班主任工作的积极性尤为重要。

第四，鼓励思政教师参与协同育人系统。在高校，大多数辅导员都承担着一部分思想政治理论课教学工作，多数辅导员都会讲授思想道德修养与法律基础、形势与政策等方面的课程，是思想政治理论课教师队伍的组成部分。辅导员以思想政治实践教育为主要工作内容，而思政专职教师则以课堂教学为主要教育场地，这就给他们提供了合作的前提和机遇。思政教师在对学术前沿掌握和理论研究深度上具有明显的优势，而辅导员在掌握学生实时思想动态、关注热点和兴趣特长上占据优势，如果能够搭建起辅导员和思政教师协同育人平台，将大大提高对学生的教育质量，并同时促进辅导员和思政教师的进步。在实践中，辅导员与思政教师可以开展协同教学，实现协同育人的目标。总而言之，辅导员职业化建设要充分考虑到辅导员和思政教师两支队伍的合作共赢，在合作中推进辅导员的职业化。

第五，整合行政资源，营造协同育人环境。大量的学生管理工作是辅导员日常必须面对的，学校行政部门关于学生管理服务的工作往往也是以辅导员为桥梁完成的。如何充分整合学校各部门的资源，实现对学生的有效管理，提升工作效率和质量是辅导员要充分关注的问题。大力争取行政管理人员的力量，将育人资源整合与共享，这是达成协同育人目标的重要途径。辅导员要加强与行政部门间的协调和沟通，争取政策与资源的支持，帮助自身开展工作；要通过为行政部门推荐学生勤工俭学、实习锻炼及做助理工作的方式，发挥行政部门管理育人的重要作用。而各部门的管理干部可以对学生开展必要的思想教育、职业指导及能力提升辅导等，这大大分担了辅导员的工作压力，促进了高校管理育人职能的发挥。总之，辅导员要重视日常与行政管理人员协同工作的机会，整合行政资源，营造协同育人环境，吸引行政管理人员助力学生成长成才教育。这也有利于促进行政部门对辅导员职业的认同，优化高校内部辅导员职业能力提升的环境。

（四）加强相关学科支撑

学科支撑的程度是评价辅导员职业化水平的重要维度之一。辅导员专业学科意识的形成需要较长的过程，其职业化、专业化的发展目标必须以学科支撑为基础，学科体系的发展和研究是辅导员专业发展的根本保障。辅导员职业知识是一个多学科交融的知识体系，学科支撑系统的搭建是实现辅导员职业能力提升的基础所在。因此，各高校要通过加快辅导员知识体系构建、建立多学科科研合作长效机制、创设辅导员专业成长平台和加强辅导员专项硕士博士培养等形式来促进辅导员职业相关学科知识支撑体系的巩固和加强。而个人的素质和能力是影响职业发展的最重要因素，辅导员只有不断积累专业知识、主动增强个人素质能力和提升科研能力，才能使相关学科对辅导员职业的支撑实现。

加强相关学科对辅导员工作的支撑，辅导员职业主体的内生动力也十分重要，辅导员要主动将相关学科知识转化成个人职业素养和技能。同时，主体的差异性会使辅导员有差异化需求，这需要他们既遵循一般的规律又设计出符合个体特色发展的模式，来充分实现学科融合。第一，积累专业知识。具备系统的专业知识是进入某种行业的基本保障，如前所述，辅导员职业知识包含了教育学、心理学、社会学、法律等多学科的知识，辅导员需要不断地搜集整理相关知识，认真学习总结，寻找适用于辅导员工作的内容，并内化成个人知识素质。第二，发挥主观能动性，积极提高个人综合能力。业务能力和基本素质是辅导员实现专业发展的基本保障。目前，高校辅导员职业地位总体偏低，需要辅导员摆正心态，减少抱怨、消极情绪，降低工作失误，正确认识各职业发展的优劣关系，形成正确的能力提升认知，处理好"有为"与"有位"之间的关系。第三，不断提升科研水平。科研成果是对职业理论与实践关系的成功总结，更是辅导员综合运用多学科知识的综合体现。辅导员在工作的过程中，要做到从实践出发，有效结合科研基础理论对相关领域进行探索和研究。学科体系发展与辅导员职业化建设相辅相成，随着辅导员专业化的发展，许多相关学科与辅导员队伍的科研工作产生了交集。因此在未来，高校辅导员既是思想政治教育的实践者，又是该领域的科研人员。这要求辅导员必须掌握科研能力，开展辅导员专业的相关研究。从目前看，辅导员职业研究能力是辅导员获得较高职业地位、创造更好职业发展机会和将辅导员作为终生奋斗事业的关键能力。

二、高校辅导员职业能力建设的目标

提升辅导员的综合能力，我们应坚持以马列主义、毛泽东思想、邓小平理论、"三个代表"重要思想、科学发展观和习近平新时代中国特色社会主义思想为指导，按照国家、教育部、地方教育行政部门和高校对高校辅导员职业的定位和需求展开研究。建设职业化、专业化的高校辅导员队伍的过程，通常指高校辅导员工作岗位逐步成体系、不断稳固的过程，这将使辅导员将辅导员工作作为自己终生的事业去追求。我们要以促进高校辅导员职业化、专业化发展为宗旨，秉承理论与实践相结合、传承与创新相结合、巩固基础与提升质量相结合的建设理念，提出切实可行的提升辅导员职业能力的科学规划。目标具有方向性、主观性、现实性、社会性和实践性等特征，能够以主观意志来反映客观现实。高校辅导员职业能力建设的目的是适应时代要求，特别是在高等教育"双一流"建设的新形势下，满足国家要求、社会需求、高校需要、学生期盼和辅导员个体对职业发展的需要。高校辅导员职业能力建设通过正确把握现状，解决角色不清、能力不足、制度体系不健全、社会关注不够等多方面的问题，有效帮助辅导员实现职业能力提升，从而提升辅导员职业内外部认同感，帮助辅导员坚定职业理想，最终实现辅导员职业化、专业化发展的主要目标。

（一）基本目标

明确职业角色定位是辅导员职业能力建设的基本目标。角色是指个人的符合其社会地位的社会身份。高校辅导员的角色定位，大致经历了从早期的"专职政治教育的学生工作者"到对学生进行政治教育的高校基层政治工作干部,从从事思想教育工作的教师,到学生成长成才的人生导师和健康成长的知心朋友的发展过程。具体来看,高校辅导员具有多重多层次角色:高层角色——高校学生的指导者;中层角色——自身职业规范与素养的细化规定者;微观定位——在具体实践中面向学生的服务者。总体来看,高校辅导员的角色是随着社会的发展而不断更新的,既具有多元化的特点,又具有鲜明的时代特征。辅导员的工作从政治工作、思想教育到习惯养成、管理服务,辅导员自身则完成了教育者、管理者与服务者三种角色一体化的过程,实现了工作方式向对话型、参与型、平等型的转变。

(二)根本目标

提升人才培养质量是高校辅导员职业能力建设的根本目标。在我国,传统教育教学工作重知识轻能力、重理论轻实践,这使得现代大学生在理论上口若悬河,而在实践中无从下手。因此面向实践的人才培养逐步被提上日程,对于提高高校人才培养质量至关重要。从学生时代到进入社会之前,成绩是评判学生的唯一标准。这一标准本身没有问题,问题在于评定标准的设置过于单一,这必然造成导向性问题的发生,如家长和学生都过度关注考试分数,而应对社会需求的综合能力得不到训练,学生的个性成长和爱好发展被压制,导致学生的全面发展受到阻碍,创新能力遭到扼杀。因此高校培养的人才与社会需求不匹配的问题成了辅导员在工作时要面临的大问题。高校作为学生由学校走向社会的最后一个平台,在提升人才培养质量中承担着把关人的重要作用,而辅导员又是做具体的把关工作的人——他们与学生接触最多,对学生的了解最多,对学生的影响具有持续性。不论是在课外的非学术活动中的引导和鼓励,还是对学生日常问题的处理,辅导员对于学生培养的价值都不容忽视。为了使学生人尽其才、学有所用,输出符合时代需求、社会需求、岗位需求的新时代人才，辅导员不仅要帮助学生顺利完成学业，而且要促进学生的全方位发展。辅导员在对学生的情商培育、职场生存指导、职业人生指导等多个方面都要发挥作用，要助推学实现个人的梦想，帮助青年学生树立投身国家建设的信心和决心，在这些过程中，辅导员的作用都是至关重要甚至是不可替代的。由此可知，辅导员的职业化、专业化发展是学生全面发展、综合素养提升和社会竞争力增强的重要因素。

（三）关键目标

促进高校辅导员职业体系不断完善是高校辅导员职业能力建设的关键目标。近几年，社会对辅导员的关注度持续增加，意向从事辅导员工作的毕业生人数也逐年上升，激烈的竞争带来了辅导员的选聘标准的改变和要求的多样化，增加了辅导员职业应聘的难度，很多高校也设置了较高的门槛，如专业限制、学历要求等，一些高校还会有性别要求。"百里挑一"的现象在很多高校出现，应聘者要经过层层选拔、笔试面试，甚至是实习考核，才能有机会参加最终选拔，这都体现出了高校辅导员职业竞争的激烈程度。从一定意义上讲，这是社会对高校辅导员职业认同度显著提高的表现，这既提升了高校对辅导员岗位的关注度，也推动了辅导员职业水平的不断提升，因此，辅导员职业化发展的趋势也日趋明显。同时，国家对高校辅导员职业体系的建设和完善势在必行，辅导员专业化、职业化体系的建设也成为辅导员职业发展体系的必然选择。瑟克·雷当曾经说过："要想完善自己，就得了解自己扮演的角色，让自己完全适合自己的职业。"可见，职业化发展是取得个人事业成就的有效途径。优化辅导员职业化目标的前提是进一步明确辅导员职业标准，划清职业界限，这不仅能促进辅导员群体明确工作职责、清晰工作内容，而且为辅导员开展工作提供了依据。职业化前的辅导员工作在高校学生工作中没有明确的位置和价值标的，在很多情况下无法获得社会的认同，导致很多辅导员在高校中受到漠视，不能发挥工作积极性。而专业化、职业化发展能给辅导员带来不同于高校其他管理和服务群体的鲜明特色，能够保障辅导员的合法权益，也能给辅导员职业发展带来广阔的空间。通过访谈，我们发现，辅导员在职业发展中重点关注的问题是自己职业定位的准确性，他们对自己的职业道路有清晰的认知，才能对自己的职业前景有坚定的信心。可见，职业化和专业化发展，能为辅导员职业化与个人发展提供前提。

（四）重要目标

适应现代大学制度的要求是高校辅导员职业能力建设的重要目标。推动一个国家和社会发展的核心力量是各个领域的高水平人才，而"千里马"的发现和培育需要有合适的环境和对象。高校以人才培养为首要职责，《中华人民共和国高等教育法》第四章第三十一条明确规定——人才培养是高等教育的核心内容。教育是中国现代化建设的基石，高等教育是教育现代化的关键节点，高等教育不仅担负着为社会培养优秀人才的重要使命，更担负着传承优秀传统文化、传播社会主义核心价值观、弘扬中华文明的光荣使命。高校辅导员有着良好的专业素养、优秀的人格魅力以及丰富的工作经验，对学生的影响体现在学生学习、生活的方方面面。辅导员走向职业化、专业化发展之路，也是辅导员职业适应社会经济发展的必然要求。职业化、专业化发展的辅导员队伍不仅有利于提升高校学生工作的工作效率，提高人才培养的质量，而且在某种程度上激发了辅导员队伍的工作活力，拓展了高校学生工作的工作业态，优化了学校为学生服务的体系，弥补了学生工作队伍发展的不足，也能使辅导员自身在这个职业化的过程中实现自身的发展。

高校辅导员职业能力建设是一项系统性工程，在不同阶段、不同时期有不同工作内容、不同需求。辅导员要弄清基本目标、根本目标、关键目标和重要目标的关系，做好角色转换和行动转化，使预设规划、实践评估、调整规划到再实践再适应的过程都成为促进辅导员职业能力建设的必要过程。辅导员要遵循个体特征、主体需求和客观要求，科学地对自身职业发展进程进行有效的规划，逐步搞清楚目标与能力之间的关系，以高标准要求自己，实现更高水平的发展，达到更高的目标。

三、高校辅导员职业能力建设的原则

高校辅导员职业能力建设要坚持"以人为本"和"科学发展"的总体原则。在新形势下，我们面临着辅导员职业能力发展不平衡不充分的问题，因此我们应给予其更多的关注，以多样的形式，组织开展提高辅导员职业能力的活动。辅导员从业者的职业定位和目标具有独特性、差异性和多变性等特征，对于新形势下高校思想政治工作，国家给予了前所未有的重视，而高校在辅导员职业能力建设中也要把握好以下几个原则。

（一）坚持实事求是的原则

实践导向是开展研究的基本导向，辅导员应坚持一切从实际出发的原则，充分掌握个体特征与能力水平，通过有效的实践手段开展能力水平的检验和评估，准确把握辅导员职业能力现状，并在此基础上制订具体的能力提升实施方案并着力推行。高校辅导员的工作错综复杂，致使很多人存在辅导员是"万金油"的认识误区，对辅导员职业能力水平形成了一些不当认知。因此，实事求是地看待辅导员工作的性质并开展能力建设显得尤为重要。坚持实事求是原则，就应该看到，高校辅导员要具备热爱高等教育事业的敬业精神、为人师表的示范精神、刻苦钻研的求实精神、团结协作的团队精神和克己奉公的自律精神，而这些精神的背后是现实能力需求。总的说来，规划辅导员职业发展路径需要充分了解个体能力水平、性格特征、组织需求与岗位需求之间的关系，并在此基础上开展能力建设，这样才能够真正提升辅导员的能力水平，从而促进整个队伍能力的有效提高。

（二）遵循阶段性发展原则

设定的阶段目标明确、清晰，这样才有利于辅导员通过必要的努力实现目标。辅导员职业周期在人的全职业生命周期中也许是全部过程，也可能是某一个阶段的过程，而从国家对这个岗位的定位是全职业周期岗位，因此，对从事该职业的个体来说，划分个体职业发展的阶段是非常重要的。辅导员不同职业阶段的能力建设水平和标准有着明显的差异，不可以用一把尺子测量。从业者要清楚个体在不同阶段的能力标准要求，有针对性地确定个体职业目标，通过组织的集体行为和个体的主观努力相结合的方式来实现个体职业能力的提升。总之，遵循阶段性发展原则有利于个体职业能力建设的逐步提升。

（三）坚持执行过程稳步推进原则

无论是培训还是活动都要真实有效地去推进，不能流于形式。制定高校辅导员能力建设规划，一方面要高校大力支持并进行有效组织，另一方面要辅导员积极主动参与。只有上下一心，明确自身角色、地位、作用，结合具体措施，才可以保障辅导员职业能力建设研究的科学化与有效性。各高校对辅导员队伍都有总体规划和设计，这其中包含了辅导员发展梯队设计、辅导员特色项目设计、辅导员退出机制制定等，而这些都是为了促使从业者更加全面地适应其所在高校辅导员的职业发展环境，以不断地调整个人职业方向，并使个体职业能力水平得到提高。辅导员职业能力的发展过程应该是稳扎稳打的过程，必须经历个体与个体间、组织间不断调适的过程，因此，个体的能力建设也是一个循序渐进、不断调整的过程。因此，国家顶层设计、高校和地方政府的积极配合以及辅导员从业者个体都应该以稳步推进的方式不断促使高校辅导员职业能力得到提升。

第六章　新时代提升高校辅导员职业能力的有效路径

高校辅导员具备与工作需求相匹配的个人职业能力是胜任该职业的前提。从辅导员职业能力建设的整体模型和各层次模型看，这是一项系统而复杂的能力建设系统。本章将从辅导员学科的发展、辅导员职业的确定、辅导员能力水平的合理化评估、辅导员培养等角度探索辅导员职业能力的建设问题，从而进一步推动辅导员朝着既定职业目标奋进，使辅导员在高校思想政治教育工作队伍中取得更大的政治认同、组织认同和个体认同，助力高校思想政治工作质量的提升。

一、完善高校辅导员职业能力建设的制度保障体系

"双一流"建设是新时期各高校的重要发展契机，是高等教育达到国际标准的过程，同时，高校招收专门人才的门槛也逐渐提高了。高校辅导员成为硕士研究生，甚至是博士研究生毕业后一个重要的职业选择，但从高校选聘辅导员时的报名情况来看，报名者都比较盲目。这是因为很多应聘者选择从事辅导员工作的直接原因是觉得高校的工作比社会上其他工作具有更高的稳定性和舒适度，多数应聘者对辅导员的认识都停留在国家关于辅导员的一些制度政策上，或停留在对自己接触过的辅导员的印象上，仅有少数应聘者对辅导员职业有深入的了解，这就势

必导致这样一个问题：求职者在缺乏对自身职业能力、辅导员职业角色和职业发展等的清晰认识和理解的情况下，单纯地为了找工作而竞聘辅导员岗位，这对辅导员专业化、职业化建设会有不利影响。因此，从高校对辅导员的职业角色和岗位职责定位，以及把高校辅导员作为人才引进的机制来说，构建起科学的培养体系，完善选拔机制，将高校辅导员作为一类专门人才进行培养势在必行。

（一）建立辅导员专业人才培养制度

辅导员专业人才培养是高校思想政治工作专业化发展的重要路径，《标准》为辅导员专业人才培养奠定了政策基础，以能力导向的辅导员职业成长机制指明辅导员专门人才培养的科学走向。专业型人才是指符合社会职业岗位的具有特定的专业和技术的人才，其相关技能得到国家相应权威部门认定，在其工作岗位上能促进岗位职能的充分发挥及个人职业的充分发展。建立辅导员专业人才培养制度首先需要职业准入机制建设的科学化。当前各高校辅导员的选拔和聘用机制或多或少存在这样那样的不足，有些高校明知有问题也无法提出合理的解决办法。辅导员专门人才培养制度体系的不健全，带来了辅导员职业生涯内外部的困扰和挫折，导致一些高校和部分辅导员发展受阻。因此高校要选聘专业的人员来专职从事大学生思想政治教育工作，如果把不适合或者没有长期打算从事辅导员工作的人选拔到辅导员队伍当中，对学校发展、学生成长以及辅导员队伍的进步来说都会有较大的问题。而培养一批具有职业理想和较高职业能力素质的辅导员人才，不仅可以达到学校教职工队伍建设和辅导员自身职业发展双赢的效果，还可以高质量地完成国家对高校辅导员职业发展的要求，从而实现高校辅导员助推学生成长成才、提升人才培养质量的目的。

建设高校辅导员专业人才培养制度，还要通过多学科交叉培养的模式，探索在硕士层面培养辅导员专业研究生的制度。例如东北师范大学曾经在各高校都熟知的"2+3"辅导员选留机制中,在后三年的硕士学习阶段鼓励有志长期从事辅导员工作的研究生兼职辅导员攻读思想政治教育专业,这样的措施大大提升了东北师范大学辅导员队伍的稳定性,成为该校在学生工作领域取得突出进步的重要保障。多年来,国家对在岗辅导员的培养进行了多项探索,进行了辅导员年度人物评选、思政专项课题研究、辅导员精品项目创建、高校辅导员专项博士计划开展、辅导员职业技能大赛、思政优秀网络作品评选等,那么是否可以尝试在各高校的马克思主义学院或者国家辅导员培训基地招收部分硕士研究生来专门学习和研究高校辅导员工作的职业技能,培养专职的辅导员队伍呢?目前,国家每年有包含300个名额的高校辅导员专项博士研究生培养计划,但在这一培养计划在实施过程中也暴露出了一些需要改进和提升的地方。一方面是该计划缺乏辅导员专业的人才培养计划,另一方面是对那些理工科学业背景的辅导员来说,考取攻读辅导员专项博士研究生是一个极大的挑战。此外,从已考取、在读的博士辅导员来看,很多辅导员实际上成了研究马克思主义原理的博士,导致专项培养计划出现了"专项不专"的问题,这也一度引起教育部的高度关注。因此,在硕士阶段开设高校辅导员工作研究专业,聘任长期在一线从事辅导员工作的具有高级职称的辅导员和思想政治教育专家来担任导师,让学生专门研究辅导员工作,专心从事辅导员工作实践与理论的研究,这样的专门人才培养方式越发显得重要,也更能促进辅导员队伍的职业化、专业化。这样的机制能将辅导员职业能力建设提前到职前阶段,既能够为高校辅导员队伍培养后备人才,又能避免辅导员从业者有不必要的困惑和压力,使辅导员队伍稳定有序地发展。

目前,探索辅导员专业硕士培养制度与选择辅导员职业的群体日益壮大,逐步促进了高校人才培养方式的改革。高校尝试对辅导员进行专门培养,这样能够促进辅导员学科化发展,同时提高研究生人才培养体系与市场需求体系的适配度。通过对学生进行辅导员专业基础知识、基本能力、核心素养、实践能力及工作研究能力的专门化培养，学生可充分了解辅导员的工作内容、性质，并提升个人能力。实际情况表明，在2000年前后开始的"2+3""1+3""2+2"等辅导员选拔和培养制度的探索得到了多数人的认可。笔者也是学校"2+3"制度选留下来的辅导员，从起初的无职业意识，到慢慢地有职业认同感、职业能力的提升，再到主动申请攻读思想政治专业高校辅导员专项博士学位，就是一个不断地评估和调整个体职业胜任力的过程，这个过程中也使个人获得了较大的职业归属感，促使个人坚定辅导员职业化的发展路径。

将合适的人放到合适的岗位上发挥最大的教育作用，是高校内部治理的重要内容。高校内部体系中如果有一支能够充分将个人专长与专业特长不断强化并能发挥出教育水平的辅导员工作队伍，是高校的财富。高校辅导员培养体系实践和比较结果证实，"2+3""1+3""2+2"的辅导员专业人才培养模式，特别是东北师范大学、武汉大学等学校的先进经验可以被进一步推广。这些模式既能够帮助学校选拔更适合于本校的辅导员，又给了职业主体更多的选择空间，形成了良性的双向互动。2021年，陕西师范大学在思想政治教育硕士招生时增加辅导员工作研究方向，这是高校辅导员专业化人才培养跨出的重要一步。所谓的专业化是一个过程的概念，具有过程性，要有一定的理智型技术，比如心理学内容、职业规划师相关内容、社会调查技术等等。构建辅导员职前人才培养体系和完善的职业成长学习系统是帮助辅导员职业胜任力提升的重要保障。辅导员誓词和辅导员职业能力标准的健全，让辅导员明白最基本的职业道德，而对辅导员具体的要求、专门的要求，则需要在辅导员专业人才培养过程中体现。很多属于辅导员人格品格的内容，也应当在专门人才培养的过程中强调。这些都要使辅导员基于专业的知识对遇到的具体情况做出判断，采取行动，做出科学准确的评估，并对下一步行为有一定的判断。笔者认为，辅导员应该有相应的资历认证机构，如辅导员协会等。目前，我国此类机构只有辅导员工作研究会，设在山东大学，主要做组织辅导员职业技能大赛、制定辅导员访学制度和《高校辅导员》杂志的选稿出版工作。辅导员没有更多的专门组织开展相应的研究，因此我们要多建立这种组织，覆盖到每一位辅导员。总的来说，辅导员专业硕士的培养是使专业人才学习专门的理论、进行专门的实践的培养过程，与"2+3"等辅导员人才选拔机制的结合是非常有效的尝试。

综上所述，通过探索尝试建立辅导员专业硕士培养制度，对有志于从事辅导员职业的学生进行职前能力培养，不仅可以确保从事高校辅导员的人系统地学习职业知识，进行职业能力训练，还可以解决长期困扰辅导员的想学没时间学且学习缺乏指导、不学又干不好的矛盾问题，从源头解决问题。同时，高校也能够有效地改善新入职的辅导员岗位适应困难、工作效果不佳、学校培养成本大等系列问题，提高学校教师队伍的整体质量。

（二）健全辅导员职业准入制度

辅导员选拔制度是各高校在入口对辅导员职业能力的测量，是对有志于从事辅导员职业的应聘人员的选拔，过程是开放的、公平的。通过长期的探索，多数高校已基本形成辅导员选拔制度。例如，此次参与调研的39所高校中有27所高校由学工部门主导辅导员招聘，占比69.23%，其中，有61.54%的高校是从辅导员胜任力的角度对应聘者进行辅导员综合能力测试的。有学者研究过陕西省2017—2019年辅导员应聘报告蓝皮书中关于陕西省内辅导员招聘条件的内容，发现各高校在设置招聘条件时要求应聘者的毕业院校级别高于或者等于应聘院校的级别，应聘者就读的本科院校要为国内高水平大学；研究生辅导员应聘者中，专业为心理学、思想政治教育学、教育学的最受欢迎；从选拔的优先条件来看，男生优先，有学生主要干部经历、学生竞赛获奖经历等的优先。由此可见高校在招聘辅导员时的一些基本要求。同时，绝大部分高校也启动了对应聘对象的心理测试、行政能力测试、结构化面试等，通过严格的准入制度，把好入口关，这也是提升辅导员队伍质量，促进辅导员职业能力建设的重要举措。

建立辅导员职业准入制度应该从国家的宏观引导、地方的保障支持和高校的因校制宜等方面进行谋划。就国家层面而言，应在原有的制度体系基础上完善准入机制。人的适应性培养、经验总结、技能提升是一个循序渐进、逐步发展的过程，辅导员的职业能力建设必然也是一项系统的周期性工程。辅导员工作的内外部环境不断变化，工作对象具有独特性，因此对新入职的辅导员的能力水平素质进行科学化的评估，是保障辅导员快速成长的重要方法，也是辅导员职业发展的基础。目前各地各高校在这方面都有自己的政策，但缺乏指导性的文件。中发〔2016〕31号文件进一步规范了辅导员工作环境，这也是国家出台辅导员选拔制度和政策文件的良好契机，能在制度和政策上确保把真正愿意做辅导员、真正适合做辅导员、能够将个人能力素质外化为教育行为的优秀人才选拔到高校辅导员岗位上来。教育部第43号令进一步规范了辅导员队伍建设的目标、内容及方式，对辅导员职业所需的能力进行了新的规定和扩充，这意味着辅导员自身也必须做出相应的提升与改变。同时，该规定还提出了要不断提高辅导员职业能力发展的专业化的总要求，但具体如何提高还需要出台相应的指导办法，以确保该规定与辅导员人才选拔、培养与考核机制紧密结合，为促进辅导员队伍的高质量建设提供保障。目前，高校在辅导员选聘的入口把关上仍存在一些问题。很多高校抱着把优秀的人才选进来再培养的心理进行辅导员选聘，而选聘时所确立的优秀人才选拔标准常常不是以严格的辅导员职业能力标准为参考依据的，选出来的人中以管理岗和教学科研岗为职业发展目标的人大有人在，这不仅对辅导员队伍稳定性带来了冲击，还会给高校辅导员职业内部带来很大的负面影响。此外，目前高校辅导员工作评价体系不健全问题突出，辅导员工作质量难以评估，教育效果难以体现，再加上一批不以专职辅导员为职业发展目标的"临时工"的存在，思想政治工作很难达到学校的预期，也很难满足学生需要。

由此看来，尽快出台科学的选拔机制是保障辅导员能力建设的前提，这样才能有效补充辅导员队伍，缩短辅导员基础素质和能力建设周期，减少辅导员队伍内部人员的流失，降低培养成本，最终形成辅导员选聘及职业能力发展的科学模式。

（三）完善辅导员职业责任制度

职业责任源于角色。"角色"一词来源于拉丁语，起初是指戏剧中演员刻画的形象。戏剧中的角色将生活中的典型人物及事件刻画出来，与社会现实形成连接，让观众形成个体认识。我们每个人在社会中都有自己的角色，社会角色往往就是我们的社会地位的客观反映，一定的社会角色有着一定的社会行为范式，符合一定的社会规则、社会责任，履行一定的社会义务。高校辅导员从其社会角色的产生与社会期盼来说，都需要一个真正意义上的角色与职责的明确。在访谈中，我们发现，80%以上的辅导员认为自身工作存在职责不明、效率不高的问题。他们长期处在随时待命状态，这使得很多辅导员对其中一些工作，尤其是大量的繁杂的重复性工作，以及突发事件产生了恐惧心理。有老师谈道："很多人认为辅导员就是杂工，是可有可无的角色。这导致学校从领导到机关到学院教学科研的教师对辅导员的认识不够，有的还持传统认识，有的认为辅导员都年轻，做不了什么重要的事情。总的来说，辅导员要得到认可，难。"还有老师说："从整个学校的成员体系架构来说，辅导员角色的定位也很奇怪：职能部门和院系其他人都认为只要与学生相关的事情就应该找辅导员，'上面千根线，下面一根针'的现象突出。"可见，辅导员的工作职责一直没有被明确，工作界限不清楚。笔者认为，其他岗位的老师给辅导员安排工作时应通过主管学生工作的部门统一协调。此外，辅导员产生时是"政治辅导员"，但现在该职能似乎被弱化了，事务性作用被无限扩大。多数高校都没有严格按照教育部出台的辅导员工作制度去安排辅导员的工作，辅导员的角色和职责不清。还有一种说法是，"辅导员是高危职业"，一旦学生有事情，辅导员就要冲在第一线，好像这也全是辅导员的事情。针对这种情况，学校应该有学生突发事件应急方案。

辅导员的工作和生活不能分开，有些高校要求辅导员住在学校宿舍，甚至要求辅导员在宿舍办公。但实际上，辅导员有自己的生活，学样不能把工作塞满辅导员生活和工作的每一个缝隙，各种各样的活动都要求辅导员到场。高等院校辅导员有着多重身份，他们在多重角色中不停地转换，容易产生自我认识上的混乱，且普遍面临职称评定或晋级提拔的困惑，影响了其自身的职业认同。新时期，在"双一流"建设的背景下，辅导员依然对所从事的职业没有较高的认同，这直接影响了他们工作的质量和效果。从目前的职业角色定义来看，辅导员具有思想政治教师和高校管理干部的双重身份，从教育职能的发挥和标准来看，高校辅导员的职责复杂程度是高于教师或者管理干部的，但从现实中辅导员的社会地位来看，高校内外部对辅导员职业的认知都是不够的，因此高校辅导员职业角色和定位都还需要教育部和各大高校高度重视，并使全体师生达成共识。

角色的明确是高校辅导员职业能力建设的关键前提。在高校内部确定以高校辅导员岗位职责为前提的辅导员角色定位，并在辅导员职业内外部体系中达成共识，是解决辅导员角色不清、职责不明、定位不准的前提条件。辅导员制度和辅导员角色的产生都是为了维护学生思想的稳定，辅导员自身过硬的政治素质是其开展工作的基础，也是胜任工作的基本要求。辅导员工作是以"政治工作""思想工作""灵魂塑造"为基本出发点的工作，这与其在现实中"两眼一睁忙到熄灯，熄灯以后胆战心惊"的状况存在较大的偏差。在访谈中，我们发现，高校辅导员工作问题还具有一些共性，比如，都有学生是辅导员的学生，学生的问题就是辅导员的问题，学生的事情就是辅导员的事情等认知偏差，这使辅导员担负了大量的事务性工作和职责范围外的工作，大量时间被工作占据，难以抽身继续提升个人的职业能力和水平。高校内外许多人都没有正确地认识辅导员岗位，把辅导员看成了行政人员，这种错误的认知在职业评价时必然会给辅导员带来心理创伤，使其无法与职业认同、悦纳和归属等产生联系。

辅导员主业没做好、副业做不完的问题一直困扰着辅导员这个群体。辅导员的很多职责在辅导员岗位没有分化出来的时候是由专业教师来担任的，而辅导员这个职业独立出来的目的非常明确，是为了更好地开展思想政治教育工作。但高等教育大众化、大学生低龄化、基础教育应试化及家庭教育缺位等问题，导致高等教育承担了诸多管理服务的职责，也使大多数高校辅导员几乎成了学生的"服务员"和"管理员"，应付学生事务与服务学生就占据了辅导员的全部时间和精力，开展思想政治教育的主业倒荒废了。国家不断强化辅导员队伍建设，明确其职责范围就是为了进一步强化其核心功能。但从现实来看，辅导员被多个部门"呼来唤去"的现象仍然普遍存在，工作的应然与实然的矛盾冲突对辅导员队伍造成了很大的冲击。主责主业干不好，职业地位得不到正确的认识，职业认同感、归属感较低，必然导致辅导员队伍的不稳定。

因此，从制度层面明确高校辅导员的职责，就成为解决高校辅导员能力不足的问题的重要举措之一。在明确的国家政策的基础上，在校内外，从高校领导、职能部门到教学科研岗教师都需要形成共识，真正改变只要学生有问题就是辅导员有问题的错误认识，从而减轻辅导员承担大量职责范围之外的工作的压力。各高校党委应指导学生工作部依据教育部关于辅导员队伍建设的相关规定和相关文件的要求，从实践层面梳理清楚辅导员的岗位设定目的、职责规范、权利和义务等相关内容，以确保权责匹配。同时，还要构建多级明确的体系。首先，分管校领导对辅导员的角色要有正确认识，合理分工，并制定合理的监督保障制度；其次，行政部门负责人和单位党政一把手从自己做起，认真贯彻教育部和学校关于辅导员角色和职责定位的规定，更好地协调和安排好辅导员的具体工作；三是学工部门和各学院分管学生工作的处级干部要真正将制度放在前面，告别做老好人的想法，做好辅导员接受指令和开展具体工作的保护和指导工作；最后，辅导员自身要有清晰的角色认识和准确的定位，不能人云亦云，要基于辅导员岗位职责要求不断提升自身职业能力，以发挥教育作用。

（四）构建高校辅导员工作协同制度

协同是指人们相互合作，以实现一定的共同目标，体现了事物整体发展过程中相互协同与合作的关系。习近平总书记强调，要努力开创高等教育事业发展的新局面，高度重视并实现高等学校"三全育人"的教育实践局面。全员、全过程、全方位是协同理念的重要体现，辅导员也要有协同理念，正确处理与教师、管理人员以及学生干部之间的关系，搭建协同合作工作平台，履行个人职责，完成人的全面发展的教育目标。学校也要建立辅导员个人发展与学生成长成才的协同机制，促进辅导员能力发展与教育过程的融合。辅导员的工作对象是大学生，两者亦师亦友，能在相互了解、相互信任和相互支持的基础上共同成长。辅导员要把握好当代大学生的思想行为特点，认真研究他们成长发展的规律，分析学生的优点和缺点，并通过调查研究、谈心谈话、开展校园活动等引导学生健康成长。辅导员是学生最亲密的陪伴者，对大学生的成长起着积极的引导作用,就此而言,辅导员工作是一份"技术活"。大多数辅导员都比较年轻,可以做学生的朋友,陪伴大学生度过成长成才中的关键四年,帮助大学生寻找解决问题的有效途径,培养他们的独立意识和健全人格,从这个角度看,辅导员工作也是一份"良心活"。辅导员必须把握好学生工作的度,有所为有所不为,既不能万事包办,也不能撒手不管,要使师生之间形成规则和边界,促进互相认同的师生关系的形成,在良好的师生互动中获得职业满足感,并提升自己对辅导员职业的认同感。辅导员与学生之间的协同机制是辅导员职业能力建设的内部机制,是辅导员工作实践层面的机制,是动态发展的机制,因此,辅导员与学生之间的协同成长机制会因辅导员个体职业能力水平的差异而不同,而充分掌握处理辅导员的组织、实施和指导工作与学生自我服务、自我管理和自我教育之间关系的技巧,参与必要环节,实现工作目标是辅导员的一项关键能力。

辅导员有九大职责,都需认真做好,但辅导员岗位从产生到今天,其职责是从思想政治教育工作起始并逐渐增加和扩充的,高等院校辅导员的首要职责仍是思想理论教育和价值引领,其中,思想工作是基础工作,价值引领是立足点,要重思想更要重引领,将核心落实在"价值引领"上。可见,辅导员这一角色具有鲜明的政治性,从业人员应具备优良的理论素养、坚定的政治信仰、敏锐的鉴别能力和强烈的责任意识,才能在大是大非和原则问题上坚持正确的政治立场和价值选择。在实践中,高等院校要重视党中央相关文件精神的落实,完善和细化高校辅导员的工作职责,保证辅导员回归其本职、承担其责任,发挥其理论教育与价值引领的直接优势,为实现高等院校一流建设目标贡献力量。与此同时,要理顺制度,强化高校辅导员的职业认同感,提升其政治意识、大局意识,让其通过自学、培训等多种形式,时刻谨记高等院校辅导员工作的重要性和历史使命，为辅导员专业化、职业化和专家化发展奠定基础。

高校辅导员不可能孤军奋战，其工作本身是对学生的教育、管理和服务的综合，辅导员必将与学校教师团队、管理团队和服务团队等多个团体构成协作体。比如，辅导员可以通过搭建与教师团队协作的学风建设平台，通过学生活动学术化路线，进一步发挥思政课程的教育作用，提升辅导员工作效率。这在一定意义上借助了学生对学术权威的信任，可以通过专业教师的学术引导发挥思想政治教育功能，同时也规避部分辅导员思想政治教育能力不足的问题，丰富了教育途径，扩大了思想政治教育工作队伍。可以说，在当下，充分发挥团队作用是提升辅导员职业能力的主要方式。首先，学生工作行政部门要搭建起辅导员与其他教师协同合作的能力提升平台，将上下级关系转变为共同发展关系，促使辅导员队伍科学化发展。其次，辅导员各团队间要建立协同关系，如建立起有共同研究方向、主要专业特长一致等不同类别的工作协同团队，更大范围地开展工作实践和理论研究。再次，同一单位内部的辅导员要建设协同体系，避免大而全的工作模式，以专项工作专人负责的模式减少重复性劳动，提升团队的工作效能感。最后，构建起辅导员与非学工部门的协同工作系统，以解决多头领导的问题，理顺工作关系。此外，我们还可以通过一些行之有效的方式提升辅导员工作的效率。一是学校在内部治理体系中理清各部门的职责，进一步理顺工作对口关系，从学校行政部门层面形成较好的工作协同机制，尽量避免辅导员直接从行政部门领任务的情况。二是完善学生管理和服务的制度体系，提升学生的规则意识，建立起学生与职能部门的直接关系，比如建好线下"学生事务服务大厅"和线上"电子服务一站式办事平台"等，减少辅导员事务。三是提升学生敬畏规则的意识。目前，各高校都有非常全面的学生管理制度，基本上覆盖了学生的校园学习生活，但在实际的执行过程中，总会有学生忽视制度或者超越制度规定的现象。造成这些问题的主要原因，一方面是学校没能够认真地执行制度体系，导致学生对制度的认可度不高，使制度形同虚设，没有效力；另一方面是学生不了解、不清楚相关制度，凭借个人认识行事，导致秩序混乱，出现难以弥补的问题或直接与学校发生冲突。鉴于此，我们应该在制度的实行上提出明确要求，对所有的教职员工进行制度执行培训和监督，使其按照规章制度进行工作，同时，在新生入校时就对学生做好学校规章制度的教育，让学生按规则行事。公平公正的制度体系有利于减轻纠纷，让辅导员把更多的精力和时间放在主要职责上。四是营建良好的个人成绩与团队绩效共享的关系。高校辅导员的工作有慢效应性、繁杂性和不确定性的特点，辅导员们很容易与职业角色分离，不能合理定位自己，对职业没有规划，缺乏明确的职业目标和理想，不能沉下心来思考并开展工作，以至于"骑驴找马"的现象普遍存在，这势必会影响辅导员对自身职业的认同感。将个人成绩与团队绩效结合，用个人成绩为团队绩效增添色彩，让团队绩效激励、带动个人创造更多成绩，可以有效提升辅导员的职业认同感，增加自己提升职业能力的动力。

高校要建设好辅导员与学生的协同系统，比如"师生共同体"——有共同愿景的师生，在生活、学习、工作中形成有效互动、你中有我、我中有你、同发展、共成长的良好关系。辅导员自身发展与学生成长成才是同向同行的，二者目标一致、利益一致，是共同体的关系。辅导员要建立与学生平行发展的体系，围绕主体工作创造工作业绩，以此来提升职业认同感：一是把握好学生成长成才与辅导员自身职业发展规律之间的关系，不断地将工作实践转化为研究成果，将学生成长过程中辅导员工作的具体实践和取得的成效转化为成功的工作案例进行推广，并著成研究青年学生成长成才的文章参与考核和职称评定。二是践行"理论和实践研究"的岗位职责，把青年学生成长的每一个阶段都当成是一项好的研究课题，关注学生多层次、多样化的需要，多角度、多维度地对学生成长的阶段化特征进行分析，发现问题并解决问题，提升辅导员工作质量，助力一流人才培养。三是高校辅导员要成为"一专多能"的高水平思想政治工作者，将岗位职责的全部内容进行落实，按照辅导员职业能力素质要求全面开展职业训练，以满足学生成长需求。四是与学生之间相互信任，形成良性的合作关系，在相互支持中学习成长，构建一个畅通的相互交流沟通的渠道，使学生能公开地表达自己的感受和意见。

辅导员工作协同制度的构建是解决现实困境的重要突破口和必选路径，是辅导员回归职业本位的重要制度，能帮助辅导员职业能力建设得到更加专业化的发展，形成内部健康发展的有效机制的同时也促进职业外部对辅导员职业的理解和认同。

（五）改进辅导员考核评价制度

靶向引导机制是对辅导员职业能力建设具有明显效果的管理机制。评价本身具有典型的导向性、激励作用和监督作用，是推动职业主体实现职业目标的积极因素。高校要通过对辅导员可量化的显性职业能力测评与难于量化的隐性能力评估相结合的形式，形成对辅导员主体的内外部共识，达到评价有效与辅导员发展共赢的目的，从而形成评价与能力提升的良性互动。正确利用科学的评价体系，能够帮助辅导员实现过程行为与目标行为之间的有效平衡，达到激励和促进辅导员发展的作用，而辅导员个人能力和水平的不断提升也能进一步促进组织工作产生效果，最终实现既满足组织需要又促进辅导员个人发展的目的。辅导员职业能力评价主要发挥评估、导向和激励的作用并促使三者结合，引导辅导员朝着正确的行为方向发展，帮助高校辅导员管理部门形成科学的选拔与培养发展体系，激励团队及个人朝着更高的目标奋斗，从而不断提升个人能力及团队的工作质量和效率。

辅导员职业发展双通道模型是当前大部分高校为辅导员制定的发展

模型，通常被称为"两条腿走路"。辅导员选择管理通道的发展模式和专业通道的发展模式都各有利弊，因此需要辅导员正确评估自己并做出正确的选择。管理通道是高校管理干部的发展通道，主要体现的是上下级关系。此通道相对来说是比较完善的，每一个层次都有明确的选拔制度，但存在着评价标准不明确、考核内容难量化和有主观人为因素等问题。在专业通道上，绝大部分高校都实行了辅导员职称单独评定的办法，评定的标准多是在教师评定标准的基础上适度降低，但加入了学术研究要以学生工作为主、成果要体现学生工作特点等要求。这些硬指标体现了明显的靶向作用，能促使选择这个通道的辅导员通过自身努力达到相应的评定条件。辅导员职业能力的测评体系是依据高校辅导员职业能力层次结构（见图6-1）来具体制定评价考核标准的，以此为依据建立起的以岗位胜任为靶向的评价体系和职业发展机制有助于辅导员职业能力建设体系的完善。

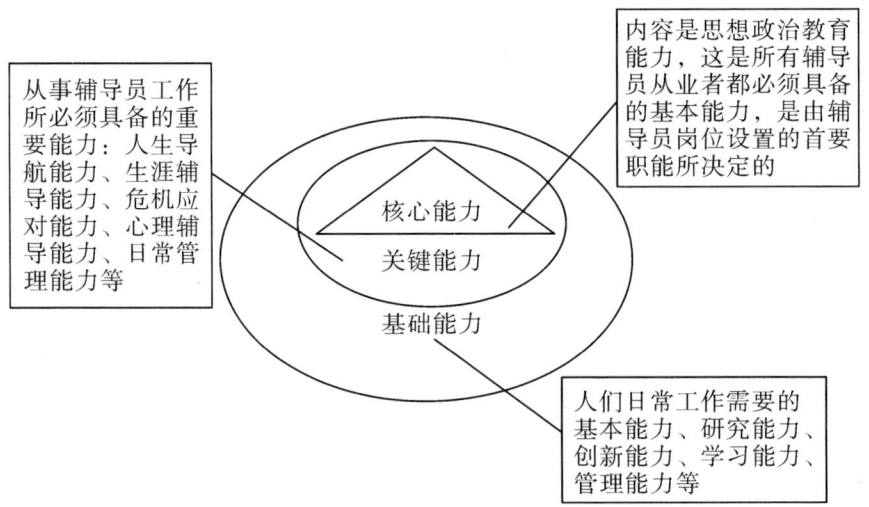

图6-1 高校辅导员职业能力层次结构

辅导员的职业能力层次结构清晰地展示了辅导员不同能力级别所应具有的能力，它从辅导员的核心能力—关键能力—基础能力三个层面做了精细化规定，形成了专业发展通道。建立不同阶段辅导员能力水平的量化体系，并设定与之相对应的发展级别是高校辅导员考核评价制度的改革发展方向。同时，对如何运用好新技术强化过程评价系统的建设，去除主观因素的影响，较客观地以促进辅导员职业稳定性、工作水平提高和工作效果显现为目的的考核评价制度的发展等问题的探索对于提升辅导员职业能力建设有着至关重要的作用。总而言之，以核心能力水平测量为第一出发点，构建新形势下高校辅导员职业考核评价制度体系是教育行政部门及高校重要的观测点。

二、建立高校辅导员职业生涯规划体系

职业生涯规划是从业者对自己的人生目标与能力水平的合理预判，是使个人职业发展目标与组织预期高度契合的过程。辅导员的职业生涯规划建设符合一般从业者职业生涯规划的普遍规律。辅导员的职业生涯规划既要看到高等教育事业发展的需要，也要高度关注学生成长成才与辅导员自身职业追求的需要。辅导员职业生涯规划是一个从业者长期从事辅导员职业并取得理想的职业成效的过程，是高校辅导员在工作岗位履行工作职责的过程中对个人的性格特征、能力水平、外部因素进行反复评估，使其能够长期从事该职业并逐步提升职业效能的过程，包含辅导员的内职业生涯规划和外职业生涯规划。但我们在访谈中发现，辅导员职业生涯规划意识淡薄，往往依附于学校的整体组织规划，对自身职业发展的计划是被动、消极的。尽管国家、政府和高等院校出台了一系列关于辅导员职业认识与规划的文件，但很多辅导员仍然主体意识不强，职业生涯规划意识淡薄，缺乏对职业的思考和设计，刚入职就在想别的出路。

适应社会发展需求，提高辅导员的综合素质，不断明确高校辅导员的身份定位和岗位定位，建立起科学的高校辅导员职业生涯规划理论，

使辅导员从业者既能够通过一定的途径实现个人的全面发展，又能成为高校人才队伍的重要组成部分，这已经成为我国高等教育改革与发展面临的重要课题之一。

(一) 全面提升高校辅导员的职业意识

提升辅导员职业意识是辅导员职业生涯规划的基础。随着高等教育事业的不断发展，辅导员职责的广泛性和角色的复合性要求我们对其做出新的解释。高校辅导员岗位职责的扩充和应对新事物能力需求的不断增加，也需要我们不断提升对高校辅导员职业的科学认知，从而促使辅导员提升职业意识，自觉提升个人职业能力。

辅导员职业认知是指辅导员对自己所从事的学生教育、管理和服务等工作的价值、功能、任务，以及自身权利与义务、职业行为规范等的认识乃至自觉。[1] 这体现了个人与组织之间的关系，体现了高校辅导员的个体认知和辅导员从业者的群体认知情况，包含了对辅导员职业价值、职业地位、社会声望、职业体验、职业价值观和职业精神等多个方面的认知。这蕴含着辅导员的内部认知和外部认知，因此，我们要构建起内外互相促进的职业生涯规划的积极的职业认知体系，这是提升辅导员职业能力建设的情感基础，是基础中的基础。

从辅导员职业意识构成要素（见图6-2）不难看出，积极的辅导员职业意识影响辅导员职业生涯规划自觉性，对从业者是否选择辅导员职业并为了能够长期从事辅导员工作不断提升自己的能力具有至关重要的作用。如果辅导员能做到明确职业理想，坚定职业信念，以辅导员工作价值为个人最大价值，做一个"走心"的辅导员，那么他必将成为一名优秀的榜样型辅导员。因此，辅导员个体及高校应该通过职业培训

---

[1] 教育部思想政治工作司组编：《高校辅导员职业生涯规划》，高等教育出版社2011年版，第70页。

增强辅导员职业意识，同时也通过职业能力大赛和年度人物评选等活动增强辅导员队伍集体职业意识，提升辅导员队伍凝聚力，增强辅导员制度体系中的制度意识，增强辅导员发展体系的制度化运作，形成辅导员的职业自觉，从而进一步明确工作职责，增强职业归属感和自我效能感，坚定职业信念，提升辅导员职业意识。这样的良性循环体系一旦形成，会使辅导员产生更多的提升个人职业能力的内生动力。

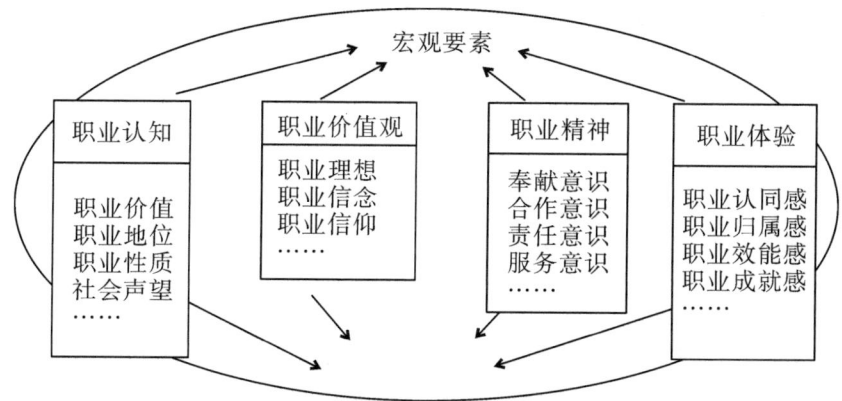

图6-2 辅导员职业意识构成要素

（二）科学开展辅导员个人职业能力评估

职业能力评估体系是高校辅导员提升个人职业能力的科学参考体系，是确保辅导员朝着正确的方向不断攀登职业巅峰的导航系统。准确判断、科学规划、积极行动，源于一套合理高效的工作绩效考核评定体系，这也是辅导员队伍专业化建设的重要保障之一。辅导员在从教育、管理和服务的不同维度对工作效果进行定量比较的同时需要开展定性分析，或者引入量表对教育对象进行测量，将职业能力水平和职业道德素质相结合，将个体职业发展实际与学生成长评价相结合，将隐性成效与显性成效相结合，最终形成有效促进职业发展的体系，实现辅导员职业的创新。辅导员职业能力的评估体系包括内评估体系和外评估体系——辅导员科学地进行职业生涯规划需要辅导员个人的不懈努力，更需要组织行为确保辅导员职业生涯发展环境的不断优化，以帮助辅导员实现职业能力的提升与职业目标实现的协调统一。

辅导员个人职业能力评估内容包含了个人性格特征、职业技能、职业心态与信念。对个人性格特征的评估可以通过自我陈述的形式不断地总结、反思个人是否具备高校辅导员职业所需的特质，如有亲和力、友爱、合作、民主、热忱等，同时也可以通过使用性格、气质量表，如明尼苏达多项人格测验、艾森克人格问卷、霍兰德职业兴趣测评等标准化量表展开测量，帮助个人更加准确地掌握个人的性格特征。此外，辅导员也可以使用一些通用的关于管理能力、应变能力、人际关系等的测试问卷，使辅导员清楚自身的能力水平与职业发展需求之间的距离，有针对性地做出职业能力建设计划，并将此计划融入个人大的职业生涯发展体系当中。以上这些是辅导员对个体内部的评估，是对自我的认识过程，也是个人职业心态和职业信念形成的关键环节。辅导员可以通过辅导员职业能力清单不断地对自己的能力进行检验并制订能力提升方案，实现个人职业能力水平的不断提高。

与此同时，辅导员还需要对个人外部环境进行分析评估，以使自身职业能力建设得到保障。比如，清楚社会的经济文化环境对于辅导员职业的需求，清楚学校的发展现状及发展规划，清楚学校对于辅导员职业发展的需求。再比如，清楚学校辅导员的制度体系、管理作风、待遇政策等等，特别是要清楚学校对辅导员队伍建设的长远规划与采取的具体措施，如学校对辅导员的考评指标是否科学、专业——所有高校都会对辅导员工作进行定期考评，即通过已经形成的辅导员考核指标体系对辅导员的工作效果进行评价，并确定优秀、良好、合格等考核等级，这些往往与辅导员的待遇挂钩。一般学校的辅导员考核都是对辅导员常规工作进行评价，是基于辅导员关键职业能力展开的，通常包含辅导员个人总结、所带学生情况、所在学院评价和学校管理部门评价四个部分的内容,实际赋分项多为学生情况、学院和上级部门(学生处)评价三项。辅导员会根据考核指标体系不断地提升个人职业能力,但这些指标不能够全面地考察辅导员工作的实效性,这是各高校辅导员管理部门面临的重大难题。也就是说,对辅导员的职业态度、职业信念、职业信仰的考察体系需要进一步完善,这样才能真正发挥辅导员职业能力考核体系的导向作用。各高校要高度重视辅导员工作考核体系,充分发挥考核体系的导向作用,以促进辅导员自我提高与进步为最终目的,强化评估体系的精神鼓励和物质激励作用,不断提高辅导员的认同感和效能感,帮助辅导员坚定辅导员职业信仰,将辅导员职业作为个人为社会发展贡献力量的载体,无怨无悔地为自己的事业奉献终身。

各高校要建立起定量与定性相结合、过程与结果相结合、体系内与体系外相结合,注重工作实效,师生公认、学工体系内认同的制度评价体系;形成多维度、全体系的评价、考核和监督机制,加大对辅导员职业社会声望的舆论氛围营造,促进辅导员对职业的积极认知;对考核不合格的辅导员要有惩戒措施或退出机制,这对辅导员的个人职业发展和学校学生工作队伍都是重要的保障;要不断健全完善辅导员的评优表彰机制,对考评结果为优秀的辅导员要定期组织其参加省、地区、校级优秀辅导员的评选活动,调动辅导员工作的积极性,并使评优、考核的结果与辅导员个人职业发展有效结合,如将国家级别的实践奖励或先进个人荣誉列为个人职务或职称晋升的加分项,等等。总之,评价体系的完善与构建能够促使辅导员队伍不断地提升自身职业能力建设。

(三)及时明确辅导员个人职业方向

目标引领方向,人一旦有了清楚的奋斗目标,就会有明确的前进方向。一个人渴望成功,就必须给自己确立一个明确的目标,目标一旦确立,什么应该做,什么不应该做,为什么做,为谁而做,都一目了然,人就会在目标的指引下,朝着正确的方向不断努力,最终实现既定目标。辅导员职业规划能够帮助辅导员对自身未来职业生活进行科学设计，让辅导员立足现实条件，尽可能全面地权衡个人发展条件，制订明确的职业发展方向和目标，将实现个人职业价值与辅导员团队建设有机统一，使辅导员更清楚自己的职业行为对实现职业目标的积极作用。职业发展愿景因人而异，目标取向型的辅导员在对自己性格、价值进行分析后选择辅导员职业，坚持不转岗，终身从事辅导员工作；一些辅导员在做一段时间的辅导员工作后转为管理干部；一些辅导员经过一定的实践锻炼后转到教学、科研、实验等岗位；还有一些辅导员遇到更好的选择就告别辅导员职业。而就当前我们开展的辅导员职业能力建设的研究来说，主要是针对有志长期从事辅导员职业的从业者的。

辅导员在自己的岗位上经过专门化的学习和训练有了自己的工作特长与优势，如学生心理健康教育与心理辅导、学生职业咨询、学生价值观教育、思想政治教育大数据研究等等，这也可以成为个人专门化的工作，成为辅导员职业发展特色与职业发展方向。但如果辅导员评价保障体系不完善，使辅导员看不到理想的目标而无法树立起走职业化发展道路的信心和决心，那么辅导员职业必将成为从业者转向其他岗位的跳板，因此，我们要充分发挥方向与目标对职业生涯的导向、调节、激励的作用。辅导员职业生涯目标的设定是其职业生涯规划的核心，而职业生涯规划是对未来职业发展方向的一个总体规划，方向确定以后，关键在于采取适时、适度的行动。正如彼德·德鲁克指出的那样："再好的计划也只是计划，只是良好的愿望。"要确保职业方向与目标的实现就必须采取一系列具体的措施和策略。辅导员要确定个人职业方向与目标且适时适度地进行目标调整，需要不断地参加职业实践，因此辅导员在工作过程中除了做好分内的工作之外，还要主动承担一些责任重大的工作，并高质量地完成。

(四) 不断提升辅导员职业能力素质

以职业能力为导向的高校辅导员专业人才培养体系正在逐步形成，各地各高校也在加紧对辅导员培养方案的改革，以进一步强化培养过程的作用，并以强化实践能力和优化辅导员能力结构为重要突破口。高等教育正处在大众化教育阶段向普及化教育阶段转型的时期，面对教育对象、特点、载体、环境的深刻变化，体现出显著的时代性与创新性，辅导员只有具备了与时俱进的能力素质，才能够通过运用新技术、掌握新知识和使用新方法来迎接新挑战，也只有转变观念，提高水平，才能增强工作的科学性。辅导员职业能力的提升既是社会的需要，也是新形势下高校发展必不可少的部分，更是辅导员个体职业自觉的必由之路。构建新时代高校辅导员职业能力建设意识提升的互动关系（见图 6-3），使社会支持、高校推动和个体努力构成有机统一体，确保以能力为导向的辅导员职业意识进一步加强，形成辅导员职业内外部生涯体系，帮助辅导员达到更高的职业水平，这是对辅导员职业能力提升意识的全方位思考。

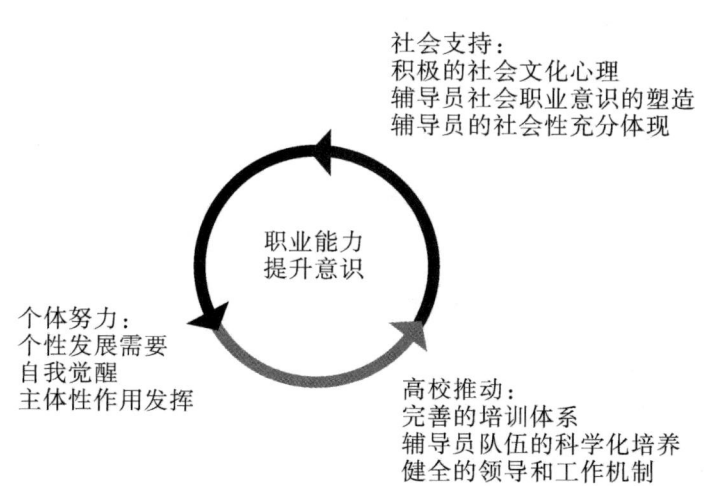

图 6-3　高校辅导员职业能力建设意识提升互动关系图

首先，社会支持是辅导员不断加强个人职业能力提升意识的环境助力。社会文化心理对人从事某项事业有着很大的作用，往往是促成或组织某种行为的无形力量。建立好的社会支持体系会帮助辅导员形成积极的社会文化心理，从而促进辅导员通过提升职业素质、职业技能，丰富职业阅历和人际交往，扩大职业网络，建立多重的校内外工作关系，从中寻求好的人际支持和职业发展意见，并不断调整个人职业行为，使其正向发展。人工智能时代的到来给各行各业带来了极大挑战，大数据技术的广泛应用，媒介素养能力的广泛提升，等等，都为辅导员职业发展指出了新的奋斗方向。同时，学生的教育、管理和服务工作个性化特征越来越明显，社会对人才的需求越来越精细化，这对辅导员职业的能力素质水平提出了更高的要求，使得高校对辅导员的培养和管理制度的配备也更为专业，由此体现出现在的辅导员具有较高的社会影响力。在辅导员职业发展趋势下，在辅导员的专业化程度要求越来越高的大环境下，辅导员提升职业能力水平是其适应社会需求的必经之路，这也是积极社会文化心理无形决定的。

同时需要看到的是，目前全球政治力量呈现多元化的形势，经济一体化进程加快、"一带一路"建设如火如荼、人类命运共同体正在构建，各种思潮风起云涌，互联网飞速发展，全球已经成为一个开放的系统，文化冲突成为不可忽视的问题，思想和价值观渗透，这些都必然成为辅导员开展思想政治教育工作的重要关注点。

其次，高校发展是辅导员不断加强个人职业能力提升意识的重要保障。高等教育"双一流"建设既是国家的重大战略，也是我国高等教育发展的必然选择。推进"双一流"建设必然要对高等教育改革提出新的全方位要求，辅导员作为我国高等教育中不可或缺的重要组成部分，只有不断增强职业认同，立足"立德树人"的工作岗位，守好学生思想政治教育责任田，当好学生健康成长的知心朋友，才能确保青年学生的成长成才与国家发展同向同行，从而成为"双一流"建设的助推器。伴随着大学的扩招，高校教育改革的深入，高校生源结构越来越多样化，学生思想和素质差异增大，心理问题也日益复杂。习近平总书记在天津调研时对青年学生强调，智商很重要，但情商的培育更重要。因此，为了使学生得到全面发展，更好地应对世界的变化，担负起时代的重任，高校需要更加完备的学生工作体系，辅导员工作成为实现这一目标的重要保障。同时，学生工作的复杂性促使高校辅导员职业逐渐走向规范化，有专门组织和专员管理辅导员工作，并把构建教育、管理、服务于一体的专业体系提上日程，这都要求作为学生工作者的辅导员与时俱进地转变工作观念并提高职业专业化水平。此外，高等教育与国际接轨，要求辅导员必须具备职业能力提升意识。为加强国际交流，使我国更好地参与经济全球化竞争，我国必须通过培养国际化人才来提高我国的国际竞争力，同时，也促使高等教育逐渐与国际接轨。这些都对高校辅导员的专业能力、思想水平以及政治修养提出了更高的要求。为此，高校辅导员必须不断总结实践经验，建立职业知识体系，探索与国际接轨的专业知识体系，应对新形势下的工作需求，不断朝着职业化发展方向奋斗。

高校要通过建立系统的辅导员培训体系、科学化的队伍建设机制和完善的管理与工作机制，形成辅导员提升职业能力的制度保障。制度建设是辅导员职业化、专业化的基础，科学有效的培训体系是辅导员职业能力建设的核心手段，队伍整体建设则是辅导员职业发展的组织基础。高校的发展进入了新的平台、新的轨道，内涵式发展、质量的竞争使学校更加注重精准、精确发展。同时，高校已经进入社会竞争体系之中，就业难、考研难、创新难等等问题成了人才培养的难题，辅导员工作要适应高等教育发展的需要就不得不将职业能力建设置于发展和变化之中。总而言之，高校的发展促使体制机制及保障体系不断完善与创新，并为高校辅导员职业能力提升提供重要保障。

最后，个体的全面发展是辅导员不断促进个人职业能力提升的源泉。在大多数情况下，人的行为是从个人视角出发做出的，辅导员个体人生理想的实现要以个人职业梦想的实现为基础，而个体的全面自由发展是辅导员个人职业能力建设的原动力，能使个体按照个性化需求不断学习、磨炼、实践，最终实现个人职业目标。而在当今这样一个知识更新速度快、信息化发展的社会，辅导员要谋求更好的发展，不断提升专业素养和知识储备，就要实现自身专业化的发展。一方面，辅导员要主动通过专业化的培训不断提高自身素质，更好地持续地为大学生提供优质、专业化的教育与管理服务；另一方面，辅导员要按照《标准》规范自身职责、健全辅导员的发展与管理机制，更妥善地处理好社会认同问题。总的来说，辅导员自我意识的觉醒是辅导员将自己作为研究对象，深入思考和研究个人的价值的结果，辅导员要通过提升个人职业价值认同来强化个人的职业意识，成为主体极度认同的社会角色，从而大大激发辅导员个人职业能力提升的意愿，形成职业能力提升的源泉。

综上所述，高校辅导员的工作关系到立德树人的根本问题，关系到高等教育为国家建设、社会发展、民族振兴，为国家输送什么样的人的问题。大学生普遍处于稳定心理结构形成之前的阶段，他们的自我认知、社会关系等尚处于萌芽阶段，面对学业的迷茫、情感的困惑和就业的压力等多重困难，他们急需外界的有效帮助，这就要求辅导员不断实现专业化发展以更好地满足大学生的成长需求，引导大学生走出思想困境。大学生的问题具有典型的时代性、发展性，这极大地拓展了辅导员开展新时期高校思想政治教育工作的职业空间和职责范围。因此，推动高校思想政治教育工作不断向纵深发展，通过加大社会支持，完善高校的保障体系和增强辅导员个人职业意识来加强辅导员个人职业能力提升意识，已成为推动辅导员职业不断实现专业化发展的重要途径。

三、完善高校辅导员的职业认同体系

"职业认同是主体对具体职业的角色认知、情感体验和行为倾向，也是个体从自己的经历中逐渐确认自己为某一职业角色的过程。"[①] 它既指一种状态，这种状态体现了辅导员对自身所从事职业的认同程度，同时也是一种过程，这个过程体现了辅导员在自身工作实践中逐步完善自我角色确认的过程。辅导员职业认同是增强职业归属感的基础。辅导员在职业活动中要明确职业目标，以专业化、职业化培养的途径，全面提升自身的综合素质能力，最终实现理想的职业目标。高校辅导员职业认同关系结构图（见图6-4）清晰地显示出个体认同、学生认同、学校认同、社会认同四个方面的统一。其中学生认同、学校认同、社会认同直接影响着辅导员自身职业认同度的高低；同时，个人情绪因素、社会地位因素、福利待遇因素、成长经历因素也对自身职业认同度有着重要影响。

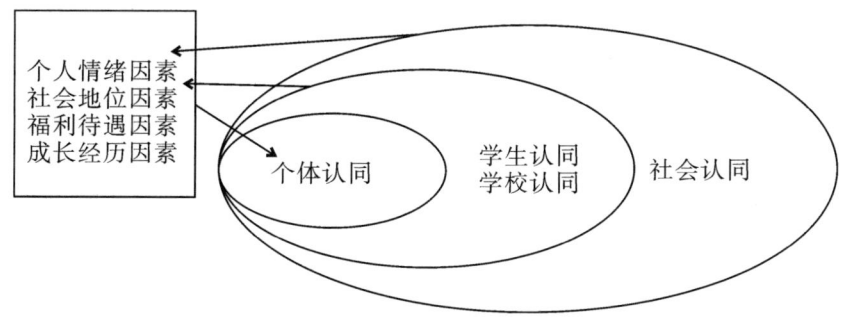

图6-4 高校辅导员职业认同关系结构图

（一）营造高校辅导员职业认同的社会环境

环境（Environment）包括自然环境和人文环境，社会认同环境属于人文环境的范畴。无论是自然环境还是人文环境都会对人的思想、行为和情感产生影响，开放的、阳光的、积极的正向性环境帮助人借用周

[①] 吴新慧、袁彩哲：《高校辅导员职业认同研究》，载《杭州电子科技大学学报（社会科学版）》2017年第1期，第40页。

边环境因素来消除负面的落后的价值影响,从而使人与环境高度契合,使人的才智充分发挥。亨利·塔菲尔的社会认同理论将个体认同与社会认同做了明确区分,辅导员的个体认同较之对辅导员群体的认同是辅导员职业认同的核心。辅导员要能够正确认识自身所从事的职业,认同辅导员职业群体,同时形成职业内部的偏好并对群体外偏见形成正确认识,以此来维护职业自尊。而通过职业内外部的对比,不断提升个体对自己职业群体的认同是提升自己职业的社会认同的关键。全国辅导员职业能力大赛、"全国高校辅导员年度人物"评选、辅导员名师工作室建设、高校辅导员专项博士培养、全国高校辅导员培训基地建设、教育部人文社科高校辅导员专项课题研究等工作增加了高校辅导员职业的影响力,扩大了高校辅导员的宣传和影响面,能帮助更多社会其他领域的人,特别是大学生的家长们对高校辅导员形成正向认同,也能在很大程度上增强辅导员对辅导员职业的社会认同感,体现了极强的激发力和号召力。有研究者谈到,优秀辅导员的基本角色形象是"爱的守护者、专业引导者、'舞台'搭建者以及理论探索者"①。调查结果显示,69.23%的被调查者认为辅导员职业认同度低是导致辅导员队伍不稳定的重要因素。因此,在社会认同理论的视角下对高校辅导员身份认同进行研究有重大意义。

辅导员处于社会职业环境中,形成的社会文化心理,职业自觉及人际环境对辅导员职业角色的认可、职业价值及职业发展状况都会产生影响。美国社会学家里斯曼将社会性格分为传统导向型、自我导向型和他人导向型社会性格,对辅导员来说,这三种社会性格特征都对其产生了较大的作用力,但他人导向作用占据了较大份额,而且效果明显。教育坚持以学生为本,辅导员对学生开展教育、服务与管理,并在这样的过

---

① 周谷平、王胡英:《高校优秀辅导员基本角色形象及其特征——基于全国高校辅导员年度人物评选事迹的文本分析》,载《高等教育研究》2015年第1期,第65页。

程中体现个人价值。辅导员在学生的满意度、社会的认可度中提升个人对职业的认同度，这份认同是来自社会的认同。辅导员融入社会这个陌生而多变的环境，在社会文化系统中得到提升自身职业能力素质的动力。在整个社会当中，社会认可度高的优势行业享有更高的职业美誉度，这必将促进从业者个体的职业态度和职业信仰的正向发展，并形成良好的循环互动关系。辅导员要在一切社会关系的总和中得到充分认可和认同，是需要多系统全方位的努力才能实现的：一是加强辅导员典型人物、典型事例的宣传；二是提高辅导员职业选聘的专业化水平；三是畅通辅导员职业的发展通道；四是发挥专家引领作用。这些都是促使更多人关注辅导员的重要途径，能使辅导员职业得到更高的社会认同度，从而形成高校辅导员提升职业能力的内生和外部动力。

（二）优化高校辅导员职业认同的校内环境

新形势下高等学校全面开展"双一流"建设，高等学校的内涵式发展、质量之争全面开启，这给高校全体教职工带来了新的机遇和挑战。在"双一流"复杂的系统工程中，一流的辅导员队伍无疑是其中的重要组成部分，必须相应地建成一流拔尖创新人才的成长环境、培养机制和师资队伍，这是系统优化"双一流"工程的必然要求。辅导员作为对学生进行价值引领、思想教育的专职人员，是培养合格建设者和可靠接班人的复合人才，更要自觉地提升自身职业能力和综合素质，在大学生的理想信念、道德观念、价值观念的养成中发挥引领作用。

"双一流"建设给高校辅导员职业认同赋予了新的内涵和要求。辅导员作为培养一流拔尖创新人才的一线工作者，必须对"双一流"建设的时代要求与重要意义有充分的认识，要对"一流"建设标准有准确的把握。"双一流"建设对高校辅导员工作质量提升提出了更高要求，对辅导员的政治站位和价值目标提出了更高的要求，高校要围绕"双一流"建设，着力强化辅导员职业内涵发展，突出强调辅导员工作质量的提升。另外，高等学校内部治理体系的科学化是提升辅导员职业认同的重要保障，而辅导员作用的校内认同是辅导员职业认同的重中之重。第一，明确辅导员思想导师的政治站位。价值观教育是辅导员的主要职责，学生形成社会主义核心价值观，是对辅导员职业的强力回应。对此，高校内部广大师生要形成共识。第二，清楚辅导员心灵守护者的重要角色。辅导员的主要任务是抓好学生稳定的工作，这也是学生工作的重中之重。帮助大学生面对挫折、面对竞争压力、面对求职压力、面对情感压力，要与学生经常性谈心谈话，对学生进行学业指导、生涯辅导，深入了解学生情况，帮助和引导学生正确解决问题，让广大学生清楚地认识到，当遇到生活困难、情绪问题等生活琐事时可以及时去找辅导员，及时解决问题，以积极阳光的状态来面对学习生活。第三，明白辅导员是大学生就业择业的参谋者。就业创业的压力对大学生来说日趋严重，辅导员需要在就业信息获取、就业政策宣传、职业价值观教育、求职技能提升等方面做大量的工作来帮助学生。第四，明白辅导员是大学生日常生活的管理者。自律、自立是大学生修习的关键课，习惯的养成需要点点滴滴的积累，辅导员对学生进行规章制度和法制教育，不断增强学生的规则意识和法律观念。不难看出，辅导员是个多角色交互的群体，很多工作处于工作末端的现状是高等教育的客观需求，因此，高校需要创造不断提升辅导员职业认同的体制机制。

高校要通过进一步明确辅导员岗位职责来增强辅导员职业认同感，为其创造良好环境。要营造良好的职业氛围，让辅导员岗位职责上会、发布、上墙，让各职能部门解读，改变呼风唤雨式地给辅导员安排工作的现象。要打通辅导员成长通道，营造科学的竞争环境。当前辅导员职业化发展的重要难题就是成长通道不畅通，竞争环境有待改善。大家对于辅导员缺乏学理性的实践成果的认可度不高，教授级的辅导员凤毛麟角，做到教授级别的辅导员往往也会另谋高就，脱离一线学生工作。目前，国家在不断地出台各项激励措施，鼓励辅导员职业终身化。如在国家政策的激励下，东北师范大学王占仁、重庆大学蒲青平、西安交通大学王远等获得了思想政治教育杰出人才的称号；大连海事大学曲建武老师获得了全国道德模范称号；等等。这些杰出的教育工作者都是将学生一线工作当成了自己的终身事业并成了学生工作专家的。此外，各地方教育部门、各高校也应该畅通并完善符合高校辅导员实际的职称评聘渠道，并通过不断完善辅导员工作评价和考核机制，让辅导员工作价值得以彰显。完善辅导员的考核评价机制，首先要从辅导员职业功能和职业定位的角度出发，合理规划考核的参照体系，明确并量化核心内容，让辅导员在进行职业内部规划与外部协调适应的过程时有章可循，从而不断完善个人职业意识，形成职业信仰，大大增强职业归属感与认同感。

综上，高校内部的辅导员职业认同是对辅导员职业影响最大、最直接的因素，是让辅导员感受最强烈的，而实现高校内部辅导员职业认同保障体系的科学化发展是提高辅导员职业战斗力和竞争力的根本保证，是辅导员获得职业能力提升的关键因素。因此，不断优化高校内部辅导员职业认同环境体系是当前提升高校辅导员职业认同的突破口。

（三）增强高校辅导员从业者的主体认同感

辅导员工作是辅导员创造职业价值的过程，而获得职业价值会让辅导员感到巨大的满足。辅导员的工作对学生来说是润物无声的过程，其价值显现过程也表现出深远性。无论到什么时候，人都有善恶之分，都要反省自己，更要寻找出自己的高贵与美，辅导员从业者对自身善的发现、美的发现和不足的反思会使其形成职业自觉行为，形成辅导员从业者的主体认同。帮助辅导员形成稳定的职业态度、积极的职业信念，能够帮助辅导员更好地支配个人行为。而职业信念一旦形成便有持久性，这是辅导员提高职业认同的心理动力，是辅导员形成职业自觉的强大动力、支柱，同时，它也有一定的调节功能，能在辅导员职业能力建设过程中起到价值导向的指引性作用。辅导员需要从以下几个方面提升个人的职业认同，进一步坚定职业信念。

首先，客观认识自我。信仰是信念的更高层次追求，人一旦有了信念和信仰，就会形成精神自觉和行动自觉，因此我们要激励辅导员进一步坚定职业信念，并逐步形成更高层次的职业信仰。辅导员作为从事人的思想工作、精神信仰培育的专职人员，一定要坚持实事求是的务实精神，正确客观地认识自我，为自己确定合理的奋斗目标并逐步实现目标，这样才能不断增加对自我行为的认同，降低职业倦怠感。辅导员也可以通过明尼苏达多项人格测验、职业能力测评、霍兰德职业测评等不断地认识、完善自我。

其次，做好心理调适。消极的心理应对方式往往会使人无法通过调整状态而恢复正常心态，辅导员可以通过以下几种方法来达到健康的心理状态。第一，运用积极的心理暗示，告诉自己事情可以做好。第二，劳逸结合。辅导员总觉得有做不完的事情，总觉得压力很大，但适时休息并不意味着停滞不前，辅导员要构建个人管理系统，劳逸结合，这样才能更好地胜任工作。第三，培养个人的职业兴趣，将兴趣融入个人职业生活当中，以此为切入点建立起兴趣发展平台，从而形成较好的职业人际关系，比如，可以通过沙龙等方式与同行交流互动，在提高职业技能的同时转移注意力，纾解生活与工作中的压力。第四，坚持体育锻炼，以此来增强信心与勇气，增加干劲和精神，使自己能够身心愉悦地从事辅导员工作，实现精神与物质的协调，这样，个体价值也会逐步提升并得到认可。

再次，丰富个人知识技能。自信心是职业认同的重要力量源泉，丰富的知识技能是获取自信心重要途径。辅导员要通过丰富个人知识技能较好地处理个人职业理想与人生理想之间的关系，实现个人奋斗目标并形成不断发展进步的动力，使内心的丰盈成为自我认同的有力补充。辅导员在实际工作中可以通过学习很多专业技能来确保个人工作的有效开展，提升工作效率、工作质量，增强职业效能感，从而提升个人对职业的满意度，形成较强的职业认同感。

四、强化辅导员学习培训制度体系

学习包含主动学习和被动学习,主动学习是学习者积极的学习行为,被动学习是学习者在组织要求或任务驱动下的学习行为,无论是主动学习还是被动学习都是提升个人知识技能的过程。我们可以肯定,人的发展是在不断学习的过程中得以实现的,人只有学习才不会被淘汰。因此,辅导员要在巩固基础、传承优良传统的基础上不断培养应对新问题、新挑战的能力。这是一个不断成长的过程,需要辅导员职业主体内外部因素共同努力、相互协调,这包括国家的顶层设计、政府科学有力的支持、高校系统的贯彻落实及辅导员个体的主观努力等。构建完整的学习培训体系,是辅导员提升个人能力素质的必由之路。学校要通过完善辅导员学习培训体系、创新学习方式、改进学习方法等,不断丰富辅导员职业能力提升的方式方法,真正实现理论与实践的有效结合。

(一)制定辅导员学习培训规划

学校要构建培养、完善与提升一体的辅导员能力提升学习培训保障平台,形成职前学习有基础、岗前培训有系统、在职培训有针对、专业培训有保障、学历进修有渠道的学习培训体系:职前学习促使辅导员全面认识自己的职业,坚定职业选择;岗前培训能够帮助即将入职的辅导员消除恐慌和不适,做好职前的心理和工作准备;在职专业培训是保障辅导员职业能力提升有针对性、系统性、专业性的重要过程,能确保辅导员顺利高效地做好各项工作;学历进修培训能够保障辅导员专业能力水平提升,助力其个人职业发展,是提升辅导员职业能力的重要途径,对促进队伍稳定、科学化发展发挥着核心作用。但是,这些学习培训系统都少不了辅导员个人的主动性和培训意识、主体积极性的发挥,只有将职业学习培训融入辅导员个人成长学习系统当中(见图6-5),才能全面提升辅导员的职业能力。辅导员要做好学习培训,就要从以下几个方面做起。

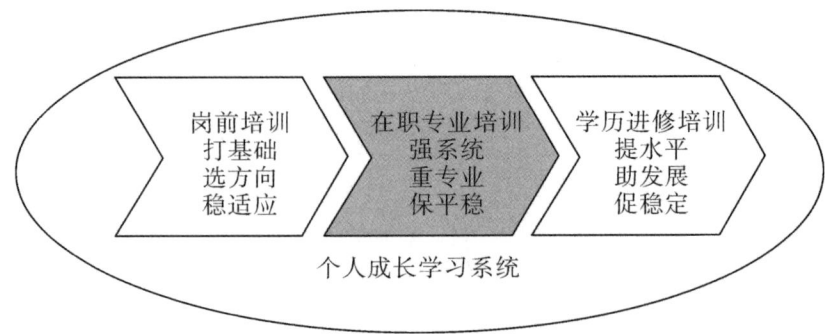

图6-5　辅导员个人成长学习系统

第一,集中发力,抓住岗前工作培训的关键起步点。在职前培训阶段,辅导员需要系统地集中地学习职业知识,全面了解职业内容,将个人职业规划与工作需求相结合。职前培训的根本目的在于提高辅导员开展各项工作的能力素质,使其更加快速有效地进入工作状态。通过让辅导员系统学习所需职业知识,展示其所需职业技能并对其开展必要的重复训练,可以让辅导员快速地适应新工作。特别是对有理工类学科背景的新入职辅导员来说,这样的职前集中学习培训至关重要。学校通过对辅导员进行有关整体职业发展设计、职业知识、岗位职责、学生工作规章制度、职前团体心理辅导等内容的培训,帮助辅导员对自己未来所要从事的工作有一个整体的认识,搭建起职业能力提升的第一层台阶。

第二,精准实施,用好在职专业培训的专业提升点。抓好工作节点,有针对性地对辅导员开展业务培训是在职辅导员专业培训的主要内容。针对所带学生的不同阶段所需要的能力进行培训,不仅能够减轻辅导员工作压力,还能在很大程度上提升辅导员工作效率,节约校内资源,防止不必要的问题发生。比如在新生适应阶段,辅导员需要对学生进行专业认知、集体生活、排除不安全因素等方面的教育,这时候对辅导员进行所需工作能力的训练,可以让辅导员精准把握不同时代大学新生的特点和存在问题,并学习行之有效的解决问题的方法。又如,一二年级阶段是学生容易发生矛盾的阶段,针对所带学生处于这一阶段的辅导员，要进行帮助学生人际交往、维持心理健康及建立团队意识等教育能力的训练。再如，对大三的辅导员开展 HR 思维视角下就业创业指导能力专项训练，能使辅导员具备应对学生考研、就业和创业等困惑所需要的能力。这些，都需要学校和辅导员共同协作，更有针对性地做好不同阶段辅导员的能力提升体系建设。此外，学校也可以通过构建辅导员阶段化成长帮扶团队的模式，定期拓展团队工作论坛，研讨交流阶段性工作问题，以达到辅导员能力提升的目的；可以通过开展在线学习、专家报告、团体辅导、课题研究、学术论坛等多种形式的活动来强化辅导员的理论学习和业务能力；还可以通过挂职锻炼、走访调研、观摩考察等方式，让辅导员学习先进的经验，以此来促进个人能力的提升。

第三，整合资源，把握在职学历进修培训的职业发展点。国家要出台鼓励辅导员攻读思想政治专业（高校辅导员专项）博士的政策，制定全国高校辅导员研修与培训管理办法，鼓励更多的辅导员到世界高水平大学学习学生事务管理的成功经验，特别是要继续做好教育部高校学生工作者国外研修计划，派出优秀的致力于辅导员职业化发展的辅导员赴世界一流大学开展关于学生事务管理及价值观教育的学习研究，并将研究成果转化为中国大学开展学生管理的有效做法。国家也要充分利用专家资源，在辅导员专项博士培养过程中开设相关的课程，促进学习成果的推广，让更多的辅导员受益，达到能力提升的目的。

（二）创新辅导员学习培训形式

学习培训的目的是更好地帮助辅导员提升工作成效，而不是在其繁重的工作的基础上增加负担，使其形成消极认知，因此无论是组织还是辅导员个体都应该掌握科学、有效的学习培训方式。辅导员可以通过集中学习与自主学习相结合、理论学习与技能训练相结合、线上学习与线下学习相结合的方式，优化学习的体系结构与内容，充分实现学习培训的能力转化。

第一，集体学习与个人学习相结合。开展辅导员集中培训是提升其职业能力的必选动作。要化解当前高校辅导员培训工作的难题，首要也是必经的一步就是要把加强集体学习和个人学习相结合。集体培训学习多为组织行为，是现代高校辅导员成长为一名合格优秀的辅导员必不可少的环节，主要包括专业化培训和日常培训。专业化培训包括岗前培训、在职轮训和专门进修培训，处于不同职业阶段的辅导员可根据组织或个人职业需求开展学习。目前，无论是社会相关职业资质学习、教育行政部门针对辅导员的专题培训还是各学校内部的培训都已经较好地开展起来了，这为辅导员集体学习提供了平台。日常培训是学校定期组织辅导员进行业务学习的一种培训方式，通过多渠道、多方式开展浸入式培训，同时就某一专项业务开展不定期培训。辅导员日常培训主要是为应对某一时期或某一具体工作中的问题，为确保工作的有序开展而开展的应对新挑战、解决新问题的学习培训，具有典型的创新性、适应性。

个人学习是指个人的学习行为。辅导员从业者产生不适应、倦怠及迷茫等问题既有内因也有外因。外因主要是社会和高校的政策保障与具体组织规划不到位，而内因则多为辅导员职业内生涯体系与其职业现实的匹配度不高，其中，内因的影响力更大，同时，内因也会受外因影响。辅导员需要用积极的态度进行自我学习，预防职业倦怠，实现能力和素质的提升。首先，辅导员要认识自身能力，合理制订自我提升的标准。在新时代，面对百年未有之大变局，使命感和压力感要求辅导员积极调整自己，满足不断变化的职业需求。而稳住当下工作，不断应对挑战和压力需要辅导员掌握自身的职业能力水平、职业性格特征以及自己的能力与实际需要间的差距，更好地适应环境。从内职业生涯体系出发考虑个人的胜任力是激发个人主动学习和训练的无限动力，把自己想做的事情、爱做的事情做好所带来的成就感必将促进个体更加主动正向地发展。辅导员要正确看待新形势下高校思想政治工作的复杂性、学生个性多元发展、新技术对工作的挑战等带来的诸多能力新需求，调整好心态和工作状态，不断学习新能力，提升处理新问题的能力，积极地开展工作，从而使问题迎刃而解，提高自身的应对能力。其次，辅导员要加强专业学习，改善知识结构。与此同时，辅导员要高度重视个人品德修养和良好师德的培养，正如孔子所说的，"其身正，不令而行；其身不正，虽令不从"，辅导员只有自身品德高尚，才有立场教育学生。

第二，理论学习与技能训练相结合。学习理论是为了更好地实践，辅导员工作有很强的实践性，而如何将学习掌握的理论知识，通过必要的途径、方法和手段应用到实践当中就需要辅导员不断地摸索。比如，指导学生党支部工作时，党的基础知识、党支部工作条例等都是辅导员所需要的理论知识。提高大学生党员教育质量是一项需要长期开展的工作，如何将党支部建设、党员示范作用应用到提升全体学生的思想政治水平当中是辅导员需要学习训练的。比如，辅导员记录学生支部工作案例、录制微党课、组织学生赴爱国教育基地接受教育学习等实践，都要以扎实的理论功底为前提。另外，辅导员还需要强化实践技能训练，提升工作实操水平，因为举行学生班团会议、做好学生大会演讲、组织开展各项活动、参与学生自行组织的活动等都需要辅导员用学生喜欢和能够起到教育作用的手段和方法开展工作。此外，辅导员还可以通过专题工作坊、团体项目、主题沙龙及专家辅导等解决理论与实践脱节的问题，确保辅导员工作能力的提升。

第三，线上学习与线下学习相结合。作为新时期的高校思想政治教育工作者，高校辅导员应当对当前网络发展现状有较为清晰的认识，并且能够把辅导员工作与现代化网络工具相结合，在顺应潮流的情况下不断促进大学生身心素质的发展与提升。辅导员通过学习、研究和运用网络技术和工具不仅可以实现与学生的积极的沟通与交流，还可以对自身理论知识的学习带来积极的影响。辅导员可以通过网络平台接受党和国家的理论教育培训,从而实时跟进了解党和国家的最新情况和政策,提高自身的理论和政策素养。"学习强国""中国大学生慕课"等在线学习平台,"高校辅导员联盟""一直在路上""发哥辅导员工作室""思政学者"等辅导员工作公众号和新华社、《人民日报》、《光明日报》等思想政治教育学习平台等都是辅导员在线学习的重要平台。这些平台的即时性、便捷性既降低了学习成本,又大大提升了学习效率。因此,在新时代下,要成为一名合格的高校辅导员,仅仅依靠线下的集体培训和自我学习还远远不够,必须主动将线上学习与线下学习结合起来,不断提升自身职业能力素养,为辅导员工作增添更多的活力,促进辅导员工作的持续性发展。

(三)改进辅导员学习培训方法

科学的方法能够起到事半功倍的效果,因地制宜、因时而适、因人而异的理念是对学习培训差异化设计的重要要求,也是提升职业个体学习效率的重要方法。辅导员职业的独特性,教育规律的遵循,坚持因人施教、以生为本的原则,使辅导员不断调整学习培训方法,使激励与监督合力,提升学习培训对辅导员职业能力建设的正向作用。辅导员各类职业能力元素构成了辅导员个体职业能力系统,这是一个有机体,其中的各种能力元素相互作用,形成层级关系。如辅导员职业能力金字塔发展层级图(见图6-6)所示,高级层次以低级层次为基础,上下级层次之间形成相互促进、互相保障的关系,下一层次对上一层次的能力素质有着重要的影响作用,同时,上一层次对下一层次的能力素质产生重要的反作用。底层的能力建设体现出基础性、隐性的特征,越往高处,能力的专业性、显性特征就越突出。因此,辅导员要通过强化高级层、丰富中间层、筑牢基础层,构建辅导员学习培训的科学体系,以实现提升辅导员职业能力的主要目的。其中,以下几种方法值得辅导员借鉴。

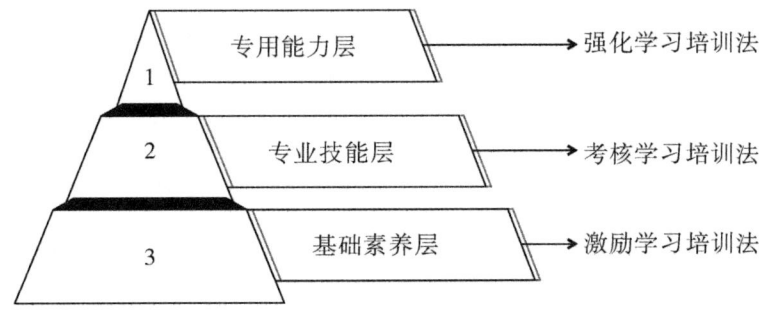

图 6-6　辅导员职业能力金字塔发展层级图

第一，强化核心内容学习培训法，提升辅导员职业能力。辅导员职业能力体系由众多能力元素构成，个体能力的建设是多种能力元素协同作用的结果，这既包括一般的基础素养层次能力，也包括专业技能层次能力，还有职业专用层次能力，并构成了金字塔结构式的能力发展模式。辅导员专用层次能力是指辅导员履行岗位职责的知识和技能，可以通过培训学习、实践学习和经验总结等方式不断地巩固和提升。该层次的知识技能往往是辅导员选择的某一领域的能力的纵深化发展，如心理辅导能力、生涯发展与就业创业指导能力、党员干部的培养能力等等。这些能力需要辅导员不断地强化、训练，使辅导员能够充分发挥某一方向的职业特长，赢得更多的自信心。同时，这些能力的范围在不断变化，难易程度也随着工作对象的改变而不断变化，但整体而言，专业技能层次的能力水平要求越来越高，与教育对象的时代特征、复杂程度呈正向关系。

第二，考核专项内容学习培训法，完善辅导员职业能力提升的监督保障体系。辅导员能力的专业技能层介于专用能力层与基础素养层之间，能起到关键的桥梁作用，发挥着产生辅导员职业凝聚力的重要作用，是保障辅导员职业稳定的主要技能层，包含了调查研究、沟通协调、组织管理、创新思维、压力分解等等能力内容，具有方法论、行为学的显性特性。辅导员专业技能是学校开展辅导员评价的主要指标，高校通过出台相应的能力素质考核办法，制订专门的学习培训计划，统一组织辅导员参与学习，并通过不定期的测评和考查监督，对辅导员的学习培训状况进行跟踪。专业技术能力的强弱影响辅导员在职业体系内发展空间的大小，是组织对从业者个体的评价参照体系内容。辅导员只有通过学习培训学懂弄通悟透，不断将理论与实践紧密结合，才能不断实现个人职业能力的提升。

第三，激励阶段内容学习培训法，夯实辅导员职业的综合能力。基础素养层的能力是辅导员从业者必须具备的最基本的能力，也是最深层次的能力，包括辅导员品格、个性特征、认知水平、责任心、事业心、态度及表达、交际和解决问题的能力等，具有典型的慢效应特征。该层次的能力特征需要辅导员对自我能力水平有正确认识，需要有较强的可迁移性，但该层次的能力往往难于量化。高校可通过提供优越的学习条件，直接的学习保障措施来激励辅导员不断地提升个人基础层次的素质水平。通过激励辅导员自主参加个人基础素养学习培训，促进辅导员职业发展激励动机和职业意识的提升，形成内生发展动力，大大提高辅导员职业能力的综合化发展。学校可以通过赠送书籍、购买学习资源、提供外出实践锻炼机会、去爱国教育基地参观、组织文化沙龙、举办体育活动等多种方式，为辅导员基础素养提升创造条件，提供保障。

总而言之，学习培训是实现辅导员队伍职业化、专业化的必经之路。职业化、专业化建设是一项极其复杂的系统工程，既包括理论学习也包括实践学习，学校应定期组织专题学生工作研讨会，开设学生工作论坛，让辅导员可以通过专家辅导、小组讨论、头脑风暴和研究成果分享的形式进行学习培训。

综上所述，提升辅导员职业能力建设的路径选择决定辅导员职业能力提升的实际效果。高等教育管理部门及高校需要进一步完善辅导员职业能力提升的政策保障、体制机制和运行模式，通过完善政策制度、强化辅导员职业内外部生涯规划、提升辅导员的职业认同、完善辅导员学习培训体系等帮助辅导员坚定职业理想，提振职业精神，强化职业意识，稳定职业品格，不断提高自身能力建设，实现个体职业目标与组织职业目标的有效融合，在真正意义上促进辅导员队伍职业化、专业化建设，在高校思想政治工作专职岗位上贡献更大力量。

开展高校辅导员职业素养和能力建设研究既是新时代加快推进教育现代化、建设教育强国的客观要求，也是新时代有效提升大学生思想政治工作质量的重要保障，还是新时代强化辅导员队伍职业化、专业化建设的内在要求。高校辅导员职业能力建设合乎马克思主义关于人的全面发展理论，处于思想政治价值理论、环境理论和对象理论的研究范畴，依存于辅导员职业化、专业化发展理论。我国辅导员的职业化、专业化发展经过了艰辛的探索过程，但也取得了可喜的成绩，同时也存在很多突出的问题。经过新中国成立以来 70 多年的探索，特别是改革开放以来 40 多年的实践摸索，我国高校辅导员职业能力建设的基本内容逐渐清晰，有了基本的目标与原则，探索出了高校辅导员职业能力的构成要素，探明了提升高校辅导员职业能力建设的基本方法，初步构建了提升高校辅导员职业能力的模型。但是高校辅导员职业能力建设具有很强的理论性和实践性，需要从理论到实践再到理论再到实践的不断往复，既要重视理论研究，又要落实于实践。高校辅导员职业的历史性、时代性和技能性决定了该领域研究的可变性和持续性。尤其是 2014 年 3 月，教育部印发《高等学校辅导员职业能力标准（暂行）》，规范了辅导员的工作职能和内容，推进了辅导员队伍建设体系的完善，加快了辅导员专业化的实现。但《标准》尽管从职业概况、基本要求、职业能力标准三个方面阐述了构建高校辅导员队伍能力的标准体系，也只能有限地提出一些较低层次的专业化要求，还存在高校辅导员职业能力建设内容不够完善、发展层级水平难于界定、执行条件不健全、素质能力要求与辅导员实际工作不对称、素质能力提升与工作新问题发展不同步、素质能力发展与高校综合改革要求不匹配、素质能力水平与从业者个体能力不协调，以及职业认同度不高、队伍不稳定、标准难以量化等影响建设的突出问题。对于这一系列问题，只有在深入分析的基础上，坚持运用马克思主义理论的基本理论、思想政治教育工作的基本原理，并结合职业发展的规律才能找到解决路径。总体来看，提升辅导员职业能力发展需要完善四个系统：高校辅导员职业能力建设的制度保障系统、高校辅导员职业生涯规划系统、高校辅导员的职业认同系统、高校辅导员学习培训系统。除此之外，辅导员职业能力建设还需要具体结合辅导员职业发展双通道模型、高校辅导员职业能力层次图、辅导员职业意识构成要素图、辅导员职业能力建设意识提升互动关系图、高校辅导员职业认同关系结构图、辅导员个人成长学习系统、辅导员学习培训金字塔结构式能力发展图等的具体建议实施。

为了能够更好地促进辅导员队伍建设，推动辅导员职业化、专业化、专家化的发展进程，让更多的辅导员获得职业幸福感，今后还需重点从以下几点继续深化辅导员职业能力的研究。一是加强辅导员学科化视角下的职业能力建设研究。从发展趋势看，虽然目前尚处于萌芽阶段，但从国家的重视程度、教育的需要和辅导员从业者的期盼来看，辅导员专业化、职业化发展是必然的趋势。因此，这将成为相关研究的一个重要方向。二是加强辅导员专业人才培养体系下的职前辅导员职业能力建设体系研究。从人才培养角度考察辅导员专业人才的培养是未来思想政治教育专业不断丰富和深化学科发展的一个方向，也是辅导员专业人才培养的必然选择。人才培养需要学科体系的支撑，尤其是在高校及学生需要明显加大，管理和服务体系精细化、科学化、信息化、智能化等趋势的背景下，关注职前辅导员能力发展也是一个趋势。三是加强辅导员部分职能的转化机制的研究。高校开展"双一流"建设的目的是提升人才培养质量，建成世界一流的大学和学科，培养世界一流的人才。随着我国国际化进程的加深，高校的国际化程度也不断加强，而当前辅导员所从事的大量日常事务性工作在国际上其他高校中基本上都已经由专门的事务部门来承担，不再由辅导员负责了。因此，在重视辅导员职业能力提升的过程中，能力的创新发展与能力转化是并存的，部分职能的转化也就使得其不再是辅导员职业能力建设的内容。四是加强辅导员退出机制的研究。随着高校辅导员队伍的逐渐充实，高校辅导员队伍将不断壮大，加上高校工作内容的变化，辅导员群体的流动性也将随着职业生涯无边界时代到来的影响不断加大。从人才发展的角度看，适当的人才流动是合情合理的，但是过度的流动则会造成队伍的不稳定，影响工作效果和效率。因此，在进行辅导员准入制度建设的同时，建立完善的辅导员退出机制也是当前和今后研究中不能忽视的问题。

综上所述，辅导员职业能力建设是高校建设和发展的重要内容之一，也是提升高校办学质量和人才培养质量的必然要求。坚持"不忘初心、牢记使命"，把握正确的方向，勇立潮头，以职业化、专业化的职业信念和高水平的职业能力迎接时代的挑战，落实好立德树人的根本任务，全力促进学生全面成长，向社会输送德才兼备的具有崇高理想的建设者和接班人，为实现伟大的共产主义目标奋斗终身，这是每一位思想政治教育工作者的工作职责和庄严使命。

主要参考文献

［1］中共中央马克思恩格斯列宁斯大林著作编译局. 马克思恩格斯选集：第1—4卷［M］. 北京：人民出版社，2012.

［2］中共中央马克思恩格斯列宁斯大林著作编译局. 马克思恩格斯全集［M］. 北京：人民出版社，2006.

［3］中共中央马克思恩格斯列宁斯大林著作编译局. 马克思恩格斯文集［M］. 北京：人民出版社，2009.

［4］毛泽东. 毛泽东著作选读：下册［M］. 北京：人民出版社，1986.

［5］邓小平. 邓小平文选：第3卷［M］. 北京：人民出版社，1993.

［6］习近平. 之江新语［M］. 杭州：浙江人民出版社，2013.

［7］习近平. 习近平谈治国理政：第1卷［M］. 北京：外文出版社，2014.

［8］中共中央宣传部. 习近平总书记系列重要讲话读本：2016年版［G］. 北京：学习出版社，人民出版社，2016.

［9］中共中央党史和文献研究院. 十九大以来重要文献选编：上［G］. 北京：中央文献出版社，2019.

［10］中国共产党第十九次全国代表大会文件汇编［G］. 北京：人民出版社，2017.

［11］费尔巴哈. 费尔巴哈哲学著作集：上，下卷［M］. 北京：商

务印书馆，1984.

［12］《教师百科辞典》编委会.教师百科辞典［M］.北京：社会科学文献出版社，1987.

［13］宋子竑，夏德明，杨启玉，等.简明思想政治教育辞典［M］.郑州：河南人民出版社，1989.

［14］夏征农.辞海：1999年缩印本［M］.上海：上海辞书出版社，1999.

［15］孟子.孟子［M］.万丽华，蓝旭，译注.北京：中华书局，2006.

［16］第斯多惠.德国教师培养指南［M］.袁一安，译.北京：人民教育出版社，2001.

［17］阎树群.中国梦与中国制度的接力探索［M］.西安：陕西人民教育出版社，2017.

［18］陶德麟，石云霞.马克思主义基本原理概论［M］.武汉：武汉大学出版社，2006.

［19］孔克勤，叶奕乾，杨秀君.个性心理学：修订版［M］.上海：华东师范大学出版社，2006.

［20］翟惠根.职业素质教育论［M］.长沙：中南大学出版社，2006.

［21］况志华，张洪卫.人员素质测评［M］.上海：上海交通大学出版社，2006.

［22］李洪波，董秀娜，李宏刚.高校辅导员职业能力协同开发研究［M］.镇江：江苏大学出版社，2016.

［23］周良书，朱平，俞小和.中国高校辅导员工作史论［M］.北京：人民出版社，2016.

［24］万光侠，张九童，夏锋.马克思主义人学视域中的思想政治教育范式转换研究［M］.济南：山东人民出版社，2014.

［25］袁俊平，卜建华，胡玉宁.人的全面发展理论与高校思想政治教育创新发展研究［M］.成都：西南交通大学出版社，2017.

［26］乐志强.实践唯物主义体系探寻［M］.广州：广东高等教育出版社，2000.

［27］李鹏.立德树人之道：大学生思想政治教育理论与实践发展探究［M］.北京：中国水利水电出版，2016.

［28］张耀灿.现代思想政治教育学［M］.北京：人民出版社，2001.

［29］伍揆祁.思想政治教育人文关怀论［M］.北京：中国社会出版社，2007.

［30］赖雄麟.马克思主义思想政治教育理论时代化研究［M］.北京：人民出版社，2012.

［31］王学俭.现代思想政治教育前沿问题研究［M］.北京：人民出版社，2008.

［32］陈德第，李轴，库桂生.国防经济大辞典［M］.北京：军事科学出版社，2001.

［33］陈万柏，张耀灿.思想政治教育学原理：第2版［M］.北京：高等教育出版社，2007.

［34］王平.马克思主义思想政治教育主要方法论：第2版［M］.长春：东北师范大学出版社，2015.

［35］余亚平.思想政治教育学新探［M］.上海：上海人民出版社，2004.

［36］贝静红.高校辅导员队伍专业化发展研究［M］.武汉：武汉大学出版社，2016.

［37］冯刚.改革开放以来高校思想政治教育发展史［M］.北京：人民出版社，2018.

［38］申继亮.教师人力资源开发与管理——教师发展之源［M］.北

京：北京师范大学出版社，2006.

[39] 乐国安.社会心理学［M］.北京：中国人民大学出版社，2009.

[40] 陈章龙，周莉.价值观研究［M］.南京：南京师范大学出版社，2004.

[41] 教育部思想政治工作司组.加强和改进大学生思想政治教育重要文献选编（1978—2014）［M］.北京：知识产权出版社，2015.

[42] 罗勇."三化"高校辅导员队伍建设研究与实践［M］.成都：西南财经大学出版社，2017.

[43] 沈壮海，王培刚，段立国.中国大学生思想政治教育发展报告2015［M］.北京：北京师范大学出版社，2016.

[44] 张晶娟.高校辅导员职业化发展研究［M］.北京：对外经济贸易大学出版社，2017.

[45] 侯玉新.新常态下的高校学生工作思考［M］.成都：电子科技大学出版社，2015.

[46] 陈虹.高校辅导员工作理论与实务［M］.天津：天津科学技术出版社，2011.

[47] 邓达，古城.地方高校辅导员专业化理论实践研究［M］.北京：中央文献出版社，2009.

[48] 李玲.大学生素质模型建构与应用研究［M］.桂林：广西师范大学出版社，2015.

[49] 程浩，崔福海，孙宁.中国高校思想政治教育史论［M］.北京：社会科学文献出版社，2016.

[50] 初杰.辅导员工作技巧与典型案例分析［M］.北京：中国文史出版社，2015.

[51] 赵海丰.高校辅导员制度的演进与发展趋势研究［M］.沈阳：辽宁大学出版社，2014.

[52] 王小红. 高校辅导员工作的理论与实践 [M]. 北京：北京大学出版社，2010.

[53] 徐家林，陶书中. 高校辅导员工作新论 [M]. 北京：中央文献出版社，2008.

[54] 唐德斌. 职业化背景下高校辅导员的专业化发展 [M]. 成都：四川人民出版社，2013.

[55] 教育部思想政治工作司. 加强和改进大学生思想政治教育重要文献选编（1978—2008）[M]. 北京：中国人民大学出版社，2008.

[56] 国务院法制办公室. 中华人民共和国新法规汇编2017第11辑（总第249辑）[M]. 北京：中国法制出版社，2017.

[57] 杜向民，黎开谊. 嬗变与开新：高校辅导员制度发展研究 [M]. 北京：中国社会科学出版社，2009.

[58] 教育部思想政治工作司组. 高校辅导员职业生涯规划 [M]. 北京：高等教育出版社，2011.

[59] 邹松涛. 高校学生工作思考与探索（2017）[M]. 郑州：郑州大学出版社，2018.

[60] 尹忠恺，王永平，孙平，等. 高校学生工作导论 [M]. 沈阳：东北大学出版社，2013.

[61] 戴丽红. 当代大学生思想政治教育创新探索 [M]. 成都：电子科技大学出版社，2016.

[62] 陈立民. 高校辅导员理论与实务 [M]. 北京：中国言实出版社，2006.

[63] 中共教育部直属机关委员会，中国教育科学研究院. 重大教育政策要点2014 [M]. 北京：教育科学出版社，2015.

[64] 盛邦跃. 立德树人 勤学敦行——推进高校学生工作科学化、规范化、民主化和精细化的理论与实践 [M]. 北京：中国文史出版

社，2015.

[65] 宋芳.中国传统文化的现代价值与大学生思想政治工作[M].沈阳：辽宁大学出版社，2014.

[66] 周家伦.高校辅导员理论、实务与开拓[M].上海：同济大学出版社，2011.

[67] 李小红，杨柳.新时期高校思想政治教育与管理创新[M].北京：新华出版社，2015.

[68] 李莉.高校辅导员专业化发展研究[M].南京：东南大学出版社，2011.

[69] 冯刚，郑永廷.思想政治教育学科30年发展研究报告[M].北京：光明日报出版社，2014.

[70] 傅林.高等教育学[M].北京：高等教育出版社，2014.

[71] 胡金波.高校辅导员职业化发展研究[M].苏州：苏州大学出版社，2010.

[72] 黄蓉生.改革开放30年大学生思想政治教育论[M].北京：中国社会科学出版社，2012.

[73] 陈海燕.全球化时代高校思想政治教育创新研究[M].济南：山东大学出版社，2015.

[74] 边和平.高校思想政治理论课教育教学论[M].徐州：中国矿业大学出版社，2014.

[75] 何东昌.中华人民共和国重要教育文献（2003—2008）[M].北京：新世界出版社，2010.

[76] 朱德友.高校人事管理研究论文集（2015）[M].武汉：武汉大学出版社，2015.

[77] 黄蓉生.改革开放以来大学生思想政治教育论纲[M].北京：人民出版社，2014.

［78］常青伟.思想政治教育环境渗透研究［M］.苏州：苏州大学出版社，2015.

［79］教育部思想政治工作司组.加强和改进大学生思想政治教育重要文献选编（1978—2008）［M］.北京：中国人民大学出版社，2008.

［80］教育部思想政治工作司组.加强和改进大学生思想政治教育重要文献选编（1978—2014）［M］.北京：知识产权出版社，2015.

［81］张宏如.高校辅导员职业能力研究［J］.思想理论教育导刊，2011，（9）：117—119.

［82］郑永廷.高校辅导员工作专业化的任务与实现方式［J］.高校辅导员，2010，（1）：6—9.

［83］李琳.高校辅导员职业能力内涵与提升路径探析［J］.思想教育研究，2015，（3）：105—107.

［84］李忠军.以职业能力建设为核心推动高校辅导员队伍专业化发展［J］.思想理论教育，2014，（12）：97—102.

［85］李莉，徐楠.论高校辅导员的职业能力及其知识基础［J］.西南交通大学学报（社会科学版），2014，15（4）：94—99.

［86］王显芳，孙玮.基于OTRAP模式的高校辅导员职业能力的提升［J］.高校辅导员学刊，2017，9（2）：20—23.

［87］李永山.构建以能力为导向的高校辅导员分层培训体系［J］.思想理论教育导刊，2016（4）：134—137.

［88］朱平.高校辅导员专业化的岗位设置研究：基于《高校辅导员职业能力标准（暂行)》的思考［J］.思想理论教育，2015，（9）：102—106.

［89］张莉，鲁萍，杜涛.高校辅导员职业能力提升与专业化发展研究［J］.思想理论教育导刊，2015，（8）：130—132.

［90］陈学明.马克思的人的全面发展理论与当代人的生活取向

[J].复旦学报(社会科学版),2000,(2):17—23.

[91] 王友洛.不能以"人的全面发展"替代"个人全面而自由的发展"[J].哲学研究,1993,(8):22—26.

[92] 高继宽,徐丽卿.马克思实践论思维方式的确立及其价值取向[J].东岳论丛,2009,(7):35—37.

[93] 阎树群.论深化习近平新时代中国特色社会主义思想研究的三个维度[J].陕西师范大学学报(哲学社会科学版),2019,48(1):5—17.

[94] 郭富.如何评价政工干部的劳动及其价值[J].思想政治工作研究,1985,(2):10—13.

[95] 杨业华.思想政治教育环境需要深化研究的若干理论问题[J].马克思主义研究,2010,(6):130—137.

[96] 于海洋,杨淑珍.思想政治教育环境建设理念的创新[J].中国青年研究,2007,(11):85—87.

[97] 关于学位工作和加强学校思想政治教育工作的报告:蒋南翔同志在第五届全国人大常委会第二十次会议上的汇报[J].人民教育,1981,(10):3—10.

[98] 冯刚.论辅导员的专业化培养和职业化发展[J].思想教育研究,2007,(11):13—16.

[99] 王树荫.论高校辅导员队伍的专业化与职业化[J].思想教育研究,2007,(4):3—7.

[100] 宋广文,魏淑华.影响教师职业认同的相关因素分析[J].心理发展与教育,2006,22(1):80—86.

[101] 周谷平,王胡英.高校优秀辅导员基本角色形象及其特征——基于全国高校辅导员年度人物评选事迹的文本分析[J].高等教育研究,2015,36(1):65—70.

[102] 王道阳,魏玮.高校辅导员制度演变及其启示[J].思想政

治教育研究，2016，32（3）：101—104.

［103］冯刚.改革开放以来高校思想政治教育政策设计与发展展望［J］.国家教育行政学院学报，2018，(9)：28—35.

［104］陈小花.高校辅导员考核工作的缺失与补正［J］.高校辅导员学刊，2015，7（5）：31—34.

［105］中华人民共和国教育部令第 24 号：《普通高等学校辅导员队伍建设规定》

［106］中华人民共和国教育部令第 43 号：《普通高等学校辅导员队伍建设规定》